U0142135

災害管理

王价巨 主編

王价巨 單信瑜 馬士元 姚大鈞
王文祿 陳永芳 張賢龢 林志豪
吳豪哲 李勇昕 洪士凱　　著

13堂專業的必修課程

五南圖書出版公司 印行

編者序

王价巨（銘傳大學建築學系教授）

　　地理環境特性、空間需求不斷擴張、土地利用日趨複雜、人類決策的偏差，危害（hazard）極易在社會變遷過程中成為災害（disaster）。如何面對災害、減少危險情況的不確定性、降低災害發生之機率，預防重複受災，已是世界各國都在積極探討的課題，甚至發展出災害管理學門。

　　災害管理橫跨自然科學與社會科學，包含面向很廣，是一個仍在逐步發展中的新興學門。為了使讀者對災害管理有清晰的概念、正確的基本認知，本書初步集結災害管理領域相關研究者長期的研究成果，以緊急管理鏈的概念，從總論（第一章）、風險管理（第二章～第六章）、危機管理（第七章～第十章）到後果管理（第十一章～第十三章）串聯全書，提供災害管理各階段重要的理論論述。

　　第一章〈災害管理內涵與重要觀念〉探討整體災害管理之概念與基本內涵，著重於藉由管理人類的行為，減輕災害的衝擊。

　　風險管理階段從第二章〈災害風險管理〉開始，說明如何運用全風險管理的觀念與做法，對所有可能的天然與人為危害納入管理；第三章〈社區韌性與災害管理〉探討災害管理在社區層級的落實，以及民眾參與在達成永續減災的互動及關連性；第四章〈防災教育之反思——沒有標準答案的防災遊戲「十字路口」〉藉由沒有標準答案的防災遊戲「十字路口」概念以及其實踐過程，培養民眾思考問題之主體性；第五章〈災

害保險〉介紹災害保險的意義與目的，以及天然災害保險制度建立過程及其內涵；第六章〈演習演練的規劃〉針對災害防救演習相關理論加以說明，並針對演習所碰到的瓶頸和挑戰進行分析。

危機管理階段從第七章〈緊急應變理論〉開始，說明災害應變在整體災害管理四階段中扮演的角色，探討最適合之災害應變行動方法；第八章〈群眾之大規模避難行為〉則藉由美國近年來災害的相關案例研究，探討大規模疏散避難議題；第九章〈災害應變中心規劃設計與運作〉從成立災害應變中心的目的與功能，討論成立與運作方式，以及相關配置優缺點；第十章〈事故現場指揮體系〉從美國事故現場指揮體系歷史談起，深入剖析其理論、操作邏輯、規劃功能與使用限制。

後果管理階段從第十一章〈快速損害調查評估之操作與應用〉開始，介紹美國在災害發生後，於最短時間內進行快速損害調查評估之作業模式；第十二章〈災前的災後復原重建計畫〉由災前就開始思考災後復原重建目的，反思政府與非政府組織以及社區民眾在重建過程中所扮演的角色和挑戰；第十三章〈災害報導之光與影——臺灣的「明星災區」與「明星社區」〉針對高雄小林村及雲林縣古坑鄉華山村的案例研究，探討災害報導的影響力及可能的解決溝通模式。

希望本書的出版可以讓大眾開始正視災害管理的重要性，汲取正確的知識來奠定災害管理的理論基礎。未來，我們還會持續介紹災害管理的不同面向研究，深化國內災害管理學術專業領域。最後，再次感謝本書所有作者的努力！

作者簡介

姓名：王价巨

性別：男

學歷：東海大學建築學士，國立臺灣大學建築與城鄉研究所碩士，美國
　　　　哥倫比亞大學博士及碩士

現職：銘傳大學建築學系教授

專長簡述：災害及風險管理、都市規劃與都市設計、永續發展、文化資
　　　　　　產保存永續經營

主要研究方向涵蓋災害及風險管理、永續發展及都市規劃與設計。投入
災害管理領域超過 20 年，參與過多起災害的現地救援及災害調查工作。
回到臺灣以後致力於推動臺灣災害管理體系、防災規劃、防災教育、防
災校園與防災社區等工作，協助主持全國性的專案計畫，並擔任多個縣
市災害防救專家諮詢委員會委員。

姓名：單信瑜

性別：男

學歷：美國德州大學奧斯丁校區土木工程博士

現職：國立交通大學土木工程系副教授

專長簡述：防救災教育訓練與防災演練、災害及風險管理、企業營運持
續管理

擔任臺灣防災產業協會監事、新北市與桃園市等縣市災害防救專門諮詢
委員會委員、土木水利工程學會天然災害防治委員會副主任委員。專長
包括災害管理、風險管理、應急管理資訊系統開發與應用。參與災害管
理相關工作 20 年，近年主要協助與參與災害防救深耕計畫專案管理計
畫、協助各級政府災害應變中心兵棋推演與演練、推動各級學校防災教
育與校園安全管理、協助企業與機構進行風險管理與緊急應變計畫檢視
與風險評估，提升各類相關機關團體的風險管理與緊急應變能力。

姓名：馬士元

性別：男

學歷：東海大學工業工程學士，國立中正大學社會福利碩士，國立臺灣
大學建築與城鄉研究所工學博士

現職：銘傳大學都市規劃與防災學系副教授

專長簡述：災害管理體系與政策、防救災兵棋推演系統

主要研究方向涵蓋災害防救體系與政策、防救災兵棋推演系統建置。自
1995 年起投入災害管理相關領域，曾獲美國聯邦緊急事務管理總署授權
合作專業文獻之中文化，歷任國會研究員、內政部專門委員、行政院農
業委員會專門委員，也曾參與國防部戰略培訓班第六期，及日本首都大
學東京短期客座研究員。自 2006 年起主持內政部消防署國家地震兵推規
劃專案至今，目前致力於推動臺灣災害管理體系之改革。

姓名：姚大鈞

性別：男

學歷：國立臺灣大學學士，美國密西根大學碩士，美國科羅拉多大學博士

現職：Eos Rhea Metis, Ltd. 首席總監

專長簡述：風險管理與風險評估、土木／環境／海域工程

美國加州註冊土木工程師及國際價值協會副價值專家。於美國、東南亞、中國大陸、港澳與臺灣等地有二十餘年石油煉化及能源、廠房、港灣隧道橋梁、軌道交通等多項設施工程與公、私組織風險管理的專業經驗。曾任職臺北市政府捷運工程局、美國 NTH Consultants, Ltd. 及 Fugro West, Inc.、臺灣亞新工程顧問股份有限公司、環興科技股份有限公司、慕尼黑再保險公司北京分公司。

姓名：王文祿

性別：男

學歷：國立臺灣大學造船工程學士，東吳法碩乙第三屆畢業，國立交通大學土木系水利組碩士，美國賓州大學法學碩士（LLM, Thesis Track），美國太平洋大學麥克喬治法學院國際水資源法學博士（JSD）

現職：時代法律事務所律師，嘉義大學教育行政與政策發展研究所兼任助理教授

專長簡述：天然災害保險制度與水資源法制

原先主要專長為海商法，曾參與花蓮一號失蹤臺籍船員理賠案，2001 年開始洪水平原管理相關研究至今，目前主要研究領域為天然災害保險制度與水資源法制。

姓名：陳永芳

性別：女

學歷：東海大學政治學學士、碩士，英國考文垂大學教育學碩士，英國樸資茅斯大學博士

現職：英國考文垂大學災害管理暨緊急計畫學系助理教授

專長簡述：演習訓練、災後重建、風險評估、風險溝通

主要研究方向包含災害防救訓練演習教學和評量法、災後社區重建以及風險評估、溝通與管理等。除了教學之外，也致力參與校園和社區減災教育之輔導和執行。

姓名：張賢龢

性別：男

學歷：美國亞歷桑那州立大學消防行政管理學碩士，美國德拉瓦大學災害科學與管理學博士

現職：美國奧克拉荷馬州立大學政治系助理教授

專長簡述：美國與臺灣災害應變體系、消防戰術與戰技、災害應變政策與規劃、美國事故現場指揮體系（ICS）

目前為美國註冊合格之災害管理士（AEM）。之前擔任新北市政府消防局外勤大隊組長、搶救科科員與分隊長。中央警察大學六十七期消防系畢業。研究興趣與專長為美國與臺灣災害應變體系、消防戰術與戰技、災害應變政策與規劃，以及美國事故現場指揮體系（ICS）。

姓名：林志豪

性別：男

學歷：國立臺灣大學醫學系

現職：國立成功大學醫學院助理教授暨附設醫院急診部災難醫學科主
任，臺南市政府消防局醫療指導醫師，衛生福利部南區醫療緊急
應變中心代理執行長

專長簡述：緊急醫療系統、災難醫學、緊急應變管理

曾參與南亞海嘯國際救援，及肯亞、馬拉威、尼泊爾等地醫療援助。曾
任 2016 年臺南地震現場醫療總指揮。研究領域爲緊急醫療系統，災難醫
學，緊急應變管理。曾參與臺灣公眾自動體外電擊器布置計畫及多項研
究，並曾發表多篇學術論文。著有《災難來了怎麼辦》一書。

姓名：吳豪哲

性別：男

學歷：銘傳大學碩士，美國德州農工大學都市及區域規劃學博士

現職：美國奧克拉荷馬州立大學助理教授

專長簡述：災害及風險管理、家戶災害應變、地理資訊、風險溝通

其研究方向主要致力於緊急事件及家戶災害的應變規劃與管理，尤專攻
災害資訊及風險溝通理論與地理空間資訊分析。自 2009 年開始即參與
多項美國國家科學基金會及美國陸軍工兵署出資之科學研究計畫，並主
持過由美國國家科學基金會資助的 2013 年科羅拉多州洪災的現地調查
工作。其已於國際知名期刊如 *Risk Analysis, Natural Hazards Review* 及
Disasters 發表超過 20 篇以上之期刊論文著作。

姓名：李雭昕（ㄈㄨ ㄒㄧㄣ）

性別：女

學歷：國立中正大學傳播學系學士，日本京都同志社大學社會學研究
　　　科媒體學專攻碩士，京都大學大學院情報學研究科社會情報學
　　　專攻博士

現職：京都大學防災研究所巨大防災研究中心特定研究員

專長簡述：防災教育、災害報導、社區災害重建

主要研究方向為媒體與災區之關係、防災教育、社區災害重建等。目前於日本從事防災教材之製作，以及推廣社區自主防災之工作。不定時回臺灣舉辦沒有正確答案的防災工作坊。

姓名：洪士凱

性別：男

學歷：國立成功大學碩士，美國德州農工大學都市及區域規劃學博士

現職：美國阿拉巴馬州傑克森威爾州立大學助理教授

專長簡述：緊急應變及風險管理、應變行為、風險溝通、颶風疏散

其研究方向主要致力於緊急事件及災害的應變規劃與管理，尤專攻風險溝通理論與颶風疏散實務。自 2009 年開始即參與多項美國國家科學基金會及美國陸軍工兵署出資之科學研究計畫，並已於國際知名期刊如 *Natural Hazards Review* 及 *Environment and Behavior* 發表超過 15 篇以上之期刊論文著作。

目錄

Part I 總 論

第一章　災害管理內涵與重要觀念

張賢龢、王价巨

章節摘要

　　天然災害多是地球運行的正常現象，因此，災害管理重點在於管理人類的行為，以減輕災害衝擊。本章從災害的定義開始討論，探討「災害」從最早被視為「上天的懲罰」到近年開始體認到人類社會活動製造了災害，甚至加劇災害的衝擊程度，進而影響災害管理方式。這樣的轉變，導引出災害管理的兩項內涵以及災害管理的重要觀念。這些內涵與觀念進而延伸出管理人類社會活動與政府面對災害的方法。本章同時介紹了美國目前災害管理的體系與作法，也闡述災害管理作為一門新興學門，未來的發展方向包含了實務與學術合流，自然與社會科學結合，以及國際化的研究，應該以謙卑的態度找出與災害共存的方法，而非「人定勝天」。

1.1 災害的定義

　　要有效管理災害，需先對「災害」有清楚的定義。「災害」在人類歷史上，最早被視為上天的懲罰（Act of God）之一，例如舊約聖經中耶和華發動十災以警醒埃及人讓猶太人離開、古代中國以為水災係河神發怒，須以年輕女子獻祭等。這樣的想法，不啻是將災害視為人類無法積極因應的現象，更將災害發生歸咎在不可知的領域中，進而放棄或是忽略天然災害成因，也失去了災害管理可能的發展契機。

　　1960 年代，開始有社會學家針對「災害」定義重新思考，將災害定義成「中斷社會活動的事件」（Fritz, 1961）。他們認為災害發生提供了

社會改變的契機，重新調整了原有社會結構，促使人類社會轉向另一種可能。隨著冷戰開始，核子戰爭的威脅日益升高，社會學家對於災害的研究，聚焦在防範人為災害（尤其是核子武器攻擊）後的人類行為，災害的定義不斷被重新思索，亦體認到災害係人類活動造成的結果。重新探究各項原本被認為是「天然災害」事件的致災因素，會成為「災害」，其實與人類的活動密不可分[1]。例如，森林火災在近代社會被視為天然災害之一，但詳究森林火災的起源，係為森林自我調控樹木數量的方法之一，藉由閃電等各種引燃方法，將過分密集的樹叢燒毀，留下的餘燼供歷經天擇而存活下來的樹種生存，讓森林中的樹木數量保持恆定，在資源有限的情況下，確保整體生態圈的持續發展。這樣的自然調控過程，因為人類的活動頻繁，將居住範圍延伸到森林周邊，自然影響到人類的生命與財產安全，而被定義成「天然災害」之一。

暌諸人類發展歷史，從最早的兩河流域沖積平原開始，在人類存在於地球前，這些「自然現象」即不斷發生，土石流、地震，甚至颱風與龍捲風等均為地球上自然發生的現象，僅因為人類生存所需，或人類活動範圍的擴張，才讓「現象」成了「災害」。亦即，由於人類過度開發，此類「災害」影響到人類的生存，從而成為需要管理的對象。美國 Philips 等學者（2012）提出構成「災害」的三大內涵（p.32）：首先，「災害為社會現象之一，除非影響到人類，否則不能稱之為災害」；其次，「必須引致特定團體或個人社會活動的中斷」；再者，「某地區人們受到影響而須對外求援」。此一定義呼應了前述人類以自我為中心來定義災害的思維。

如何管理這些現象，以達到人類永續發展的目標？簡而言之，既然天

---

[1] 美國對「災害」一詞定義的演進歷史與想法，可見 Perry, R. (2007). *What is a disaster*. In Rodriguez H., Quarantelli E. L. and Dynes R. (Eds.), *Handbook of disaster research*. New York, U.S.A: Springer.

然災害是長期以來的現象，代表無論人類如何努力，科技進展多麼快速，亦是無法徹底免除天然現象的發生，因此，接受這些現象必定會發生，並進而思索如何與它們共存極為重要。就如中國歷史上鯀以圍堵阻絕的方式無法有效治洪，禹建立渠道以疏導方式讓水與人類發展共存後，始能徹底解決水患。

1.2 災害管理的內涵

　　前文說明了災害管理的目標不在管理災害本身，因為這些人類眼中的「災害」，其實是自然界中必然發生的「現象」。這些天然現象因人類的活動與行為而產生危害（hazard），導致人群的傷亡。因此災害管理著重在：**管理人類的行為，而非天然現象**。人類社會活動以及災害應變方式均為需管理的人類行為，以下分別加以探討。

一、人類社會活動

　　人類活動的範圍擴大，造成了大自然現象發生後，進而影響到人群安危。因此我們在討論災害管理方法時，要思考如何調整人類行為來減緩災害衝擊。舉例來說，規劃圖書館內部空間配置時，應先分析可能發生淹水的地點，進而將易積水的地方規劃成閱覽室或公眾活動空間，如此即便遭遇淹水，亦不易損害館內藏書（Alexander, 2002, p.251）。另一個例子是順應人類行為來規劃災害應變行動。人類避難行為的研究發現，當接收到警報後，人群通常需要一段時間確認訊息來源與可靠性，確認之後，方會開始避難。避難開始後，人們會選擇熟悉的路線逃生，而非距離最近的出口，因此在平常訓練或是演習時，應納入「認識環境」項目，協助居民了解逃生出口與避難器具位置（Tubbs & Meacham, 2007, p.239-241）。

　　災害管理的終極目標是減緩人員傷亡，因此，另一個重要內涵是：

「以人為本」。此精神體現了對人的尊重，所有災害管理的手段應以解決人所面臨的困難為主，而非僅將事做完。具體說來，延續本段管理人類社會活動的想法，災害管理者必須思考災害發生後，如何協助民眾建立面對災害的正向身心狀態；災後必須提供足夠的飲水、衣物及避難處所；重建階段需提供居民心靈輔導與低利貸款服務〔例如：美國小型企業管理局（Small Business Administration, SBA）會於災後提供低利貸款供災民申請[2]〕；疏散收容災民並非將其趕至同一處所即可，要考量人群的心理狀態，並妥適規劃收容處所空間及隱私設施等（Alexander, 2002, p.149-155）。如美國Katrina風災期間，災害應變行動為人詬病，原因之一即未妥善規劃災民收容措施。時任阿肯色州州長 Mike Huckabee 於災後的國會聽證會上說：「所有被疏散的民眾就像清倉大拍賣一般，一箱箱地被搬離現場（They have been treated like boxes, in many cases, warehoused）（The White House, 2006, p.40）。」因此災害管理的重點在處理人，而非處理事，讓災民願意遷移至收容處所，且能安心待下來，才是災害管理中最難但卻更應關注的部分。

二、人類應變災害的方式

除了前述政府利用規範民眾的方式，達到減輕災害衝擊的手段外，政府本身因應災害的方式亦是災害管理的重點，亦即，災害應變。

首先，災害發生後必須動員一定數量的人員來因應災害，幫助受災害人群與社區，被動員的人簡稱為災害應變人員[3]，動員他們最常見的方式

2　災後低利貸款的內容與申請步驟，可見 SBA 的網站內容說明：https://www.sba.gov/loans-grants/see-what-sba-offers/sba-loan-programs/disaster-loans

3　美國學界近年來將災害應變人員稱之為 disaster responders，而非以往慣稱的 first responders。原因是根據災害研究，災害發生後第一時間內到達現場的人多是鄰居、同事以及親友等，消防或警察等單位通常是第二批到達現場的人，因此較少沿用 first responders。這些想法請見 Heide, E. A. (2004). *Common Misconceptions about*

是階級式管理，從最高指揮者開始，依序分設下屬單位，讓每位災害應變人員都至少由一人管理，從上而下分層管制負責，此類管理方式自古以來即屢見不鮮。依旅美歷史學者黃仁宇之見解（1993），中國因境內黃河夾帶過多泥沙，故下游地區經常氾濫成災，是故自古以來便需要一個強大的中央集權政府以調度所需的救災資源與人力（p.26～27）。這樣的制度與方法沿用至今，仍是世界上主要國家應變災害的方法，如美國的事故現場指揮體系（Incident Command System, ICS）與英國的重大事故處理要點（LESLP, 2007）等，均體現了階級式體系管理災害應變的思維。

　　然而，階級式體系管理災害有其局限性（Schneider, 2011）。此種體系建構於處理日常事務之上，當遭遇偶發或複雜的災害情境，難由單一機關或個人完成所有決策（p.6）。因此，許多災害研究者提倡，應以建立共識之方式取代階級式管理（Neal & Philips, 1995）。建立共識或階級式管理災害應變行動的討論十分複雜，英國學者 Burns 與 Stalker（1961）曾針對這兩類組織優劣進行探討，在觀察英國幾間商業組織後，發現階級式管理部屬的單位重視流程與規範，在此類組織中工作的個人像是大機器中的小零件，依命令辦事即可，少有自主決定空間，故稱之為機械型組織（mechanistic system）；另一種類型的商業組織強調互助與共同決定，成員彼此間溝通較為順暢，且決定前會相互交流與影響彼此想法，此類組織稱之為有機型組織（organic system）。此兩類組織的簡單對比如表 1.1（Daft, 2009, p.154）。整體觀之，機械型組織適合處理常態性變化較少的事物，有機型組織則適用在變化頻繁，事先難以預測的情境（Burns & Stalker, 1972）。災害發生後會發生的狀況，包含：變化較少、可事先預

Disasters: Panic, the "Disaster Syndrome," and Looting. In O'Leary, M., *The first 72 hours: A community approach to disaster preparedness.* Lincoln (Nebraska), University Publishing, pp. 350-354.

測的情況，以及變化較大、很難事先知曉的情形。因此在應變災害時，應該保持彈性，讓災害應變體系得以在機械型與有機型之間變動，視狀況複雜程度，轉化成適合現場運作的體系（Schneider, 2011）。

表 1.1　機械型組織與有機型組織之對比

機械型組織	有機型組織
任務分割後交予特定的職務	全體參與者共同完成各項工作
明確規範每位參與者的任務與責任	依參與者間的討論調整與分派每個人的工作
以明確的階級制度與規範管理各職位	無明確的階級制度與程序規範
知識與權力集中於組織高層	知識與權力分散予個人
重視垂直溝通（上級與下屬間）	重視水平溝通（同儕之間）

資料來源：Daft, 2009

1.3 災害管理的四個階段

災害的發展是連續性的過程，在多數的情況之下，災害是從小型的緊急事故（emergency）開始，漸次發展成災害（disaster），如果繼續發展下去才會成為浩劫（catastrophe，或稱巨災）。彼此的關係如圖 1.1。

依美國災害研究者 Quarantelli（2000）的定義，相較緊急事故而言，災害應變人員必須與更多單位合作救災，調整個別單位的行動，運用不同的應變方式，並更緊密地與私人機關合作（p.1）。浩劫來臨時，地方上多數設施將遭毀損，地方政府官員無法執行平日所肩負的任務，且鄰近行政區亦因浩劫的重大影響而無法支援。在此情況下，多數社區無法運作某些基本功能（Quarantelli, 2005）。

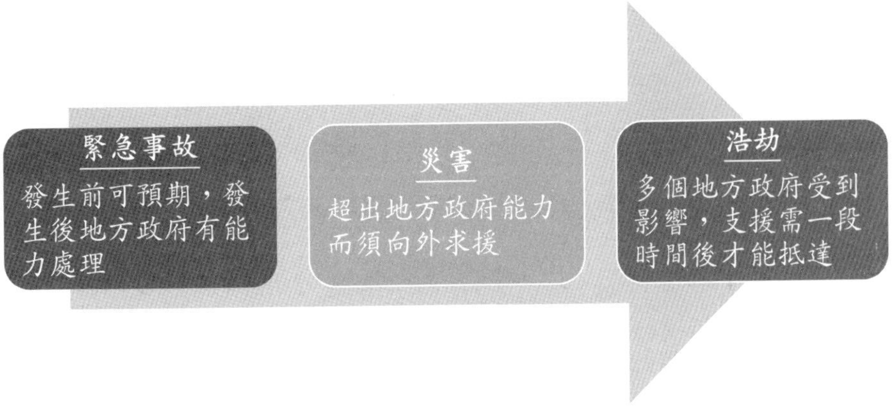

圖 1.1　緊急事故、災害與浩劫發展關聯圖

資料來源：Philips *et al.*, 2012, p.33

　　從以上對三種類型事故的討論，可發現緊急事故、災害、浩劫之間的差別，主要是地方災害應變人員的能力是否可以應付，此一想法體現了美國災害管理的基本觀念是所有的「災害均從地方開始（all disasters are local）」，因而強化地方因應緊急事故，或較小型的災害因應處理能力至關重要。如能在地方政府層級即妥適處理緊急事故或災害，之後也毋需動用整體國家的人力與物力去面對浩劫。依此邏輯，美國聯邦緊急管理總署（Federal Emergency Management Agency, FEMA）將災害依規模分為五大類（FEMA, 2006）。第五類是最小的緊急事故，第一類則是國家級甚至國際級的浩劫性事件。這樣將災害分類的方式讓災害整備時，可以因應不同的災害規模而規劃所需要的資源與人力。例如，美國各地的國家搜救隊伍概分為三類，除了第一類的搜救隊需具備可隨時派出國外救災的能量與人力外，其他類型隊伍，僅需具備相對應災害類型的應變能力即可（FEMA, 2015）。

　　除了依據災害的規模分類之外，美國聯邦緊急管理總署（FEMA）亦

將災害管理分成四大階段，並設立相對應的部門以執行相關業務。這四大階段（phases）包含：減災規劃（mitigation）、災前整備（preparedness）、災害應變（response）以及災後復原重建（recovery）。四大階段的關係如圖 1.2 所示。

圖 1.2　災害管理四階段流程圖

資料來源：https://www.training.fema.gov/emiweb/earthquake/neh0101220.htm

　　從圖中可見，這四大階段彼此首尾相連，互相配合，從減災規劃開始，災害管理者需了解轄區內災害的類型與特性，進而利用結構式手段（例如：築起擋土牆以避免土石流流進住宅區、堤防）及非結構式手段（例如：都市計畫把易淹水地點規劃成公園綠地，以減低水患對住宅與居民的損害）來減低災害衝擊。在減災規劃時期了解了災害的類型與特性後，接下來可以進一步在災前整備階段規劃相關的計畫與防災作法[4]，訂出

---

[4]　更多防災計畫的類型與做法，可參考 Perry & Lindell (2007). *Emergency Planning.* U.S.A: John Wiley & Sons Inc. 一書。

計畫與防災作法後接著進行人員訓練與提供公眾教育課程，在災害發生前利用各種不同類型的演習測試這些訓練與教育的成效。美國聯邦緊急管理總署（FEMA）將災害演習概分為三大類，分別為桌上兵棋推演（tabletop exercise）、功能性演練（functional exercise）與實兵操演（full-scale exercise），此三大類演習環環相扣。先從桌上兵棋推演討論出可能的情境與因應方法，接著以救災功能性演練，來測試在特定情況下某項因應方法的優缺點，最後進行實地實境的測試，以模擬災害來臨時的眞實狀況[5]。前述實兵操演已十分接近災害應變眞正的情況，因而在災害來臨時，災害應變人員得以依災前整備的方式進行應變行動。應變行動開始時亦同時啟動災後復原的階段。例如，疏散大量民眾離開災區時，同時要思考如何安置、收容處所設置，還有前一段中提到的「以人為本」的思維與方法。因為災害應變與災後復原重建幾乎同時啟動，需要一起思考，所以只用災害應變的機關來統整所有災害管理事務並不容易。應變機關關注於應變方法，無法提升至整體災害管理的大思維，單就人力與資源來說，要同時處理好災害應變與災後復原，更是不易，這樣的想法在本書第七章「緊急應變理論」中有更深入的討論。把減災、整備、應變與復原連結起來後，最後一塊拼圖是－復原重建需同時考量減災的需求。例如，若受災地點地勢本就比海平面低，災前依賴高築堤防以避免海水倒灌，如該地舊地重建，未來很有可能再重複發生潰堤災情。體認到原地重建無法減輕未來災害的衝擊後，美國主管單位會以購買當地土地與房屋或以地易地方式，讓當地居民得以搬離原地，減低日後災害管理成本（Vries & Fraser, 2012）。

　　值得注意的是，以上災害管理四階段為美國實務工作人員簡略的分類

5　更多各種演練的類型與方法可參考 FEMA 2013 年出版的演習與評估要點（Homeland Security Exercise and Evaluation Program, HSEEP），或是專欄文章：http://opinion. udn.com/author/articles/367。

方法，在其他國家不見得如此分類，例如紐西蘭雖亦將災害管理分為四階段，但名稱與美國不完全相同，分別為 Readiness, Response, Recovery, and Reduction（Philips *et al.*, 2012, p.37）。事實上，不論分成幾個階段，背後的原理都是將災害管理視為一個整體，不論從哪裡開始討論，各階段之間彼此配合，首尾相接。因此，在討論災害管理的相關議題時，必須體認災害管理不能單獨探討應變或整備，而須完整考量災害管理各階段，進而互相配合。例如，在八仙粉塵暴燃事件發生後，內政部所公布的「大型活動管理要點」中，建議爾後辦理大型公共安全事件前，必須以 ICS 架構（詳見本書第十章）規劃災害應變事宜，唯對此系統的了解實有待深入。因此，即便在災前整備階段導入新的系統，卻未能在災害應變階段配合，甚至討論如何用 ICS 來統整災後復原相關團體組織的行動，恐怕不易收到成效。

1.4 災害管理的重要觀念

上段所談四階段並重的災害管理方式，即美國災害管理者所提倡的全階段災害管理（all-phases disaster management），這樣的災害管理方式從災害的起因開始了解，之後規劃災害應變的方法，提供相關的救災訓練與防災教育，再辦理災害演習測試相關人員（包含民眾）對災害的了解，待災害發生後，利用災前對災害的研究與災害應變的準備，並啟動災後復原的作業，進而於復原階段再從減災規劃的源頭開始思考，減低下一次災害的衝擊。這樣的災害管理方式與災害的類型無關，而是對應各種災害都應如此處理。換句話說，當管理災害的方式跳脫應變的思維，對各種可能發生的災害都從災害管理四階段的各個角度思考時，不論什麼類型的災害都可以用有效的政策規劃與相關手段加以管理，這種跳脫個別災害管理的思維，進而企圖降低整體社會中各項風險的作法，亦稱之為全災害取徑

（all-hazard approach），在美國災害管理的書籍中，專業的災害管理者必須體會全階段與全災害管理的方式與概念，進而將這兩項觀念運用在日常的工作中（Philips *et al.*, 2012, p.37-39）。王价巨等（2015）研究指出，全災害取徑如同醫院的急診室運作模式。醫院一般時期，各分科有其專業，分別處理各自案例；然而面臨緊急或危急的醫療需求時，由急診室統籌及整合各分科不同的專業，故急診本身就是一門專科，執行程序和業務皆與各分科不同。因此，災害管理即是整合各類專業的資訊與知識，建構緊急災害狀況下應有的準備、因應程序與做法。換言之，災害管理是一獨立專業，並不會和其他局處任務重疊，宜跳脫單一領域之限制，根據王价巨等（2015、2016）、方潤強等（2016）研究，建立一整合性防災作戰概念，將災害防救運作架構分為「平時」與「災時」進行災害管理有其必要。馬士元（2016）認為全災害取徑之定義具有三個層次：

1. **一致性的應變架構**：無論各種災害類型，現場指揮系統以及動員程序，都源於類似的架構與協定〔如 ICS、Emergency Support Function（ESF）〕。王价巨等（2015）指出，為了災害現場應變需要，美國聯邦運用三種非常重要手法建立跨轄區的聯合應變基礎：情境式（後果導向）資源啟動清單、定義全國一致的緊急支援功能（ESF）[6]、規範執行跨轄區指揮的聯合現場辦公室（Joint Field Office, JFO）運作機制。

2. **專責化的災害管理**：政府機關必須有一個單位，負責因應所有類型災害，設計出共通的協調指揮規範，以及整合各部門共同運作的緊急

6　美國國家應變架構（National Response Framework, NRF）視災害應變由幾大核心行動組成，這幾大核心行動稱之為緊急支援功能（ESF），包含了交通運輸、溝通聯繫、公共工程、消防滅火、資訊分享與規劃、大量民眾救助安置與人道協助、後勤運輸與管理、公共衛生與醫療、搜索與救援、油類與危險物質應變、農業與自然資源相關作業、能源維護與復原，以及公眾安全與警戒等 13 項。每一項 ESF 都有相對應的主責單位（多為美國部會層級的機構），詳細內容與討論可見 NRF 第三版討論內容：https://www.fema.gov/media-library/assets/documents/117791

程序〔如美國國土安全部（Department of Homeland Security, DHS）、
FEMA〕。

3. **整合性的專業合作：**無論各種機關或關鍵基礎設施與資源營運企
業，必須為所有可能發生的災害類型，充分準備自己負責的範圍。

另一項重要的災害管理觀念是災害管理者的角色是協調者，而非發號
施令的指揮官。如之前的段落中提到，管理災害的方式除了上下階級式的
指揮與命令（command and control）之外，在大型且複雜的災害現場，需
要以不同的方式進行跨領域及跨部門的溝通（inter-discipline, inter-agency,
interoperability）。此時的管理方式應重視各單位間的溝通、協調與合作
（communication, cooperation, and coordination，英文簡稱為 3C），而非以
單一單位或背景的人員來指揮及控制其他應變人員。例如，美國德拉瓦大
學災害研究中心調查的一起災害事故中，共有 68 間不同的消防單位參與
應變，加拿大研究者亦發現在大型的火災之中，可能有超過 300 個不同組
織抵達現場。在這樣的情況之下，很難用單一機關為主的災害應變方法
（Quarantelli, 1997, p.44），各機關間由於組織文化上的差異，除了開會
尋求共識之外，似乎也很難由某一機關來代表全體做出災害應變的決定[7]
（Lindell & Perry, 2007, p.123）。因而，不僅在災害應變的階段必須跳脫單
一機關做決定、領導其他部門的傳統思考方式，放大到整體的災害管理架
構中來看，唯有捨棄以災害應變部門為主的災害應變體系，另外成立一個
更大（不隸屬災害管理任一階段）的災害管理部門，並廣納各種防災相關
領域的人才，方能將災害管理的工作做好。

---

[7] 以美國的情況來說，大型災害應變現場需找所有相關機關共同開會決定災害應變的
先後順序，訂出整體的救災目標後，再分割給相關單位處理，詳細的開會內容與程
序，請見本書第十章，事故現場指揮體系（ICS）中有關規劃 P（Planning P）的討
論內容。

　　簡言之，災害管理是門跨學科（inter-discipline）的學問。其中，包含了工程學、自然科學與社會科學等相關的學門。舉例而言，減災規劃時使用的都市計畫手段，需要城市規劃與環境相關領域的人才協助，要分析環境可能產生的危害與有關的風險，需要會操作地理資訊系統與其他風險分析工具的專家協助。災害應變除了消防、警察與各級政府組織均需協同合作之外，背後涉及的人類避難行為與救災組織體系，則是社會學研究的範疇；在災後復原期間須提供的心理諮商與建築物危害評估，則又分屬於社會工作與建築及土木工程的專業領域。「災害管理學」非屬特定的科學領域，研究這門學問的人也無法僅以量性（例如問卷調查與統計分析）或是質性（例如深度訪談與文本分析）的方法為之，如同愛因斯坦所說：「可量化的事情不見得重要，重要的事情不見得可量化表達（Everything that can be counted does not necessarily count; everything that counts cannot necessarily be counted）。」研究災害管理學的人，應視研究主題與發問內容，來選擇研究方式與工具。

1.5 未來災害管理學的趨勢

　　災害管理學的想法長期以來散見在不同學科之中。近年來，美國高等教育機構開始拓展災害管理的學術領域，是一門新興的學門，未來發展方向雖未定論，但大致可歸納出幾項可能的未來發展目標。

一、理論與實務結合

　　Alexander（2000）認為災害學是一門將理論與實務結合的學問，如果一事在實務上無法施行，則其在理論上亦站不住腳（p.167）。因此展望未來這門學科的發展方向，除了應當鼓勵更多實務工作者加入學術研究的領域外，學術研究的成果也應以適當方式回饋給實務工作者。由實務工作

者提出研究題目的建議，再由研究者找出可能的解決方式，並再透過實務機關加以驗證。利用實務與學術間的互相合作，持續推動災害管理領域的發展。

二、社會科學與自然科學合流

跨領域研究是美國高等教育機構目前倡導的研究方式之一。具體來說，社會科學與自然科學合流，不同的系所與學院間合作，在近年災害管理的領域中尤甚。舉例而言，為研究火場人員避難逃生的方式與開發模擬軟體，社會學家提供人類避難行為的資料，自然科學家協助開發電腦軟體，因而可以更正確地估算出在擁擠的夜總會中，人群需要多少的避難時間（Aguirre *et al.*, 2011）。其他與災害管理相關的研究主題，例如探索災害應變人員在現場如何做決定，避難收容場所的選定與分析，及避難路線的選定等，都是可以讓社會與自然科學家一起研究，共同探索。在災害管理學領域中，由於所需的知識過於龐雜，自然很難單獨以自然科學或社會科學視之。

三、跨國共同合作與研究

跨國界的災害管理合作與研究是未來的趨勢。首先，地球因交通與網際網路的發達，彼此連結較以往更加緊密，此發展趨勢，如同歷史學家的預測，將造成上世紀以同一民族為主建立起的國家漸漸式微，取而代之的將是新型態的國家形式（許倬雲，2014），也讓災害的影響不再局限於單一國家境內。例如，日本 311 大地震影響到了韓國、中國與臺灣，海嘯後受輻射污染的水及物品，在一年之後甚至越過太平洋，漂流到美國西岸。美國 Katrina 風災除破壞美國國內的經濟體系，災後補貼受災地農民的經濟政策，造成了美國玉米價格暴跌，產量過剩的玉米流入了墨西哥，低廉的價格打亂了當地農民的收益，致使成千上萬的墨西哥玉米農失業（Zolli

& Healy, 2013）。凡此種種都證明災害管理將不再是一地一國的課題，而是全體人類如何找出與災害共存，以避免受到更大衝擊的關鍵。這想法呼應了本章開頭對災害管理的討論：重點不在於如何消弭這些災害，避免它們的發生，而在於體認到被人類所定義出來的「天然災害」，其實是地球上再正常不過的「現象」，進而與之共處。

　　面對災害，人類無法以「人定勝天」的想法行事，只能謙卑地學習，努力地找出減輕災害衝擊，與災害共存的方法。

參考書目

方潤強、王价巨、馬士元、陳以恩、黃凡齊（2016）。**105 年度臺中市災害應變中心全事故功能分組細部規劃研究案**。臺中市政府消防局委託研究報告（105AD053）。臺中市：臺中市政府消防局。

王价巨、馬士元、方潤強、楊怡瑩、黃凡齊（2015）。**臺中市政府災害防救體制與全事故應變機制架構之研究**。臺中市政府委託研究報告（1040309RRE034）。臺中市：臺中市政府研究發展考核委員會。

王价巨、單信瑜、方潤強、張馨心、黃凡齊（2016）。**105 年度臺北市重大災害應變運作協調作業機制之研究**。臺北市政府消防局委託研究報告（651810521）。臺北市：臺北市政府消防局。

馬士元（2016）。**臺灣建構全災型事故應變體系之探討**。105 年度土石流災害防救業務講習。臺北市：林業試驗所森林保育大樓 12 樓國際會議廳。

許倬雲（2014）。**現代文明的批判**。臺北市：天下文化。

黃仁宇（1993）。**中國大歷史**。臺北市：聯經。

Aguirre, B. E., El-Tawil, S., Best, E., Gill, K. B., & Fedorov, V. (2011).

Contributions of social science to agent-based models of building evacuation. *Contemporary Social Science, 6*, 415–432.

Alexander, D. (2000). *Confronting catastrophe*. New York, U.S.A: Oxford University Press.

Alexander, D. (2002). *Principles of Emergency Planning and Management*. New York, U.S.A: Oxford University Press.

Burns, T., & Stalker, G. M. (1961). *The management of innovation*. London: Tavistock.

Burns, T., & Stalker, G. M. (1972). Models of mechanistic and organic structure. In Azumi, K., & Hage, J. (Eds.), *Organizational systems: A text-reader in the sociology of organizations* (pp.240-255). Lexington, MA: D. C. Heath and Company.

Daft, R. (2009). *Organization theory and design*. OH, U.S.A: South-Western Cengage Learning.

Federal Emergency Management Agency (FEMA) (2006). *ICS-400: Advanced ICS for command and general staff, complex incidents and MACS for operational first responders (student manual)*. Retrieved from http://www.nctcog.org/ep/training/ICS_400_Student_Manual.pdf

Federal Emergency Management Agency (FEMA) (2015). *National Urban Search & Rescue Response System: Fact Sheet*. Retrieved from http://www.fema.gov/media-library-data/1440617086863-f6489d2de59dddeba8bebc9b4d419009/USAR_July_2015.pdf

Friz, C. E. (1961). *Disaster and community therapy*. Washington D.C.: National Research Council, National Academy of Science.

Lindell, M., & Perry, R. (2007). Planning and Preparedness. In Waugh, W., &

Tierney, K. (Eds.), *Emergency management: Principles and practice for local governments* (2nd ed.) (pp. 113-142). Washington, DC: ICMA Press.

London Emergency Services Liaison Panel (LESLP) (2007). *Major Incident Procedure Manual* (7th Ed.). U.K.: The Stationery Office.

Neal, D., & Phillips, B. (1995). Effective emergency management: Reconsidering the bureaucratic approach. *Disasters, 19*(4), 327-337.

Philips, B. D., Neal, D. M., & Webb, G. R. (2012). *Introduction to Emergency Management*. U.S.A: CRC Press.

Quarantelli, E. L. (1997). Ten criteria for evaluating the management of community disasters. *Disasters, 21*(1), 39-56.

Quarantelli, E. L. (2000). *Emergencies, Disaster and Catastrophes are different phenomena*. U.S.A: Disaster Research Center; University of Delaware.

Quarantelli, E. L. (2005). Catastrophes are different from disasters: some implication for crisis planning and managing drawn from Katrina. In *Understanding Katrina: Perspectives from the Social Sciences*. Social Science Research Council (SSRC). Retrieved from http://understandingkatrina.ssrc. org/

Schneider, S. (2011). *Dealing with disaster-public management in crisis situations* (2nd ed.). NY, U.S.A: M.E. Sharpe, Inc.

The White House (2006). *The federal response to Hurricane Katrina: Lessons learned*. Retrieved from https://georgewbush-whitehouse.archives.gov/ reports/katrina-lessons-learned/

Tubbs, J., & Meacham, B. (2007). *Egress design solutions: A guide to evacuation and crowd management planning*. New Jersey, U.S.A: John Wiley & Sons, Inc.

Vries, D. H., & Fraser, J. C. (2012). Citizenship Rights and Voluntary Decision Making in Post-Disaster U.S. FloodPlain Buyout Mitigation Programs. *International Journal of Mass Emergencies and Disasters, 33*(1), 1-33.

Zolli, A., & Healy, A. (2013). Resilience: Why Things Bounce Back. U.S.A: Simon & Schuster.

Part II 風險管理階段

第二章　災害風險管理

單信瑜、姚大鈞

章節摘要

　　災害的形成必須包括災害事件及其影響的環境，災害事件則由危害所引發。危害可以視爲一種風險因子，災害管理也就是一種風險管理。災害形成的過程不必然只有一種危害發生作用，多種危害與環境的交互作用就可能發生複合式災害；單一危害與環境交互作用下的結果除了直接災害外，尚需注意衍生災害的可能性。就企業組織而言，災害管理應從風險管理的角度切入，需以全風險管理的觀念與做法對所有可能的天然與人爲危害納入管理，以分擔、降低、緩解、轉移及自留的方式處置災害風險。尤其需要特別注意的是災害保險無法防止災害的發生，保險在實務上雖可提供災害損失中財務補償的功能；卻也無法完全彌補災害造成的財物和營運損失。災害管理仍應依企業組織的需要，整合並有效使用自身與社會、各級政府與國家的資源，在災害的各階段降低損失並盡速復原。

2.1 災害與風險

一、災害的定義

　　根據紅十字會與紅新月會國際聯合會（International Federation of Red Cross and Red Crescent Societies, IFRC）和聯合國減災組織（UNISDR）的定義，災害（Disaster）是指因爲瞬間發生的自然事件或人爲意外導致一個群體（區域、國家、地區、社區）或社會功能發生嚴重的中斷，而其重大人命傷亡、物質、經濟或環境的損失，超越了群體或社會用自己能

力和資源因應的能力。災害的發生，是由於危害（hazard，亦稱爲致災因子或風險因子）對於脆弱（vulnerable）民眾造成了衝擊。危害、脆弱性（vulnerability，或稱脆弱度）、對於降低風險（risk）的潛在負面結果之失能（inability），三者的綜合效應導致了災害（UNISDR, 2009）。災害影響可以包括生命的喪失、傷病，以及其他對人的身體、精神和社會福利的負面影響，還包括財物損壞、資產損毀、服務功能的失去、社會和經濟被擾亂、環境退化等。王价巨（2006）亦有相關探討。

危害，是導致災害發生的自然或人爲現象。依據「兵庫架構（Hyogo Framework）」（UNISDR, 2005），危害是指一種具有潛在危險的現象、物質、人的活動或狀態，可能造成人員傷亡，或對健康產生影響，造成財產損失，生計和服務設施喪失，社會和經濟被搞亂，或環境損壞。這些危害起源於不同的地質、氣象、水文、海洋、生物和技術，以及它們的共同作用。

另一方面，脆弱性的定義爲「一個社區、系統或資產的特點和處境，使其易於受到某種危害的損害。」由各種物理、社會、經濟和環境因素引起的脆弱性是多方面的。例如：建築的粗劣設計和建造，對資產的不當保護，缺乏公共資訊和意識，官方對風險和備災措施認識有限，以及無視明智的環境管理。一個社區的脆弱性，隨著時間推進會有顯著差別。這個定義把脆弱性確認爲有關利益方之社區、系統或資產的一個特徵，它獨立於自身的暴露程度。儘管如此，在普通用法中，這個詞義都更加廣泛並包括暴露程度（UNISDR, 2009）。

當危害被誘發，其影響範圍內的社會或社區的脆弱性較高，使得危害產生直接或間接的衝擊，大到影響社會或社區正常運作時，災害因而發生。

至於一個社會或社區，因其脆弱性致使危害可能引發衝擊發生的機

率和衝擊本身的嚴重程度之綜合結果，就是風險。風險的定義，是一個事件的發生機率和它的負面結果之合；在國際標準組織／國際電工委員會指南 73（ISO/IEC Guide 73）的定義，風險則是在達成目的上不確定性的影響（effect of uncertainty on objectives）（ISO, 2009b）。一般人在提及風險時，經常把重點放在事件發生的機會或可能性上。然而，在專業領域內，重點通常放在事件的後果上；例如，因為某個特定的原因、地點和時期所造成的「潛在損失」。

　　災害發生的時間與次數，構成災害的頻率；災害所產生有形或無形的影響，則為災害的後果。災害的頻率與後果組合的不確定性即構成風險的要素，所以災害的本質就是一種風險。災害管理可以視為一種風險管理（risk management）。

　　原則上，風險的影響可以為正面的助益（即機會）或負面的阻害（即損失），視風險承擔者的角色及角度而定。災害產生的影響同樣具有針對性，視災害相關方的角色與角度不同而異。故災害管理是客製化的工作，對不同的災害相關方，災害管理的內容也應有所不同。

二、災害的形成

　　災害的形成一般由危害引發，危害可為自然事件或人為事件。

　　天然危害（natural hazard）指的是自然的變化過程或現象，它們可能造成人員傷亡，或對健康產生影響，造成財產損失，生計和服務設施喪失，社會和經濟被擾亂，或環境損壞（UNISDR, 2009）。天然危害被用來解釋現存的危險事件，以及引發未來事件的潛在危險條件。天然災害事件可以根據它們的規模或強度、發生速度、持續時間和覆蓋區域等特點來描述。例如：地震持續的時間短，通常影響相對小的區域；乾旱是緩慢發展和逐步消失的，但常常影響較大的區域。在一些情況下，危害是關聯的，例如颶風可能會造成洪水，地震可能會引發海嘯。在專業領域內，可

根據歷史資料或由科學分析，針對危害在不同地區可能的發生頻率和不同強度，進行量化描述。

人為危害（anthropogenic hazard），主要是因為人類的行為所形成的危害，如技術危害（technological hazard）係起因於技術或工業條件的危害。人為危害有工業汙染、核放射、有毒廢物、垮壩、交通事故、工廠爆炸、火災，以及化學品洩露。人為危害也可能在天然災害事件發生時，引發災害與損失（UNISDR, 2009）。

危害本身並不必然產生損失，如西太平洋海面的強烈颱風事件，如果自颱風形成至颱風減弱成熱帶氣旋期間皆未登陸，則此颱風事件對於人類而言可說僅為一次無損失的自然事件（incident），若是在其強度最強時登陸臺灣，則可能造成災害，形成自然事故（accident）；但若颱風影響範圍內的機構和民眾都已經做好防颱準備，就脆弱性而言即為降低脆弱性，也可能在這樣的自然事故中，只有路樹倒塌、招牌掉落等小災情，但沒有造成會干擾社會或社區運作程度的災害。同樣等級的自然事件，發生在大西洋並登陸美國佛羅里達州，或發生在南太平洋登陸菲律賓呂宋島，幾乎類似的自然事件則可能導致全然不同的事故損失型態與規模。所以災害的形成要素，必須包括事件與影響的環境。影響的環境一般而言為人類文明存在的空間，即人為的環境，也就是脆弱性。簡而言之，災害的形成是災害事件與人為環境交互作用，並且人為環境因此交互作用產生變化（損害）的結果，相同事件在不同的人為環境下發生，可能造成不同的結果。本章將基於此基礎進行說明。

對於一般的自然事件，如地震、颱風、暴雨等人類文明無法預知或控制的事件，災害管理的重點在管理災害影響的人為環境，即一般所言降低人為環境對自然事件的脆弱性或增加韌性（resilience，或稱耐災力、回復力、禦災力）。若是人為的災害事件，如火災爆炸、戰爭恐怖攻擊、核生

化與放射線的汙染等，則災害管理的重點除了受影響的人為環境外，更需進一步主動管理人為事件發生的次數與頻率。

三、災害事件的種類

災害的種類，依據導致災害發生的危害類別，區分為自然事件導致的災害與人為事件導致的災害兩大類。

災害的產生，則在人類文明存在的空間 —— 即人為的環境。自然事件多屬人類無法準確預知或控制的事件，人為事件則為因人類的行為觸發的事件，如機械故障或邊坡開挖所導致的山崩事件。由於自然與人為環境的複雜性與連動性，在主要（primary）災害事件發生後，經常導致衍生（secondary）事件的發生，進一步導致後續災害與損失。如日本 311 地震引發的海嘯，衝擊日本東北部沿海地區造成嚴重的損失，為衍生的海嘯事件導致的衍生災害，大於主要地震事件造成地震災害的典型案例。此外，地震後可能發生的火災與爆炸，亦是典型的衍生事件。

對災害管理而言，災害的分類主要仍應以管理上事權統一方便管理為目的。災害分類方式可依企業組織的需求，從管理組織的職權、專業及資源使用的效益上考量決定。

四、衍生災害與複合式災害

主要災害事件可能導致衍生事件的發生，如在治安不良區域發生地震後，由於保全系統失效或警力空窗期產生的劫掠事件。衍生事件導致的災害，可稱為衍生災害（或二次災害、次生災害）。衍生事件與主要事件存在明確的因果關係，如連日豪雨導致土壤飽和及地盤滑動所引發的土石流，亦可歸類為衍生事件。然而主要事件導致的主要災害事件，與衍生事件導致的衍生災害，在影響與規模上並無絕對的相關性。

若是兩個（或多個）獨立（independent）事件的發生，在同一受體上

所產生的災害，大於任何單一事件的影響與損失，則此兩起（或多起）事件所導致的影響與損失，可稱爲複合式（convoluted）災害。2014 年 7 月 31 日晚間至 8 月 1 日凌晨發生在高雄市的氣爆事件，造成人員與財產的重大損失，數週後在災區重建前，同年 9 月 21 日的鳳凰颱風及西南氣流導致在高雄市降下數日豪大雨，造成災區淹水及震損建物的水損。由於氣爆及颱風暨西南氣流的影響，爲兩個獨立不相關的事件，但是在高雄市氣爆災區所造成的損失，較單一氣爆事件或單一颱風暨西南氣流引入的豪雨事件所導致的損失爲大，故高雄市 2014 年的氣爆事件與 2014 年 9 月的鳳凰颱風暨西南氣流引發的豪雨事件，爲典型的複合式災害事件。

在災害管理上了解災害發生的主要事件、衍生事件、複合式災害事件與造成災損的主力近因（proximate causes），有助於災害管理作業的規劃與整備，此外，在災害保險的安排與理賠上亦有較明確的責任歸屬與賠付依據。

五、災害風險

災害風險的定義爲「潛在的生命、健康狀況、生計、資產和服務系統的災害損失，它們可能會在未來某個時間段裡、在某個特定的社區或社會發生」。

災害風險的定義，反映了災害是風險不斷持續出現的結果這一概念。災害風險是由不同種類的潛在損失構成的，很難被量化。無論如何，運用人類對現存危害、人口結構和社會經濟發展的知識，至少可以在一個廣泛的定義下評估和圖示災害風險。

災害可視爲一種風險，災害事件發生的不確定性與災害後果的多樣性與變異性，組成風險的頻率與後果要件。災害管理必須了解災害事件的成因及頻率特性，並對災害後果多樣性與變異性可能產生的後果情境，有充

分掌握及評估，方能有效進行災害管理。

　　人類對災害的了解主要是從歷史的經驗而來，但是仍有些災害事件的發生早於人類文明開始之前，無紀錄可考，甚至遠早於人類考古能力所及。更甚者是尚未發生過，且人類科技文明尚未認知的災害。對人類而言，面臨的災害，永遠存在已知及未知兩大部分。此外，人文環境的變遷與文明科技的進步，亦時時改變人類文明的空間狀況，歷史上災害的經驗，僅可做為災害管理的參考，因為即使是相同的災害事件發生在同一地區，也可能因為環境的變異而有所不同，甚至發生不同的衍生災害與複合式災害。此外，近年來氣候變遷的現象進一步改變部分的自然風險事件，使災害風險管理增加更多的不確定性及可能面對更多的未知風險。

1. 風險因子與風險

　　災害事件可視為一致災（風險）因子，危害所產生的風險（即頻率與後果組合）視風險管理的對象不同而異，災害事件的風險即為事件後果可能發生的情境，不同的後果情境對應不同的情境機率。此外，風險情境亦可能隨時間而變化。災害風險管理成功與否的第一步，建立在風險管理者是否可以完整辨識所有的危害，及可能發生的風險情境。所有未被辨識的危害及風險情境無法納入風險管理，因未經適當處置，當發生災害時，可能造成嚴重的後果。

　　一些災害事件，如地震、颱風、設備故障、刑事犯罪等，在有科學論證的基礎上，可以建立合理的事件發生頻率，然而多數災害事件並無完整的統計或科學研究客觀說明發生的頻率。風險事件發生的情境，在人類文明存在空間內的變化難以完整掌握，更遑論預測事件後果的發展，使得災害風險量化分析有較大的挑戰。

　　依據風險影響範圍的特性，可以區分為廣布型風險和密集型風險。

　　廣布型（extensive）風險是分布廣泛的風險，它們與分散的人口且暴

露在重複出現或持續存在的中低強度致災環境下有關，有明顯的地區特點，它們能導致風險影響的積累。廣布型風險主要出現在農村和城市邊緣地區，這類社區暴露在不斷發生的地區性洪水、滑坡、風暴或乾旱下，更顯脆弱。廣布型風險經常伴隨貧困、城市化和環境退化。

密集型（intensive）風險與人和經濟活動大量聚集並暴露在高強度危險事件下有關，可能引起重大災害影響，出現大量死亡和資產損失。密集型風險主要是大城市或人口稠密地區的現象，它們不僅暴露在高強度的危害下，例如：強震、活火山、大洪水、海嘯及強風暴，且對這些危害呈現出高度的脆弱性。

2. 機率與後果及脆弱性

災害風險發生的頻率及可能情境與後果是描述風險的重要指標，也是災害風險處置作業優先順序的重要參考。然而所有災害風險相關方需要正確了解這些指標的真正意義與其背後的不確定性，才能建立風險管理的正確觀念。

風險事件及風險情境的機率僅代表該事件與情境可能發生的次數多寡，並非代表發生的先後，即機率較高的事件不一定較早發生，我們只能合理推斷在一定規模的時間內或數量的基礎上，機率較高的事件發生次數應該較多。這僅為大數法則下的合理假設。例如企業廠房完工後可能先遭遇 5 級地震的事件，數年後才遭遇 4 級地震的事件。特別是對於一些發生機率較低的事件，如果機率的不確定性大幅增加時，這些原來預估機率較低的事件，反而可能較發生機率高的事件更早發生。

以天然災害來說，即使科學家或工程師投入資源和人力，但畢竟是對於過去發生過的事件進行分析，嘗試統計發生規模和頻率的關係，並設法對於未來事件進行預測。以目前的科學和工程技術來說，因為過去發生的次數較為頻繁，因此針對颱風、降雨的頻率和強度，可以能夠基於相對

較為準確的發生機率和規模的統計來評估風險。但對於在颱風、豪雨期間可能發生的坡地災害，則因涉及到地理、地質條件，甚至受到植生和人為開發的影響甚大，便無法僅由颱風、豪雨的發生風險，加上坡地災害的因子，做出與颱風、降雨同等準確的風險預測。在地震方面，由於地震科學觀測的歷史並不算長，且因較大規模地震在各地發生的頻率並不算高，因此在地震風險的評估，或許就不如颱風、豪雨般有把握。但是，以目前的科學和工程技術，依據地震的風險來訂定工程設計規範已行之有年，這也就是風險管理的手段之一。

在人為災害或其他意外事件方面，除了火災的數量較多，有較多的統計資料可以了解發生的機率和空間分布以外，其他的人為災害，例如：毒化災、輻射災害、生物病原災害等，雖然可以掌握可能發生的地理位置，但就發生機率來說，因為過去的事件有限，因此至今無法做較有效的機率推估。

風險事件造成的後果估算，僅是基於發生情境下的合理假設。若情境改變或是發生複合式災害，則未預期的情境將改變風險事件的後果。例如，1979 年在美國賓州三哩島核電廠（Three Mile Island Nuclear Generating Station）的核災事故，從一個水處理通道阻塞開始發生一連串的人為錯誤（事件）與設備故障（事件），引發大量的人員傷害及財產損失，即為因發生未預期情境改變（發生多起獨立事件導致的複合式災害）導致後果變化的案例。這些情境的不確定性，間接造成後果不確定性的可能性也不容忽視。

從風險管理的角度，災害管理事前整備的原則，是降低災害事件發生的頻率及各種可能發生情境的對應機率；事後的後果管理原則，則是降低管理對象在各種情境下面對事件衝擊的脆弱性（結果即是降低災害的損失後果）。

　　就災害管理而言，主要的目的就是防災減損。防災減損的工作在時間軸上，主要包括事前的防災整備與災中及災後的減損復原。鑒於風險事件發生機率及情境後果的不確定性，災害事件發生後的發展與環境的變化，可能與災害管理預想的情境不同，災害管理除了事前的整備，事件發生中的緊急應變（contingency management）與後果管理亦是重要的課題之一。對於一些機率較低而後果較爲嚴重的風險，在資源有餘裕的狀況下，亦應進行適當的風險處置。

3. 災害風險相關方

　　災害的發生可能影響許多單位或個人，這些受影響的單位或個人稱爲災害風險的相關方。災害事件的發生與事故後果，可能產生許多事件與事故的相關方，如南太平洋的低氣壓事件形成時，中央氣象局可能即成爲事件的相關方，此時尚未與人爲環境接觸，也未有任何損失產生。若此低氣壓發展成強烈颱風登陸臺灣造成損失，則依其位置隨時間發展至損失產生，最後完成災害復原，將逐漸產生許多事件與事故的相關方。這些事故相關方彼此間可能僅因本次事故彼此關聯，也可能存在較爲複雜的利益關聯性，這些相關方的管理是災害風險管理極爲重要的工作。

2.2 災害風險管理

　　風險管理（risk management）是爲了降低潛在危害和損失，對不確定性進行系統管理的方法和做法。風險管理包括風險評估和風險分析，以及實施控制、減輕和轉移風險戰略與具體行動。

　　許多政府機關與民間機構實施風險管理，以減少政策或投資決策中的風險，和處理工作中的風險，例如：人爲危害風險導致商務活動被擾亂、生產中斷、環境破壞、火災；地震、颱風等天然危害造成的社會影響和損害。風險管理是公共用水與能源供應和農業等領域的核心問題，它們直接

受極端天氣和氣候的影響，也直接衝擊社會的正常運作。

　　若著眼於災害，則災害風險管理的目的是透過防災、減災和整備活動及措施，來避免、減輕或者轉移危害引發災害時帶來的不利影響。它是一個系統過程，對國家而言，即政府透過制訂法律、頒布命令、設立機構、增進人員知能，企業透過擬訂計畫、改善設施或添購設備、實施訓練，提升對應災害風險的應對力量，以減輕由危害帶來的不利影響和可能發生的災害。

　　世界各國的政府和國際機構，透過系統性的努力來分析和控制與災害有關的不確定因素，從而減輕災害風險的理念和實踐，包括降低暴露於危害的程度，減輕人員和財產的脆弱性，妥善地管理土地和環境，以及改進應對不利事件的備災工作。

　　災害風險管理的作業內容必須依管理對象的特性進行，一般而言管理的對象為災害風險的相關方。管理對象如果對本身災害管理已有確定的範疇與目標，則可依自身的需求規劃災害風險管理工作。如果管理對象認為需要進一步全面了解自身相關的災害，或希望進行完善的災害風險管理，則應先進行對象本身的災害風險評估，充分了解並辨識自身所有的災害風險因子，並根據系統化的流程分析，評估所有災害因子的風險，並依各風險的重要性與風險高低排序，找出風險最大的災害事件或災害風險因子與情境，再衡量自身可使用的資源後，完成災害風險的管理計畫。

　　一般企業組織或個人可以投入災害管理的資源有限，即便是政府單位也有預算限制，對於災害管理也無法提供無限的資源支持，災害管理必須善用資源並將管理效益最大化。

一、災害風險的管理原則與目的

　　從企業組織的管理角度，內部所有的行為都須符合企業組織成立的

宗旨，並以企業組織的營運目標為共同的目標，所以企業組織的災害風險管理必須配合營運，協助達成共同的目標，災害風險管理是為企業組織達成目標而存在，且為企業組織風險管理的一部分。此外，災害風險管理使用企業組織的資源，災害風險管理的目標必須配合並協助企業組織達成營運的目標，而其管理的原則與目的亦必須為達成本身的目標而制定。企業組織內部對於災害管理的目標、原則與目的訂定是由上而下的流程（圖2.1），確保企業組織的資源可以有效的運用，以達成企業組織的營運目標。此外，明確的目標、原則與目的是制訂災害風險管理計畫的必要條件，並可做為評估災害風險管理績效指標之一。

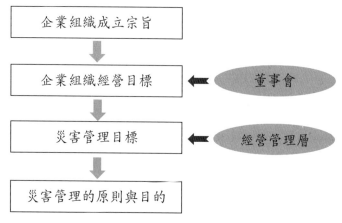

圖2.1　災害風險管理目標設定

資料來源：本文作者繪製

二、全風險管理的架構

　　對於想要規劃災害風險管理的企業組織或個人，特別是在災害管理資源有限並需要有效使用資源的企業組織及個人，例如政府災防主管機關，需以全風險管理（All-Risk Management, ARM）的觀念與做法進行災害風險管理（姚大鈞、單信瑜，2015）。全風險管理整合風險管理、緊急應變、危機管理及營運持續管理，提供完整的風險與災害管理架構及操作流程，企業組織及個人可依個別的需要及組織特性，結合全風險管理作業並在有限的資源下，進行符合自身需求的災害風險管理工作。全風險管理的主要架構詳圖 2.2。全風險管理的目標是協助企業組織強化競爭的優勢並保護核心功能（Core Functions）（圖 2.3）及提升永續經營的能力，目的則是協助企業組織及個人降低災害風險造成的衝擊與損失，並提升企業組織長期穩定獲利的能力。全風險管理的完整作業機制從風險管理（ISO 31000；CNS 31000）開始，並在災害事件發生時透過完善的緊急應變及危機管理，進一步降低衝擊與損失，再藉由營運持續管理（ISO 22301）強化企業組織永續經營的能力。

　　目前除了國際標準組織出版了 ISO 31000 的風險管理規範之外（ISO, 2009a），臺灣的標準檢驗局也將之轉化為中文的風險管理標準 CNS 31000（經濟部標準檢驗局，2012）。其內容係以 ISO 31000 為本，適用於各種機關、企業使用。

　　全風險管理是以風險管理（ISO31000；CNS31000）為基礎，經由風險管理的流程（圖 2.4），辨識評估並處置所有在全風險管理範疇內的已知（辨識）風險，緊急應變計畫（Contingency Plan 或 Emergency Plan）則是風險處置的重要方式，基於風險處置的效益考量或是法令規範規定需要進行緊急應變作業的部分，則編製緊急應變計畫（姚大鈞、單信瑜，2015）。緊急應變計畫除須滿足法令規範的規定外，更重要的是必須符合企業組織對降低風險後果的需求。

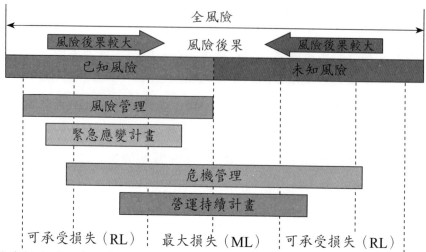

可接受損失（Acceptable Loss）：根據合理可行的最低限（As Low As Reasonably Practicable, ALARP）原則訂定的損失（Level defined with ALARP principle）
可承受損失（Retainable Loss）：對企業組織影響較低的損失（Level of loss with minor impact to business operation）
嚴重損失（Catastrophic Loss）：對企業組織影響較大的損失（Level of loss with major impact to business operation）
最大損失（Maximum Loss）：導至企業組織無法復原營運的損失（Level of loss with total destruction to business）

圖 2.2　全風險管理的架構

資料來源：本文作者繪製

圖 2.3　全風險管理與核心功能的關係

資料來源：本文作者繪製

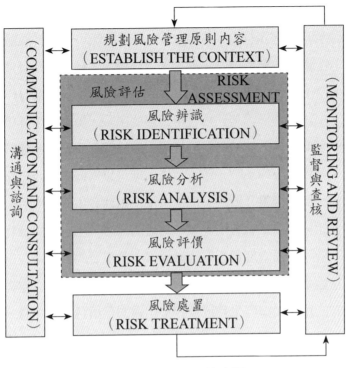

圖 2.4　風險管理的流程

資料來源：改編自 CNS 31000（經濟部標準檢驗局，2012）

　　若企業組織對於已知風險所可能造成後果的可接受程度，有較高的要求（更低的風險胃納；risk attitude 或 risk appetite）或是特殊需求（如較高的核心功能保護要求），且風險管理的結果仍無法滿足需要，則企業組織需先進行營運衝擊分析（business impact analysis），再根據分析結果進行營運持續管理（business continuity management, ISO 22301）（ISO, 2012）。此外，若企業組織對於已知風險的後果發展有較高的不確定性，希望進一步管理後果；或是需要對於未知風險造成的後果建立處理機制，並降低未知風險對企業組織核心功能的影響，則除了營運持續管理之外，亦可以建立危機管理的機制，並建立危機管理作業所需的專家團隊，在危

機管理啟動時可以立刻開始作業，避免延宕導致更嚴重的後果。

　　全風險管理的建議機制，如圖 2.5。企業組織可依據其風險管理的需要及資源的配置，並參考風險管理、緊急應變、危機管理及營運持續管理的特性（表 2.1），選擇進行完整的全風險管理或是執行部分作業。需要注意的是，風險管理僅管理已知且可辨識的風險。緊急應變計畫所降低的是經辨識且可掌握風險情境的風險後果，風險管理及緊急應變計畫無法管理未知或未辨識出來的風險，僅有危機管理可以管理未知及已知但後果發展未如預期的風險後果（危機管理無法降低事件發生的機率）。營運持續管理對企業組織的真正意義則是核心功能的保護，相對於風險管理及緊急應變計畫，營運持續管理對企業組織而言，最重要的功能是在重大的未預期災害（無論是已辨識的風險但後果發展遠非緊急應變可以處裡，或是未預期或未知的重大災害發生且危及企業組織的存續時）發生時，保護並可盡速回復企業組織的核心功能，使企業組織的營運不致中斷甚至無法存續。危機管理及營運持續管理，可增加企業組織在面對未知或未預期風險災害時的韌度。

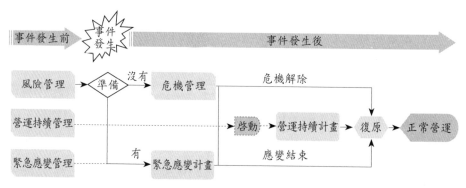

圖 2.5　全風險管理機制

資料來源：本文作者繪製

表 2.1　全風險管理比較表

	風險管理	緊急應變計畫	危機管理	營運持續管理
降低事故後果	可以	可以	可以	可以
降低事故機率	可以	不可以	不可以	不可以
應用時機	事故發生前	事故發生後	事故發生後	事故發生後
風險類別	所有已知風險	特定已知風險	特定風險	特定風險
風險特性	不限風險	風險較大	嚴重後果	嚴重後果
保護層次	第一層	第二層	第三層	第四層

資料來源：本文作者整理

　　全風險管理透過在事故發生前的積極準備，降低所有風險可能造成的影響，最重要的功能是提供企業組織管理所有已知及未知風險的作業機制，並可依需要彈性調整。此外，全風險管理作業的原則是管理效益的最大化，完整的全風險管理提供企業組織檢視資源使用及配置效益的機制，企業組織得以達成資源使用最大的效益並管理最多的風險。

　　企業組織經由適當管理已知及未知的風險，長期降低風險可能造成的損失，緩解因風險損失可能造成未達成經營目標的結果，甚至是企業組織的存續問題，並降低風險對營運過程及結果的影響。全風險管理提供企業組織更高抵抗風險波動的能力，並藉以提升競爭力及獲益的機率。

三、災害風險管理計畫

　　災害風險管理計畫是企業組織災害風險管理的藍圖，也是災害管理最重要的文件。所有災害風險管理作業必須根據災害風險管理計畫執行，其內容須依企業組織的規模特性與需要編制，但是必須有高度的可執行性，而非僅為一般性的原則與規定。管理計畫的主要內容如下：

1. 風險管理的原則與目的（根據風險管理的目標及企業組織的營運目標制定）。

2. 風險管理的範疇（對象、風險種類、時間、內容）。

3. 風險管理組織圖。

4. 風險評估（包括風險辨識、風險分析、風險評價及排序）。

5. 風險管理資源配置原則與說明。

6. 風險溝通、查核、修正、執行及績效評量的作業與流程。

7. 風險清單及紀錄表。

風險管理計畫需有風險管理組織圖，並明確說明各災害風險的風險責任人（risk owner, ISO 31000）及風險責任人的權責。風險責任人必須根據管理計畫的規劃與相關內容，制定風險管理執行計畫及必要的程序書，確保各項災害風險管理作業確實執行。規模較小的企業組織之管理計畫，可與執行計畫合併編製。

風險管理執行計畫的內容，必須根據災害的類別與特性，分項編製專項執行計畫及程序書，通案的部分可視需要與相關的風險責任人協調併案執行，提升資源使用的效率。

風險管理計畫亦須明確訂定風險管理作業之稽核、檢討、反饋、修正及執行的機制，遵循 PDCA（Plan, Do, Check, Act）的原則定期操作與檢討修正計畫的內容，使管理計畫與執行計畫配合企業組織的變動即時修正，並保持最新的資訊，以符合企業組織最新的災害風險管理需求。

風險評估（risk assessment）是一種確認風險性質和範圍的方法，即透過分析潛在危害和評估現存脆弱性，以及它們結合時可能對暴露的人員、財產、服務設施、生計以及它們依存的環境造成的損害。風險評估與其相連的風險套繪（risk mapping）涵蓋：(1) 對危害的特點進行研究，包括它們的位置、強度、發生頻率和概率；(2) 分析暴露程度和脆弱性，包

括現實社會、健康、經濟和環境的各個層面；(3) 評估應付災害情境慣用或替代能力的效用。這些活動有時被稱為風險分析程序。

以規避、減緩、轉移都無法消除的風險，稱為殘餘風險（residual risk），意指即便有效減輕災害風險措施存在，但卻仍然存在的風險；因此，仍須為此風險保持應變和災後恢復能力。殘餘風險的存在，意味著需要不斷地發展和支持有效的緊急服務、備災、應變和災後恢復能力，併同社會經濟政策一起推進，例如，建立安全網（safety net）和風險轉移機制。

四、災害風險管理的資源處置

風險管理必定需要資源，一般企業組織的災害風險管理必須在有限的資源內完成，所以如何使用有限的資源，管理最多的災害風險是重要的課題。對於一些重大並需耗用大量資源處理的風險，基於預算的考量，風險管理執行計畫的工作可能需分期分年進行。風險管理者對分期執行的風險管理執行計畫，在執行期間需掌握風險管理的效益及風險的變化。以全風險管理的架構進行災害風險管理，有助於企業組織提升災害管理的資源使用效益。

在全風險管理的架構中，風險管理流程中風險評估的結果，提供風險管理者完整的災害風險說明與比較，配合風險管理資源的配置與說明，風險管理者得以安排風險管理的作業時程與進度，並於執行計畫中說明，企業組織透過風險管理執行計畫的作業，得以有系統的逐步降低並有效管理企業組織的災害風險。

災害風險管理所需的資源，主要使用在下列方面：

1. 風險管理作業的必要固定維持費用，如風險管理人員的薪資、設備的維修更換及耗材，如水電燃料的費用。

2. 進一步降低既有風險的費用。

3. 處置新風險或風險變化的費用。

從資源使用的角度而言，缺乏使用效益的風險管理可能不僅無法降低企業組織的風險，反而可能使企業組織在錯誤的安全感中（以為進行了風險管理，一定會降低風險），繼續高度風險的營運作業。

五、災害風險相關方的管理

災害的影響可能讓相關方受益，也可能造成相關方的損失，單一的相關方可能因為災害事件的發生在一方面受益，而在另一方面蒙受損失。如淹水災區的五金建材行可能因淹水導致存貨受損，但是也因災區復建對五金建材的大量需求而獲益。

鑑於災害管理的高度針對性，事前確認災害管理的對象，以及所有災害管理的風險相關方與彼此間的關係，是極為重要的工作，了解並適當管理所有災害風險相關方及各相關方的利益與衝突，是災害管理的重要議題。多起案例顯示未適當管理災害風險相關方的利益與衝突，可能嚴重影響災害風險管理的成效，甚至導致災害管理的失敗。災害風險管理者須特別注意，對於災害風險相關方而言，災害風險管理實質上就是災害風險管理資源的分配及資源使用效益的管理，任何資源分配不均與使用效益不彰，都可能導致風險管理相關方的管理困境。

六、衍生災害與複合式災害的風險管理

災害風險管理必須使用有限的資源，過度使用資源可能造成資源不足，導致無法適當管理必要的風險，不當的資源使用亦可能造成資源浪費或分配不當，導致風險相關方的管理問題，風險管理者必須明確了解風險管理的工作內容及資源限制，並做最佳的運用，方可將管理的效益最大化。

災害管理者必須完整了解主要災害事件發生後，可能伴隨的所有衍生

災害及複合式災害，並視災害管理的工作範疇及資源條件，決定是否將其納入管理或預作準備，如果因故未能納入管理則應提出預警，以降低災害事故的整體損害。

衍生災害一般而言，依主要災害發生的時間地點及風險管理對象的特性，可以預測並適當管理，如在臺灣地區的地震發生時，是否可能產生海嘯，以及海嘯可能影響的區域，已有較為完善的資料與預警措施；區域性的豪大雨除了水患外，多處在坡地可能發生土石流的地區，也有資料及預警措施。自然災害的潛勢資料及預警措施是災害風險管理重要的基礎，使風險評估與風險處置得以順利完成。

複合式災害對於災害管理則是較大的挑戰，一些複合式災害的種類及規模無法預測，也無法有效管理，一些則可以合理推測。如地震區亦是多雨地區，有高度豪大雨發生機率，則震損及水損的複合式災害，是可以合理假設並適當管理的。但是在火災時災區因旱象造成消防用水短缺，導致無法滅火、火損增加，則是無法有效管理的複合式災害案例（2015 年 4 月 27 日，燿華電子土城廠區火災事故）。

面對衍生災害及複合式災害時，風險管理的主要挑戰之一，是管理事權的統一及資源的分配。政府機關或大型的企業組織對於衍生災害或複合式災害管理的事權單位，可能與主要災害不同，特別對於重大災害事件，跨部門與不同單位的協調工作更顯重要。若是協調工作牽涉資源配置與通案工作的權責歸屬問題，災害風險管理者對於這些風險相關方的權益及責任管理方式，將對於風險管理的效益有重大影響。

在全風險管理的架構中，衍生災害及可預見的複合式災害，應屬主要災害管理者的工作範疇，以便事權的統一及資源的有效分配。對於不可預見的複合式災害，全風險管理的原則是先行啟動適用且可行的緊急應變計畫，再視需要啟動危機管理。若是複合式災害的狀況不明時，則立即啟動

危機管理的機制，以動態方式降低事故的損失。無論是不可預見或是狀況不明的複合式災害發生時，原則上應以先發生事件的災害風險管理單位，作為主要事權管理單位統籌緊急應變、危機管理，甚至是最後啟動的營運持續計畫。但是企業組織的最高管理階層及政府最高的災害主管機關，可視需要變更或重組複合式災害管理事權單位，以確保複合式災害事故總體損失可以有效降低，且資源得以有效運用。

2.3 災害風險管理實務

一、天然災害風險評估

天然災害風險主要由下列幾類事件導致：

1. 氣象事件（meteorological events）：如颱風（颶風）、冰雪暴及風暴潮等。

2. 氣候事件（cimatological events）：如乾旱、熱浪、山火等。

3. 水文事件（hydrological events）：如洪澇、土石流等。

4. 地球物理事件（geophysical events）：如地震、火山爆發等。

5. 宇宙事件（cosmic events）：如隕石撞擊、太陽風暴等。

6. 地質事件（geological events）：如地陷、沉陷、地層有毒氣體等。

7. 疫病事件（pandemic diseases）：如 SARS、伊波拉病毒、禽流感等。

臺灣主要面對的天然災害，包括地震、颱風、淹水、坡地災害（含土石流）、乾旱、海嘯、森林火災等。以天然災害風險評估來說，包括臺灣在內，各國都有相關的政府或民間單位蒐集並建置相關的資料庫，並且透過數據分析或科學模擬，建立各種不同的災害情境以及其發生的規模和機率。

以臺灣來說，在地震方面，經濟部中央地質調查所建立了臺灣活動斷

層位置、坡地潛感地區位置、土壤液化潛勢等資料，至少可以在空間上，讓民眾了解其所在位置相對風險的高低。

在水文資料方面，經濟部水利署利用過去的降雨與河川水文、地表高程等資料，透過科學模擬，建置了各縣市的淹水潛勢圖。這些潛勢圖因為利用不同的降雨條件來模擬，因此本身就已經內含了發生的機率。利用 5 年、10 年、20 年、50 年、100 年迴歸期的降雨，模擬各地的淹水深度，所得的結果就可以做為風險評估的依據。

除了上述以科學或工程方式調查與模擬所得的災害潛勢之外，過去的災害歷史資料也有助於災害風險的評估。災害歷史可以反應出在災害潛勢評估時未能突顯的狀況，包括局部地區的排水不良、局部地區邊坡的土質特別鬆軟或植生不良、特定路段因地質狀況經常發生崩塌而中斷。

此外，考慮到災害對於基礎設施和維生系統的影響，應由過去的災害歷史資料評估，是否企業所在位置位於自來水管網末端，因而災害復原時間經常延遲等。

透過前述災害潛勢資料的蒐集，在企業內部或委請專業工程顧問公司、建築師進行規劃設計時，評估選定位置之災害風險；必要時進行開發計畫的調整，或預先考量開發後的災害因應對策。

二、人為災害風險評估

人為災害風險主要由下列幾類危害導致：

1. 社會風險（sociological hazards）：如犯罪、騷亂、戰爭、恐怖攻擊等。

2. 科技風險（technological hazards）：如火災爆炸、毒性輻射物質洩漏等。

3. 經濟風險（economical hazards）：如企業破產、經濟衰退、資本市場崩毀等。

4. 政治風險（political hazards）：如政策更動、政權輪替等。

5. 人因風險（human factors）：如疏忽、疲勞、合謀、錯誤漏失等。

在人為災害評估的部分，目前因過去發生的機會以火災最多，因此消防單位的統計資料可以作為火災風險評估的依據。針對不同地區、不同類型場所、不同時間都可以統計出火災發生的機率。但是在其他類型的人為災害部分，因為過去累積的事件數量不多，因而無法有較佳的風險評估方式。

三、災害風險處置

災害風險處置的手段，包括：分擔、降低、緩解、轉移四種。無法分擔、降低、緩解、轉移的風險，若不由風險承受者自留，則必須由風險承受者進一步以緊急應變、營運持續、復原等方式來面對。

在處理災害風險的各種手段中，風險降低（risk reduction，降低風險的機率或是後果）與風險緩解（risk mitigation，改變風險的特性）是屬於長期性的作為。透過對於環境資料的蒐集與分析、危害的調查與案例蒐集，配合經濟與社會發展狀況，透過土地使用法令的立法進行土地利用分區與管制，以便民眾不在相對高災害風險的地區進行開發，以緩解災害是治本的手段之一。例如在工業區、住宅區等開發計畫時，依據政府的法令規範限制區域，就已經降低了較高的坡地災害風險。若計畫規模較大，需要進行環境影響評估，則透過更多的環境資料蒐集，不僅評估開發計畫對於環境的影響，也同時可以評估災害對於計畫的影響。計畫可能因為距離活動斷層太近、位於順向坡或坡地災害地質敏感區，而不得開發或限制開發範圍。

另一方面，依據災害風險建設減災工程設施、對民眾進行災害防救教育等，則都屬於風險降低的作為。例如，在較易因河水氾濫成災的地區，利用興建堤防來保護堤防內的民眾。經過適當設計，考量降雨頻率與河川

水位關係而興建的堤防，可以防止低於設計年限的雨量造成該地區淹水。又如以依據水土保持相關法令或加強山坡地雜項執照審查（依據內政部「加強山坡地雜項執照審查及施工查驗執行要點」），要求山坡地開發必須做好水土保持與相關排水和擋土工程，降低颱風豪雨或地震造成坡地災害的可能性。此外，政府也對集水區進行調查，評估出發生土石流機率較高的溪流，興建防砂壩與其他的治理工程，降低土石流發生的機率與發生後的衝擊。

　　風險轉移（risk transfer）是把某些風險導致的財務後果，正式或非正式地從一方轉移到另一方的過程，從而使家庭、社區、企業或國家權威部門在災害發生後從另一方獲得資源，作為交換，他們不斷地或補償性地把社會或財務收益提供給另一方。保險是最廣為人知的風險轉移形式，保險公司收取被保險人的保費，轉而承擔其風險。更高層次的風險轉移有：由政府、保險商、多邊銀行和其他高風險承擔實體，建立說明應對重大事件損失的機制。此類機制包括：保險與再保險契約、巨災債券、應急信貸機制和準備基金，其費用由保險費、投資者捐助、利息和以往的結餘分別承擔。目前國內較為盛行的是火險與其附加之地震險，淹水、坡地災害等保險則少有民眾投保。

　　災害保險的自負額設計，即為風險分擔（risk sharing）的一種方式。將同一性質的風險（如災害發生後的財務補償）以不同的風險承擔人（被保險人及保險公司）共同承擔（被保險人負擔自負額，保險公司負擔自負額以上的損失）的方式，共同承擔損失補償的金額。或是因補償金額過大，為避免由單一保險公司負擔全額可能造成的系統性風險，災害保險（特別是巨災保險）通常在保險責任上，由多家保險公司按比例共同承擔的方式承保。

四、禦災力提升

禦災力（resilience）定義為暴露於危害下的系統、社區或社會，及時有效地抵禦（resist）、吸納（absorb）和容受（accommodate）災害的影響，並從災害中恢復的能力，包括保持和修復必要的基礎設施及其功能。禦災力是一種受到打擊時的「回復（resile from）」或「回彈（spring back）」。一個社區應對潛在危險事件的禦災力，取決於它擁有的所需資源和自我組織能力的程度，不僅是在需要之前，而且在需要的時候。

仙台減災架構是「2005-2015 兵庫行動架構（HFA）：構建國家與社區的韌性」的後續公約。仙台減災架構所闡明的內容就是要提升人類的耐災力，包括了以下內容：需要在災害風險的各個向度（暴露程度、脆弱性和災害特性）上更好地了解災害風險；加強災害風險治理，包括國際平臺；災害風險管理問責制；為「重建得更好」做好準備；認可利益攸關方及其發揮的作用；發動風險敏感型投資，避免產生新風險；衛生基礎設施、文化遺產和工作場所的韌性；加強國際合作和全球合作夥伴關係，加強充分了解資訊的捐助者政策和專案，包括財政支助和國際金融機構貸款。明確地認可全球減災平臺和區域減災平臺，是不同議程之間相互協調一致、監督和定期審查的平臺，從而為聯合國治理結構提供支援（UNISDR, 2015）。

在仙台減災架構之下，國家、社會、民眾應該優先進行災害風險管理的有四個方向：明瞭災害風險、利用強化災害風險治理來管理災害風險、投資減災工作以改進耐災能力、增強防災整備以強化應變工作，並在重建過程中達成「更耐災的重建」。也就是仍是以禦敵機先、未雨綢繆的原則來面對災害，並且預期災害會發生（而不是做好準備就不會發生），並為了災害的發生後果來進行準備。

參考書目

王价巨（2006）。淺論「危害 - 風險 - 易致災性分析」的內容及必要性。
消防月刊，12 月號，75-79。

姚大鈞、單信瑜（2015）。**緊急應變計畫──原則與實務**。臺北市：臺灣
防災產業協會。

經濟部標準檢驗局（2012）。CNS 31000 **風險管理──原則與指導綱要**。
臺北市：經濟部標準檢驗局。

The International Organization for Standardization (ISO) (2009a). ISO 31000:
2009 *Risk management – Principles and guidelines* (1st Edition). Geneva,
Switzerland: ISO.

The International Organization for Standardization (ISO) (2009b). ISO Guide
73: 2009 *Risk management – Vocabulary*. Geneva, Switzerland: ISO.

The International Organization for Standardization (ISO) (2012). ISO 22301:
2012 *Societal security ─ Business continuity management systems ─
Requirements* (1st Edition). Geneva, Switzerland: ISO.

The United Nations Office for Disaster Risk Reduction (UNISDR) (2005).
Hyogo Framework for Action (HFA) 2005 – 2015. Geneva, Switzerland:
UNISDR. Retrieved January 12, 2017 from http://www.unisdr.org/files/1037_
hyogoframeworkforactionenglish.pdf

The United Nations Office for Disaster Risk Reduction (UNISDR) (2009).
UNISDR 減輕災害風險術語. Retrieved January 12, 2017 from http://www.
unisdr.org/files/7817_UNISDRTerminologyChinese.pdf

The United Nations Office for Disaster Risk Reduction (UNISDR) (2015).
Sendai Framework for Disaster Risk Reduction 2015 – 2030. Geneva,
Switzerland: UNISDR. Retrieved January 12, 2017 from http://www.
preventionweb.net/files/43291_sendaiframeworkfordrren.pdf

第三章　社區韌性與災害管理

王价巨

章節摘要

　　從近年相關論述中可以發現，災害管理的重心已逐漸從災害現場的應變和重建，轉移到持續進行的減災工作上，災害管理重點也逐步落實到社區層級。欲達成永續減災，民眾參與的過程、程度及方法扮演了極為重要的角色。本章著重於探討韌性防災社區與民眾參與在達成永續減災的互動及關連性。先論述社區災害管理的問題及挑戰，進而探討社區從災害載體轉變為主動減災主體時的必要性轉變、基礎架構的項目。最終探討民眾參與在建構安全空間整合機制的必要性。

3.1 前言

　　長期以來，人口增加，空間需求不斷擴張，人類活動行為對全球氣候造成了巨大衝擊，空間轉化過程和蔓延正在創建新的、巨大的矛盾，不只危害環境平衡，也潛藏自然和人為災害風險，增加民眾「不適」感和新的風險，複合性災害愈趨頻繁且複雜，嚴重衝擊生命財產安全。思考的方向已從傳統工程措施抵禦災害，轉為結合以更彈性、柔性的方式與災害風險共存，以降低損失。

　　「社區」是公共生活的基本單位，具有特定的文化和傳統。社區參與的結果反映了地方的認知，參與的過程與行動決定了社區發展的實質內涵，其中也包含災害的影響。從地緣關係來看，社區居民對於在地的人、事、物等脈絡較為了解，社區居民若能直接與專業者合作，由專業者提供

居民不同面向的防救災知識，共同尋找合適、可行且有效的操作方法，讓居民可在災時第一時間即直接投入緊急應變，或在災後共同參與復原重建，人命傷亡才能更有效降低。1980 年 11 月義大利 Mezzogiorno 地震，Calitri 的一個小鎮，一個老人攔住了從未來過該鎮的搜救車隊，拒絕救援行動，因爲他不認爲新來的搜救隊會比他更了解該地區狀況。然而，要達成目標，平時即需加以組織、教育訓練，從觀念養成到相關技術的演練，透過實際參與展開社區減災工作。因此，「社區」是最基本且最有效的單元，做爲社區共同意識載體的社區空間，必須重新尋找做爲決策主體的主動性特質，防止災害、減少風險，以創造宜居且更具永續性的未來。

3.2 社區災害管理的角色定位

社區災害管理在冷戰時期出現，由民防、修建避難所的規劃開始，循災害管理傳統，一直以來都從準軍事角度看待（Scanlon, 1982）。Drabek（1991）指出，災害管理是以民防、對天然災害應變及行爲科學研究爲基礎建立的。亦即，核子戰爭威脅減退，關注重點轉向天然災害的緊急應變。然而，「地方政府很少讓民眾了解威脅他們安全的災害（Aguirre, 1994, p.3）」，「災害管理在公共管理領域的主流活動及論述也一直未被重視（Petak, 1985, p.3）。」社區災害管理被視爲災害管理者（emergency planner）爲社區規劃，而非與社區一起規劃（Laughy, 1991）；重視災害發生後的應變作爲，而非前端的減災整備。但是，全球遭遇自然災害侵襲的民眾，1994 年至 2003 年增加超過 2 倍，經濟損失超過 3 倍（UNISDR, 2004）；更近的統計，在 2000 年至 2012 年的損失達 1.7 兆美元，29 億人受到影響，120 萬人死亡（UNISDR, 2013）（圖 3.1）。

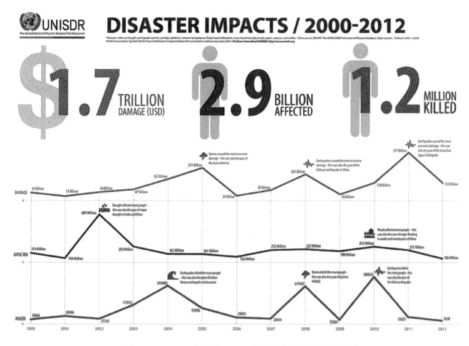

圖 3.1　2000 年至 2012 年災害衝擊趨勢圖

資料來源：UNISDR, 2013

　　災損數字的上揚間接反映原有以緊急應變及重建為主軸的災害管理策略失靈，範型轉移（paradigm shift）到減災及預防的討論增加，環境安全優先性論述逐漸被廣為接受，「民眾普遍歡迎災害管理工作的推動（Drabek, 1986, p.23）。」而且，社區受災程度愈嚴重，對災害管理的興趣愈高（Drabek, 1986）。在災害管理逐漸成為社區共通的討論議題時，也成為「公共管理」領域的重要議題之一。Salter 將災害管理的轉移總結如圖 3.2（DPRC, 1998, p.179）：

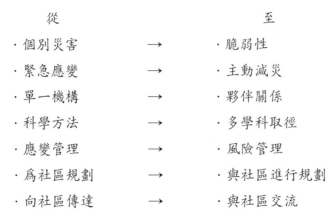

從		至
·個別災害	→	·脆弱性
·緊急應變	→	·主動減災
·單一機構	→	·夥伴關係
·科學方法	→	·多學科取徑
·應變管理	→	·風險管理
·爲社區規劃	→	·與社區進行規劃
·向社區傳達	→	·與社區交流

圖 3.2　災害管理策略的轉移

資料來源：DPRC, 1998, p.179

　　Daines（1991）及 Perry 與 Lindell（2003）分別歸納出災害管理的三個重點工作：規劃（planning）、教育訓練（training）和計畫擬定（written plans）。減災及預防工作必須將規劃及政策等軟體納入整體考量，甚至做爲主導架構。Godschalk 等學者（1998）很清楚地指出，社區必須共同決定和實施這些政策，採取各種方法來面對有關安全的複雜問題，並採取減災策略，全面處理降低災害風險的問題。Mileti（1999）根據 1992 年完成的美國「天然及科技災害再評估」的結論指出，要確保安全環境就必須持續減災（sustainable mitigation），災害管理必須重新思考維護和促進環境品質（人類活動不應減少生態系統的容受力）、維持和提高人們生活品質、培養地方韌性和責任、維持地方經濟活力、確保代際平等（當代人不應耗盡後代的可使用資源）、採納地方的共同意見。減災措施擴展成結構式減災及非結構式減災。在非結構式減災中，除了開始導入社區規劃（如土地使用策略、洪氾區管理等），災害管理研究也發現，應該透過與社區中的許多相關團體建立夥伴關係，嘗試平衡競爭利益，擬訂共同目標，整合災害管理人員、規劃者，並讓民眾共同參與規劃。Pearce（2003）就指

出，應該確保更廣泛的社區參與，確認社區所需承擔的基本責任，並確認災害管理和社區規劃間的聯繫。亦即，社區參與除了是權利，也是「責任分擔」重要的一環。

3.3 社區災害韌性的發展

「韌性（resilience）」一詞源自於拉丁語「*resilio*」，意思是「回復」（Klein *et al.*, 2003）。1930 年代之後，地理學和生態學派從社會－環境角度強調災害不是自然事件的同義詞，需要考慮社區面臨天然和科技災害的適應、調整能力與知識反饋（Mileti, 1999），也就是災害韌性觀念的形成。對於社會文化而言，災害韌性是過程也是狀態（Paton & Johnston, 2001；Paton *et al.*, 2003）。1980 至 1990 年代以後，社會學領域形成一個論述主流，只有當災損超過了承受能力，或者抵抗效果阻礙了災後復原重建，才是「災害」。這句話暗示了，因為每一個社會體系的災害吸收能力不同，災害管理工作愈來愈關注於受災社區在無需或少量借助外界支援下復原重建的能力，個別地方的災害韌性、因應能力和從災害衝擊中復原之能力非常關鍵，社區的角色愈來愈重要。

Tobin（1999）提出了對處於危害環境中之社區，進行其整合、可持續和韌性架構的分析；Bradley 與 Grainger（2004）提出的社會韌性模型指出，當感受到約束條件的嚴重性超出關鍵值時，參與者會從日常行為轉換到求生策略，由社會關係引出對於「現實」的認知（Quarantelli, 1985），形成共同思想脆弱性（或稱脆弱度）的自我認知（Oliver-Smith, 2002），對於災害韌性形成有極大助益。聯合國推動「國際十年減災計畫（International Decade for Natural Disaster Reduction, IDNDR）」時，提出了建構「韌性社區（Disaster Resilient Communities）」，結合預防文化（culture of prevention），試圖從社區參與來提升社區居民防災意識與能力，藉由責

任分擔的概念，從基層開始降低災損。2005 年「2005-2015 兵庫行動架構（Hyogo Framework for Action, HFA）」中，聯合國減災策略（UNISDR）提出降低災害風險（Disaster Risk Reduction, DRR）的全面性戰略五大關鍵優先事項之一，即是運用知識、創新和教育來建立各種層級的安全與韌性文化（ActionAid, 2009），強調希望愈來愈多人更加關注受影響社區的自身行動，以及強化社區的自救能力（IFRC, 2014）。HFA 的策略目標，乃將 DRR 整合納入永續發展政策和做法中，發展和健全體制、機制與能力，以建立韌性，並系統性地將 DRR 方法納入緊急整備、應變與復原方案中（UNESCO, 2013）。仙台減災架構（Sendai Framework for Disaster Risk Reduction）2015-2030 是 HFA 的接續性工具，希望確保各國與其他利害相關者在 HFA 架構下所作的努力能夠持續，目標在整合經濟、結構、法律、社會、健康、文化、教育、環境、技術、政治和制度措施的落實，避免並減少災害風險暴露與脆弱性，提高應變與復原準備，從而強化災害韌性（UNISDR, 2015）。同時，在永續發展及宜居性（livability）不斷被談論時，政策需要嚴密的組織管理，從地方層級由下而上的減災策略實施以及成功的災害管理過程才能順利推動，社區韌性和災害管理的整合必須成為邁向永續發展的基礎，未來的挑戰可歸納為兩方面：(1) 社區災害韌性的建構；(2) 鼓勵社區的參與。

3.4 韌性社區災害管理的重點

社區災害管理需要考慮以下兩個層面：(1) 災前的規劃行動；(2) 災時或災後的緊急狀態。地方層級或社區減災有利於民眾、災害管理人員和規劃者間的合作與協調。社區擔負維持環境基礎設施的責任，在擬訂減災及規劃策略和執行災後復原重建工作中是一個重要標的，災害管理人員及規劃者應直接介入協助討論和決策。

　　Godschalk 等學者（1998）提出 (1) 風險承擔者的參與；(2) 規劃細部工作；(3) 規劃類型；(4) 減災策略等四個社區規劃選項，做為持續性減災的架構。「風險承擔者的參與」涉及社區在制定和實施減災計畫時，得到協助和支援的程度；「規劃細部工作」將危害、風險和脆弱性評估納入社區價值中，用於制定政策和擬訂規劃行動，以便滿足社區願景；「規劃類型」涉及決定永續減災計畫是否能夠與社區發展計畫結合〔在某些情況，Godschalk 等學者（1998）提議應整合兩個計畫〕；「減災策略」確定社區因地制宜的選擇適合的減災策略。根據 Godschalk 等學者（1998）的論述，整合型的規劃架構將會包含兩大重點項目：透過危害（hazard）、風險（risk）和脆弱性（vulnerability）分析（HRV analysis），導引社區採取減災策略，策略有效性的動能取決於社區的整體支持程度。

　　危害、風險和脆弱性分析從了解極端自然事件所引起的危害，了解影響人類的行為，進而透過規劃或其他方式來因應，提供檢視社區安全一個重要的方法，對社區安全非常重要。當財產所有權人、規劃人員和政府官員在使用災害潛勢區時，決策者應了解可能致災範圍，公私有建築受損的可能性、衝擊程度有多大。也必須了解土地使用的變化會如何增加或減緩天然災害。尤其是脆弱性的主體，Cardona（2001）提出，脆弱性源於：

　　1. 實質環境脆弱或暴露：所處位置位於天然現象影響範圍，致使環境容易受到危害影響，且實質抵抗力缺乏。

　　2. 社會經濟脆弱：社會隔離以及邊緣化、不利的條件和相對弱勢導致人們處於持續受害趨勢。

　　3. 韌性的缺乏：環境資源獲取和發動的限制，以及人與環境因應災害及吸收災害衝擊的能力。

　　這些都與社區息息相關。社區作為整個災害管理體系的最底層，應該擔負資訊彙整與基礎工作落實的工作。因此，社區災害管理工作中，防災

規劃的基礎工作應該要先界定上述「危害」、「風險」和「脆弱性」三個重要的基礎元素。社區災害管理的 HRV 分析模型基於持續性溝通、協調與合作的精神，在與大自然和平共存且有準備的前提下，應逐步成為規劃更充足的基礎。法令、環境和科技技術的「改善」，經常使災害管理規劃的內容和資訊越來越不充分，除了不斷改革，也需從研究面落實到實質環境的基礎工作上。

簡單來說，具備韌型的防災社區至少要具備三個特性：首先，具備預防文化（culture of prevention），有能力因地制宜選擇有效減災策略，降低災害發生機會；第二，能夠承受災害衝擊，且降低災害損失；第三，災後可以迅速復原重建，持續發展，甚至比災前更好，達成長期「重建得更好（build back better）」目標（UNISDR, 2015）。這些特性的基礎來自於以民眾意識覺醒的參與過程。

3.5 民眾參與

環境決定論一直以來將政策和研究的總體方向導引至實質環境，環境風險管理方法多是關注環境服務供給的技術和工程問題，專注於專家決策系統的思考方式而未實際進入社區，地方民眾經常無法理解技術性的分析，專家學者對地方狀況亦不熟悉，因此產生出不符合地方需求的因應處置措施。在接受端，居民通常被預設能直接承受資訊之後成為「專家」，忽略或低估政治、經濟和社會力量的作用；在行政端，政府單位不願意將災害風險告知社區的主要理由都在於擔心引起大規模恐慌、土地價值下跌，或對其執政增加非預期性的責任。規劃單位和災害管理單位各行其事，各自將工作限縮於承擔有限的責任。亦即，風險中的人為因素形成了物資社會分配以及人們取得避災並改善生存機會的權利機制，這些實為政治及社會運作的結果。「參與」看似是必然的權利，其實是「爭取」而

來，爲社區和民眾建立的另一個系統，取得賦權（empowerment）才有機會促成民眾參與社區工作成爲長久持續的改造過程。

再從公共關係內部來看，傳統公眾參與常常造成內部對外部、我們對他們、零對幾的衝突關係。在這種情形下，組織和公眾有可能變成競爭而非合作，又因經常著眼於資源分配，進而增加思考不同對策、整合整體利益關係的困難度。這種參與充滿了高度目的性，參與過程與價值反而被忽略或弱化。民眾參與公眾事務的理想型塑，必然來自於點而線到面的循序拓展。這絕非短暫風潮，亦無法快速見效，需要透過代際傳承，著眼於社區中之群體和代際多元性，公眾參與趨勢應務實面對多元文化發展。多元價值協商妥協的共識是社區的工作基礎，因而社區中的歧見應該在平時就加以解決，才不會影響應變及重建的努力成效。根據 Berke 與 French（1994）的說法，政府所擔負的角色必須調整成推動鼓勵社區對防災規劃的承諾，可以透過教育和協商過程來證明強化社區自身的能力與價值。該過程會提高公民對某特定災害管理計畫認同。Aguirre（1994）認爲，參與將能強化民眾的個人責任感與災害整備。

「正常化偏見（normalcy bias）」應證了民眾未能面對災害風險確實存在的事實。在這樣的背景下，當社區規劃和災害管理人員未將社區納入決策過程，社區的認同分歧度會增加，居民的不滿及爭執會陷入無止境的比較。例如，有些人會陷入對災前生活方式的期待，希望社區回到災前的「正常情況（return to normalcy）」，有些人則希望藉此機會納入或找尋其他不同的規劃目標。這些爭執在規劃過程中還能夠設法整合，但若爭執出現在整體規劃完成之後，結果更有可能反而分化了社區。Britton（1989, p.17）指出，澳洲達爾文颶風發生後，民眾與規劃人員間失和，民眾無法信任規劃人員在土地使用上的改變，1977 年，隨著重建工作接近尾聲，民眾結合政治人物反制了規劃人員的努力，土地使用比颶風前更糟。當民

眾未介入災害管理過程時，指揮人員決定和行動的可依賴性會受到質疑。Dennis Mileti（1999）認為，將民眾參與視為達成永續減災的必要過程，民眾參與的過程、程度及方法扮演了極為重要的角色。更準確地評估形成災害成因，找到因應災害更有效的方法，需要民眾積極的參與和集思廣益。因此，應納入地方民眾與相關團體，由共同參與轉變為地方主導，平衡競爭利益，擬訂共同目標，確認地方所需承擔的基本責任，知識、措施與心理的調整都是另類的專業能力，對減災及整備都非常必要。Salter（1998）也指出，具備建立關係、組織介入和取得成果能力的社區是成為安全社區最寶貴的第一步。如果政府可以在初期推動社區參與，民眾力量將會被開啟，當民眾藉由參與獲得共同的成果及意識的提升，參與的主導權將會回歸到社區本身，且此一程序將會融入社區生活中，而不再有是否「推動」的問題。

從初期的凝聚共識、共同思考方案，一直到實際執行方案的落實，雖然各個利害相關者會在過程中不同階段參與，但就社區空間規劃權下放的觀點而言，整個關鍵角色仍為民眾本身。尤其在臺灣，民眾過度依賴專業者，並以硬體設施資源獲得為主要目的，參與過程反而缺乏主導意願，更遑論承擔，非常不利於參與能量的提升。然而，以往單向對大眾教育、說服或建立政府威權的表徵方式已經逐漸面臨淘汰，現階段有愈來愈多的公眾參與是趨向於雙向的民眾參與教育，包括教導民眾如何主動去創造或發掘參與公眾事務的機會。所以，教育即為關鍵所在。提供充足的教育機會以及足夠的學習時間，在潛移默化的學習機會中，使民眾參與社區營造的精神向下紮根，透過彼此的相互感染學習，進一步擴散、傳達經驗，讓各個點全面動起來，收到資訊並有利參與提供警報、減災、應變、規劃和重建。相對的，災害管理人員也必須分別審視自己及社區民眾觀點所呈現的差異，協助民眾確認可接受風險範圍，在承擔風險和降低風險的支出間找

到平衡。同時，提供社區風險承擔者管理他們自身環境、資源和災害的能力。此一原則呈現了社區規劃內的社區動員傳統（Friedmann, 1992）：社區民眾必須將命運掌握在自己手裡，決定自己的未來，個人和集體關係必須得到平衡，並確認出可以達成共同發展目標的方法。

一、如何確保民眾參與

民眾參與的問題已由「應否讓民眾參與」轉而成為「如何讓民眾參與」，從管理的角度（官員和專業者代替民眾處理）轉移到多元論者觀點（政府是不同利害相關者的仲裁者），在制定政策時要求直接參與而非間接參與，這個轉變跟災害管理涵構轉變的時間及作法也都是符合的。

社區參與如何成為災害管理的有效過程？王价巨（2013）指出，基本步驟至少包含：(1)意識覺醒；(2)問題發掘；(3)需求界定；(4)資源確認；(5)擬定行動計畫；(6) 社區成果展示；(7) 社區反饋。政府及社區本身都是很重要的角色。Pearce（2000）曾以美國舊金山 Portola 山谷鎮的例子，說明民眾參與對持續性減災的功用。從 1964 年 7 月 20 日，居民經投票建立了 Portola 山谷鎮，藉由參與控制社區發展，保存和保護自然、多樣化的環境，該鎮已有非常久的民眾參與歷史，該鎮成功的原因主要在於充分將民眾參與納入災害管理和社區規劃。該鎮有 San Andreas 斷層經過，1967 年重大山崩後，民眾的 Portola 山谷委員會要求將斷層西部土地可開發面積減少 60%。因為民眾普遍了解該地區的實質環境狀況，加上該委員會聘請地質災害專家提供相關建議及謀求解決現有問題的處理方式，獲得大多數居民的認同，也包括土地所有權人。此一經驗顯示，社區民眾參與災害管理和社區規劃整合程序才是獲得韌性防災社區的堅實基礎。

二、社區特質的辨識及推動

臺灣在一系列推動參與式社區工作坊之後（林卉羚等，2000；陳亮

全、黃小玲，2000；陳亮全、王价巨，2001；陳亮全等，2001a；陳亮全等，2001b；蔡菁芳等，2001；陳亮全等，2002），逐步建立了防災社區推動的程序與步驟，也有「防災社區指導手冊」專書提供推動的步驟（陳亮全等，2006）。綜整臺灣長久以來的經驗，目前韌性防災社區推動流程（圖3.3），大致包含八個步驟：防災社區啓蒙與啓動、社區環境踏查、防救災對策討論、防救災組織建立、社區防救災計畫研擬、防災成果發表與推動、教育訓練（應變技能演練）、落實執行與評估等，各步驟的執行內容如表3.1。

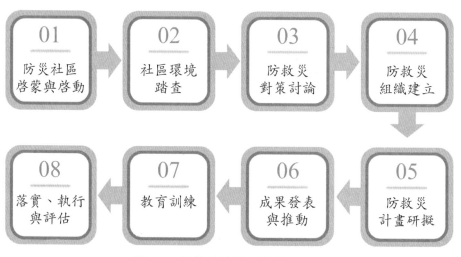

圖 3.3　韌性防災社區推動流程圖

資料來源：本文作者參考陳亮全等（2006）繪製。

表 3.1　韌性防災社區推動流程說明

步驟	流程	內容說明
步驟 1	防災社區啓蒙與啓動	了解社區環境特性、居民屬性與災害類型，然後尋求適合的專業團隊及資源，規劃符合社區需求的工作項目。

步驟	流程	內容說明
步驟 2	社區環境踏查與發現問題	由專家陪同民眾進行社區踏查，紀錄各種發現，製作踏查地圖，掌握社區內易致災點及資源點。
步驟 3	防救災對策討論	整合社區環境調查結果，討論、分析社區的脆弱因子，整理出社區在災害防救上可能存在的諸項議題，針對各項議題研擬出解決的策略。
步驟 4	防救災組織建立	以社區防救災對策作為基礎，制定社區防救災組織工作內容與任務編組，建立社區防救災組織。
步驟 5	社區防救災計畫研擬	依社區特性與需求，安排合適防救災活動；同時考量推動所需時程、預算與預期成果，整理成日後可以執行之社區防救災計畫。
步驟 6	成果發表與推動	透過社區說明會或個別溝通方式，將防災社區的推動成果與訊息傳達給社區民眾，引發大家興趣，促使更多人願意參與。
步驟 7	教育訓練	邀請消防單位或組織到社區教導民眾應變所需的基本技能，並透過與外部組織機關合作方式，舉辦符合社區真實災害情境之演習，強化社區應變能力。
步驟 8	落實執行與評估	防災社區需要長期的推動，因此應針對各項計畫的推動與執行成果，予以評估、檢討，並針對其結果進行調整或強化。

資料來源：整理自陳亮全等，2006

　　在上述流程中，清楚辨識社區屬性及狀況尤為重要。由於社區的基本條件（年齡層、教育程度、產業類型等）、環境狀況、災害歷史、生活習慣、社區凝聚力等差異，使防災社區操作模式及成效有所不同，因此面對不同類型的社區，須設立不同的目標，並訂定不同的操作模式及步驟。

依社區凝聚力、可動員能力、脆弱性等差異，可將社區大致上分為：培育型、成長型及成熟型等三種社區類型，由於此三種社區在性質與能量上有所差別，故在進行防災社區營造時，必須設定不同目標，並採取不同操作手法。

1. 培育型社區

　　培育型社區為動員能量較弱的社區，社區凝聚力低，對社區意識概念陌生，公共事務參與度低，對防救災工作毫無概念。此類型社區較常見於人口外流嚴重的非都市中心區域，居民組成以中老年人口較多，弱勢人口比例偏高。此類型社區需要花費較多的時間溝通與建立共識，對於工作坊操作方式及討論經常顯得較為生疏及被動，參與度也較低。這一類組織因為開啟社區營造的時間較短，觀望民眾仍多，居民也相對缺乏投入能力，必須由專業者協助完成，並由公部門帶領居民推動。以水災為例，民眾仍堅信防災是政府的責任，工程方法可以解決所有水患問題，在防災觀念上仍屬啟蒙階段。

　　培育型社區對於自我生活環境的關心程度較低，其對於社區災害發生的地點及原因較為陌生，互動式的工作坊參與度不高，輔導目標以強化社區認同感及基礎的社區防災概念為主。其防災社區操作模式以專家授課為主，民眾自主操作、相互討論的工作坊形式為輔，目的在於建立初步自主防災觀念。因此，在環境踏查與對策討論階段，專家主導性較高，由專家說明可能發生的原因，輔導團隊彙整環境議題，與民眾透過問答及聊天的方式，漸進式的引導民眾討論及提出自身的看法，以確實傳遞自主防災社區之目的與重要性，強化民眾自主防災意識。此類型社區能量較為不足，無法徹底完成防災社區完整之推動流程，多以介紹為主，並以較為簡化的流程進行，增加有趣、活潑的活動吸引民眾參與，如：有獎徵答、小朋友防災繪畫比賽、雨量筒 DIY、分組競賽、影片分享等。

2. 成長型社區

　　成長型社區內部已凝聚初步社區意識，民眾對社區活動及公共事務有較多的互動及討論，鄰里關係較為密切，社區內部已有不同的組織建立，如：環保志工隊、社區媽媽教室、老人送餐廚房等，但在防救災專業知識層面較為缺乏，面對災害時仍以消極的等待救援心態為主。此類社區青壯年人口較多，社區動員能量較強。

　　成長型社區設定目標以強化進階的社區防災概念，以及建立防災社區運作之標準作業程序為主。成長型社區對於工作坊操作模式接納程度較高，流程上著重在工作坊（社區環境踏查、防救災對策討論、防救災組織建立）的操作，以及新知識（教育訓練）的導入，導入過程中，專業者不以問答方式侷限民眾的思考，而是以開放的方式引導民眾討論，提供的專業性知識比例較高。在防災社區整體流程方面，重點放在社區環境踏查、防救災對策討論、防救災組織建立、防災成果發表與推動、教育訓練（應變技能演練）等，可逐步強化防災知識講授的深度，並協助社區具體落實防救災組織建立，防災認知更為成熟。

3. 成熟型社區

　　當成長型社區對社區事務的關心不再侷限於少數社區領袖及幹部，社區議題與活動皆能進入到一般民眾的生活，鄰里關係密切，代表成長型社區開始邁入成熟型社區。成熟型社區民眾對公共事務普遍表現出興趣與熱忱，樂於參與討論，表達自我意見。此外民眾對社區環境區域狀況有高度了解，經常發現社區問題並共同尋求解決方案。內部組織健全且運作正常，已有巡守隊、守望相助隊等警戒型的組織運作，幹部成員普遍擁有榮譽感與責任感，並初步建立防救災概念，對於新知識的接納度較高，在社區防救災事務表現積極態度。此類社區青壯年人口較多，在社區動員能量強。相較於培育型及成長型社區，成熟型社區的民眾特質最為主動與積

極，同時具備獨立思考、團結合作的能力，更依照各成員的專長進行防災組織分組，每位組員均了解自身的任務內容，在防災認知上最爲成熟。

　　成熟型社區輔導目標爲強化高階的社區防災概念，以及建立防災社區運作之標準作業程序。成熟型社區面對專業支援團隊帶入社區之觀念，民眾是能夠立即了解吸收，且有良好的回應，對於各種議題很快能藉由社區組織運作，進行討論及分工。此類社區通常有積極且主導性很高的社區組織或非政府組織支援，培訓方式以工作坊操作爲主、專家授課爲輔，強化民眾主動釐清社區問題的能力，進而共同討論解決辦法及建立任務編組。教育訓練課程著重於強化民眾的專業知識，包含規劃各分組的任務內容、較深入的災害議題、國內外有關於自主防災社區的新思維、傳達科技性的工具讓自主防災社區的推動更爲順利等。

三、國際推動趨勢

　　目前，全世界有非常多的社區防災計畫都在積極推動，例如：聯合國發展計畫署（United Nations Development Programme, UNDP）發起的「社區防災計畫（Disaster Risk Reduction Community Project）」、聯合國人居署提出的「社區災害意識及減災計畫（Community-based Disaster Awareness and Mitigation Pilot Project, C-DAMP）」、環太平洋地區國家推動的「太平洋社區整合型災害風險管理計畫（The Pacific Community Focused Integrated Disaster Risk Reduction Project）」、國際農村重建協會（International Institute of Rural Reconstruction）提出的「社區災害風險管理計畫（Community Managed Disaster Risk Reduction, CMDRR）」、PROVENTION CONSORTIUM 提出的「社區風險評估及行動規劃計畫（Community Risk Assessment and Action Planning Project）」等。

　　其中，日本提出了一個非常特別的 Hope and Dreams Project

（HANDs！青年交換計畫），由日本國際交流基金會發起，招募對災害管理有熱忱的年輕人，建立超越國界的網絡，提供日本與其他亞洲國家的青年們教育訓練的交流平台，讓青年們透過自身專業能力以及團隊合作機會，進入不同國家的社區，建立超越國界的網路（HANDs Project, n.d.）。HANDs 分別在印尼、泰國、菲律賓、馬來西亞、印度、緬甸、尼泊爾與日本等八個天然災害風險較高的國家展開一連串災害預防活動，招募對災害防救領域滿懷熱誠的青年，輔佐建立領袖風範，並激發出防災教育、整備及災後復原等災害防救推動之最佳作法，以便他們回國後能積極實行各自設計的專案。HANDs 依據 3 項宗旨強化群體活動：

　　1. 思考解決問題的方式：希望集合先進、新穎、獨特的想法激發人們有真正價值的作為。

　　2. 扮演多元的角色：為避免專案僅有短暫效應，HANDs 讓成員透過扮演社會上不同立場的角色方式，使專案符合社區實務需求。

　　3. 創造希望與夢想：HANDs 代表了希望與夢想。成員們意識到自身可為民眾帶來希望與夢想，藉此督促自己要以多數人的希望與夢想來行動。

　　參與 HANDs 的成員橫跨各領域專業，不僅只有防災教育領域的專家學者，還有紀錄片製作人、插畫師／漫畫家、芭蕾舞者、作家、記者、精神科醫師等不同領域共同發想、創造不同解決方案。HANDs 參與成員們必須至受災地區考察。行程期間，透過了解當地經歷來規劃適合的活動專案，設計內容圍繞著減災、整備及災後復原重建等主題，期望透過成員們無拘無束的思考模式，讓活動專案得以實現。當這些不同專業投入社區之後，對於社區有更積極多元的影響。

　　近年防災社區推動上，更加強化對於經驗學習（lessons learned）、災害歷史（disaster history）與傳統智慧（traditional knowledge）的重視。從

經驗中學習一直是大家耳熟能詳的用語，然而災害管理專業者、政治人物、社區民眾經常在處理完災害狀況之後，就以為一切都已結束，忘記慘痛的教訓其實留下來許多經驗可供後人學習，減少重新摸索的時間。所以，對於經驗學習的重視和災害歷史的紀錄、累積與探討，就成了面對愈來愈多新型態災害之下，迫切需要著手進行的工作。再者，從這之中，與災害風險共存取代抵抗、對環境友善取代掠奪式的破壞等觀念，都持續在環境安全的政策體系發展中形成重要的原則。亦即，人必須要以更謙卑的態度來面對環境，這必須從社區開始，傳統智慧（traditional knowledge）累積的就是社區長期的災害因應經驗，也興起了從社區傳統文化習俗及智慧著手，找尋面對氣候變異及災害處置方式的藥方，許多文獻都對此議題有更深入的探討（例如：Hodgson, 2008；Shaw *et al.*, 2008；Nakashima *et al.*, 2012）。

3.6 討論

臺灣的災害管理大多不是社區工作的一部分，檢視目前臺灣的社區，缺乏災害意識的地方決策過程，導致災損的連年上升。「社區防災計畫」的涵義通常不是為了執行，而是因為這個「計畫」帶給民眾「心理」的保護。所以，這個包含災害管理程序的計畫很少有人閱讀，很少有人能懂，且很少更新。「規劃」被當成形式上的工作項目，或是一種必要工具，只是為了「計畫」的產出而沒有「程序」，因此，規劃程序或計畫內容的涵蓋面，在社區中一直不是一個重點工作。因為政治壓力，政府繼續默許（刻意忽視）在土石流潛勢區、活動斷層區或洪水潛勢區的居住、危險物質運送的安全警示不足、相關工廠和住宅緊鄰等現象與問題發生。絕少有民選首長將資源分配給減災工作上，刻意忽視危害及風險的「正常化偏見」。但是，接連不斷的災害，證明了減災、防災工作的必要性，減災、

防災工作的防災規劃基礎工作更是當務之急。目前許多政府部會透過政策以短期經費補助，卻落入參與社區數量的迷思。這些作爲是否眞正有效的扶持了社區的自主性，都必須在計畫經費結束後，或專業輔導團隊退出後才能看到社區主體性建構的眞實樣貌。通常，主事者（或社區中較爲積極的成員）的態度往往具有關鍵性的影響。當他們願意接受以長時間的教育或參與來取代硬體設施的迷思時，社區轉型自主的影響才有持續擴大的機會，將「防災」視爲常態性的社區生活一環才有可能成形，社區防災的機制和提供的資源，進而充實社區民眾的能力建構（capacity building）才是重點。

　　專業者、社區和政府機構間的互動及合作是韌性防災社區的成功關鍵。美國的地方政府正在增加土地使用劃分和分區的法令，減輕新開發所產生的災害，並採取和執行防災建築標準。藉由土地使用規劃和減災策略，分類出社區中適合居住的區位，並引領社區在長期發展中逐步離開易成災的地點，也讓社區在經歷災害之後，能很快從災害中復原，這樣的方式使得成災的次數逐步降低且花費減少。地方政府針對社區建置適當人力資源系統，並讓社區的災害意識逐步提升。此外，中央政府的法令支援和實質援助，以及對於地方的政治承諾，也使經由土地使用規劃進行的減災努力，獲得相當不錯的成果。

　　多元文化和價值的提出及整合，爲「參與」的整個過程提供了最堅實的基礎，也打破了原先由上而下公共管理決策傳統的侷限性。在大多數情況下，共同的公共決策對減災的有效方式很關鍵。正如 Portola 山谷的例子所顯示，與災害管理和社區規劃整合的民眾參與是永續發展的重要基石。

3.7 結論

災害管理的重點已逐漸從應變和重建轉移到持續性的減災中，並結合災害管理和社區規劃。本章強調整合社區災害管理與參與的必要性，其策略也必須提高社區、政府機構和專業者間的交流，以獲得更好的策略和計畫，達成韌性防災社區的目標。

災害已逐漸成為社區的公共議題中不可忽視的重點，然而，初步接觸社區參與的居民經常存有被動等待政府改造的心理，這對於主體性建構是不利的。尤其是防災議題，更需要破除民眾對於「災害」字眼的排斥和恐懼，要先讓居民願意走出家門、走入對話，願意討論社區意識及環境認知，才有機會啟發自我意識的覺醒，進而對參與社區發展積極的態度。由於社區的基本條件（年齡層、教育程度、產業類型等）、環境狀況、災害歷史、生活習慣等差異，使防災社區操作模式及成效有所不同，因此面對不同類型的社區，須設立不同的目標，並訂定不同的操作模式及步驟，才能確保社區安全的提升。臺灣的有利條件在於，近年社區營造的推動已有不錯之成果，且因連年的災害使得臺灣對於災害防救的重視與需求與日俱增，在這樣有利的條件下，若政府單位能更積極的加以推動，搭配相關專業者的投入，將可促成韌性防災社區的廣泛推動與適性發展，推動更安全及宜居的環境。

參考書目

王价巨（2013）。*淺談臺灣的民眾參與社區發展*。取自 http://www.kpwan.com/news/viewNewsPost.do?id=684.

林卉羚、劉皓寧、吳涵宜、顏嘉成、王志豪（2000 年 7 月）。「*參與式社區防救災學習推展——興家社區*」實習課報告書。臺大城鄉所（未

出版）。

陳亮全、王价巨（2001）。Design and Review of the Learning Program for Community-based Hazard Mitigation Workshops。「APEC 人文關懷之防災技術宣導研討會」發表之論文，國科會。

陳亮全、王价巨、詹桂綺（2001a）。參與式社區防救災工作推展之經驗——以臺北市明興社區為例。「全國土地管理與開發學術研討會」發表之論文，長榮管理學院。

陳亮全、王价巨、詹桂綺（2002）。受災社區參與社區防災工作坊機制之建構與檢討——以南投縣水里鄉上安社區為例。「第二屆災害防救研討會」發表之論文，長榮管理學院。

陳亮全、王价巨、魏雅蘭（2001b）。人文關懷與災害防救——淺論「社區防災」。防災科技簡訊，第 5 期，1-10。國科會防災國家型科技計畫辦公室。

陳亮全、黃小玲（2000 年 12 月）。以『工作坊』方式推動社區防災之經驗及其檢討——以臺北市興家社區為例。「中華民國都市計畫學會年會暨論文發表研討會」發表之論文，逢甲大學都市計劃學系。

陳亮全、劉怡君、陳海立（2006）。防災社區指導手冊——針對臺灣本土社區而設計從理念到應用操作的最佳指南書。行政院災害防救委員會。

蔡菁芳、林侸立、李冠霓、詹桂綺、施承毅（2001）。「參與式社區防救災學習推展——明興社區」實習課報告書。臺大城鄉所（未出版）。

ActionAid (2009). *Disaster Risk Reduction through Schools: A Groundbreaking Project*. Johannesburg, South Africa: ActionAid International.

Aguirre, B. (1994). *Planning, Warning, Evacuation and Search and Rescue: A Review of the Social Science Research Literature*. Texas: Recovery Center, Texas A&M University.

Berke, R., & French, S. (1994). The Influence of State Planning Mandates on Local Plan Quality. *Journal of Planning, Education and Research, 13*, 237–250.

Bradley, D., & Grainger, A. (2004). Social resilience as a controlling influence on desertification in senegal. *Land Degradetion and Development, 15*(5), 451-470.

Britton, N. (1989, July). Decision-making in emergency organizations under conditions of crisis and uncertainty. In *Risk and Perception and Response in Australia: Proceedings of a Workshop at the Australian Counter Disaster Colleg*, The Center for Resource and Environmental Studies, Australia.

Cardona, O. D. (2001). La necesidad de repensar de manera holística los conceptos de vulnerabilidad y riesgo: una crítica y una revisión necesaria para la gestión. *Ponencia presentada en el International Work-Conference on Vulnerability and Disaster, Theory and Practice*, 12-18, Wageningen, Holland. Retrieved from http://www.desenredando.org/public/articulos/2003/rmhcvr/rmhcvr_may-08-2003.pdf

Daines, G. E. (1991). Planning, Training, and Exercising. In T. E. Drabek & G. J. Hoetmer (Eds.), *Emergency Management: Principles and Practice for Local Government* (pp. 161-200). Washington, DC: International City Management Association.

Disaster Preparedness Resources Centre (DPRC) (1998). *The Mitigation Symposium: Towards a Canadian Mitigation Strategy Comprehensive Symposium Proceedings January 1998*. Vancouver, British Columbia: The Disaster Preparedness Resources Centre, University of British Columbia.

Drabek, T. E. (1986). *Human System Responses to Disaster: An Inventory of*

Sociological Findings. New York: Springer-Verlag.

Drabek, T. E. (1991). The Evolution of Emergency Management. In T. E. Drabek, & G. J. Hoetmer (Eds.), *Emergency Management: Principles and Practice for Local Government* (pp. 3-29). Washington, DC: ICMA.

Friedmann, J. (1992). *Empowerment: The Politics of Alternative Development*. Wiley-Blackwell.

Godschalk, D. R., Kaiser, E. J., & Berke, P. R. (1998). Hazard Assessment: The Factual Basis for Planning and Mitigation. In R.Burby, (Ed.), *Cooperating with Nature: Confronting Natural Hazards with Land-Use Planning for Sustainable Communities* (pp.85-118). Washington, DC: Joseph Henry.

HANDs Project (n.d.). *HANDs Project for Disaster Education*. Retrieved from http://handsproject.asia/en.html

Hodgson, A. (2008). *Traditional knowledge and Red Cross disaster preparedness in the Pacific*. Australia: Australian Red Cross.

International Federation of Red Cross and Red Crescent Societies (IFRC) (2014). *IFRC Framework for Community Resilience*. Geneva, Switzerland: International Federation of Red Cross and Red Crescent Societies.

Klein, R. J. T., Nicholls, R. J., & Thomalla, F. (2003). Resilience to natural hazards: How useful is this concept? *Environmental Hazards, 5*(1-2), 35-45.

Laughy, L. (1991). *A Planner's Handbook for Emergency Preparedness*. Vancouver: Centre for Human Settlements, University of British Columbia.

Mileti, D. S. (1999). *Disasters by Design*. Washington, DC: Joseph Henry Press.

Nakashima, D. J., Galloway McLean, K., Thulstrup, H. D., Ramos Castillo, A., & Rubis, J. T. (2012). *Weathering Uncertainty: Traditional Knowledge for Climate Change Assessment and Adaptation*. Paris: UNESCO, and Darwin:

UNU.

Oliver-Smith, A. (2002). Theorizing Disasters: Nature, Culture, Power. In Hoffman, S.M. and A. Oliver-Smith (eds.) *Culture and Catastrophe: The Anthropology of Disaster.* Santa Fe, New Mexico: The School of American Research Press.

Paton, D., & Johnston, D. (2001). Disasters and communities: Vulnerability, resilience and preparedness. *Disaster Prevention and Management, 10*(4), 270-277.

Paton, D., Violanti, J. M., & Smith, L. M. (Eds.) (2003). *Promoting Capabilities to Manage Post-traumatic Stress: Perspectives on Resilience.* Springfield, IL: Charles C Thomas Publisher, Ltd.

Pearce, L. D. (2000). *An Integrated Approach for Community Hazard, Impact, Risk and Vulnerability Analysis: HIRV.* Vancouver, BC: University of British Columbia.

Pearce, L. D. (2003). Disaster Management and Community Planning, and Public Participation: How to Achieve Sustainable Hazard Mitigation. *Natural Hazards, 28,* 211.

Perry, R. W., & Lindell, M. K. (2003). Preparedness for Emergency Response. *Disasters, 27,* 336-350.

Petak, W. J. (1985). Emergency Management: A Challenge for Public Administration. *Public Admin Review, 45,* 3-7.

Quarantelli, E. L. (1985). *Organizational behavior in disasters and implications for disaster planning,* report series 18. Newark: Disaster Research Center, University of Delaware.

Salter, J. (1998). Risk Management in the Emergency Management Context.

Australian Journal of Emergency Management, 12(4), 22-28.

Scanlon, T. J. (1982). The Roller Coaster Story of Civil Defence Planning in Canada. *Emergency Planning Digest*, April-June, 7-14.

Shaw, R., Uy, N., & Jennifer, B. (Eds.) (2008). *Indigenous Knowledge for Disaster Risk Reduction: Good Practices and Lessons Learned from Experiences in the Asia-Pacific Region*. UNISDR.

Tobin, G. A. (1999). Sustainability and community resilience: the holy grail of hazards planning? *Environmental Hazards, 1*, 13-25.

UNESCO (2013). *Comprehensive school safety*. Retrieved from http://www.unesco.org/new/fileadmin/MULTIMEDIA/HQ/SC/pdf/Comprehensive_school_safety.pdf

UNISDR (2004). *Living with Risk: A Global Review of Disaster Reduction Initiatives*. Geneva: United Nations, International Strategy for Disaster Reduction.

UNISDR (2013). *Disaster Impacts / 2000-2012*. Retrieved from http://visual.ly/disaster-impacts-2000-2012

UNISDR (2015). *Sendai Framework for Disaster Risk Reduction 2015-2030*. Geneva, Switzerland: United Nations. Retrieved from http://www.preventionweb.net/files/43291_sendaiframeworkfordrren.pdf

第四章 防災教育之反思——沒有標準答案的防災遊戲「十字路口」

李旉昕、矢守克也[1]

章節摘要

人們往往因為對突發性的災害感到陌生，急著尋求簡單又單一的應變方法，但是面對愈加頻繁的天然災害與人為災害以及多變的環境因素，光只有手冊或教科書似乎已經無法應付這些層出不窮的災害應變問題。本章首先探討現今防災教育以及相關災害管理的問題點，即為單一方向知識傳遞的權威教育，使得專家與民眾壁壘分明，民眾傾向認為防災是專家政府的責任。為了突破此框架，本章將介紹沒有標準答案的防災遊戲「十字路口」概念以及其實踐過程。研究方法為參與觀察、深度訪談。結果發現，運用此遊戲可促進民眾與專家之風險溝通，並培養民眾思考問題之主體性。除了防災時期之外，於災害重建時期，藉由民眾自行設想遊戲問題之中，從而凝聚社區共識。

4.1 前言

近年災害事故眾多，愈來愈多加強校園以及社區防災教育的聲音。發生重大災害事故後，人們往往會為了害怕遭到同樣狀況來臨而急著尋求正確知識答案。然而，熱潮過後，防災又被拋在腦後。2016 年 2 月的 0206 臺南地震震驚全臺，緊接著日本於同年 4 月發生熊本地震，臺灣的媒體、

---

[1] 京都大學防災研究所教授。

網路熱門話題之一即為「發生地震時要怎麼做？」目前討論最多的答案為「趴下、掩護、穩住（drop, cover, hold on）」。但這是否為唯一的正確答案？可以套用在所有災害情境中？設想如果當時不在室內，而是在山上或海邊？或是任何無法完成趴下、掩護、穩住這三個動作的狀況下該怎麼辦？因此災害情境中，可以解決的答案絕對不只一個。

　　針對此問題，現今市面上的災害應變手冊，為了對於災害的多樣且多變之情境中作出各種模擬，變得愈來愈厚重。但是面對愈加頻繁的天然災害與人為災害，上百頁的手冊已經不堪負荷。甚至可以發現，重大災害的狀況往往與災害應變手冊中預想的腳本截然不同。民眾也對於這些繁雜的防災知識，感到無所適從。針對此問題，我們往往歸咎於雙方各自的責任，比如說民眾反應專家應該要製作簡單易懂的文宣，或是專家指責民眾學習意願低落，需要徹底教育。

　　從風險溝通角度來看，會造成上述問題是因為長久以來，我們只將防災教育架構於「單一方向」的知識傳遞，也就是傳統的上對下之權威教育，而非雙向互動。這樣的單一方向教育型態，將專家與居民的責任劃分清楚，專家負責研究最新防災技術與傳遞正確知識，民眾則僅僅被賦予學習防災知識。此模式使得專家必須承擔起愈來愈多的任務，同時使得民眾失去自發性與主體性。

　　同樣的，災後重建政策也是如此，災民所期盼的重建復興藍圖，往往與政府及專家所規劃的政策落差極大，與上述的單一方向，權威性模式相同。由上而下（top-down），「我幫你評估過了，這樣做才是最好」的權威主義，使得居民的聲音離政府愈來愈遠，相互信賴度也愈來愈低。

　　1995 年阪神大地震之後，日本發現過往的「單一方向」知識傳遞型防災教育已經面臨極限，面對重大災害有太多未知變數，開始重新檢討。京都大學防災研究所團隊發展了雙向溝通型的防災教育遊戲「十字路口

（Crossroad）」[2]，也就是專家與民眾之間不分彼此，共同討論，相互學習防災問題。同時，遊戲特點在於遊戲中所有的防災情境問題，都是實際經驗改編，沒有正確答案，可以啓發玩家更多元的思考面向，並積極面對問題。

　　介紹遊戲之前，本章首先整理日本的防災教育課題，接著詳細介紹「十字路口」遊戲概念及遊戲規則，以及「十字路口」的日本實踐成果「阪神大地震篇」。同時，爲了強調由下而上（bottom-up）的意義，本章仔細說明遊戲內容完全由居民自己製作的「大洗篇」，並討論此遊戲的意義，最後提出對臺灣防災教育的觀察與建言。

4.2 防災教育的課題 [3]

一、防災專家的定位

　　日本的社會心理學家矢守克也（2005a）將現代危機社會中之防災議題，分爲兩種風險概念：「客觀型風險（neutral risk）」及「活動型風險（active risk）」。這個理論並非把同一種災害一分爲二，而是指人們在面對災害時持有的兩種態度之模式。

　　客觀型風險係指狹義風險，也就是以災害嚴重程度來判斷風險大小。比如說，飛安事故以及天然災害的死亡機率，或是建築物的耐震性等資訊。客觀型風險的重點在於：此風險單單只是利用自然環境與社會中出

2　十字路口 Crossroad 是日本 Crossroad 團隊的著作產權，並且已申請智慧商標。商標的登錄號碼 4916923 號、「CROSSROAD」：同 4916924 號。禁止任意複製販賣。詳細請參考矢守克也、吉川肇子、網代剛（2005）。防災ゲームで学ぶリスク・コミュニケーション：クロスロードへの招待（中譯：從防災遊戲學習風險溝通－十字路口的招待）（2-18 頁）。京都：ナカニシヤ出版。

3　本節部分參考京都大學防災研究所矢守克也教授 2009 年著作《防災人間科學》（217-221 頁）之內容。

現的現象所判斷出的數字，卻分隔需要面對這些災害的當事者（地區居民）。亦即，專家利用這些獨立的客觀型風險判斷災害的嚴重程度，但是當事者（地區居民）只能被動地接受第三者（防災專家）的風險資訊。

活動型風險涵蓋了 risk 這個詞彙的意義。也就是說，利用統計算出來的機率對人類帶來多大的影響已不再是重點，而是面對這個風險得以引發人們何種積極的作為。因此，風險關心的並不是自然環境或是社會環境等單純的客觀條件，而是在於人們面對這些危險時，積極的採取哪些具體作為。實際上，這十幾年中，日本社會已經對天然災害、人為事故、醫療健康、金融商品等各類領域暗藏的風險，展開積極主動關心的行動。比如現今醫療體制中，人們可以主動要求醫生開示會診單以及知情同意（informed consent）行為的改變；防災體制中，也可以看到災害志工、義工的活躍以及自主防災組織的活動。

從活動型風險中可以發現專家的定位已經漸漸有所改變。此轉變為，從客觀型風險模式中傳遞知識給人們的立場，到活動型風險模式與人們一同面對災害，擔任「防災夥伴（risk partner）」的立場。以地震預測研究而言，地震預測研究並非單純被支配於大自然法則之下，而是關係到當專家預測出準確的地震後，地震會不會造成嚴重災害，取決於人們有沒有做好準備。隨著地震預測的發展，社會開始出現許多討論，例如：「若是出現了徒勞無功的結果，那是否要為了讓預測的精準度上升，增加如此龐大預算來增設高價位的地震儀器」，或是說「是否要犧牲其他政策發展，將稅金投入於補強學校的耐震性」等。但解決這些問題，不單單只是取決於專家學者、政府官員，而是該讓全體居民，以及所有利害關係者全員來共同判斷。

二、自助、共助、公助的平衡點

　　近年來，災害管理領域存在的第二個課題，就是追求「自助、共助、公助的平衡點」。1995 年阪神大地震、2004 年的中越大地震、2011 年的東日本大地震，這些大型天然災害最大的教訓就是，不能再依賴「公助」，也就是政府、公家機關以及防災相關專家學者的幫助。社區民眾間相互幫助的「共助」觀念，以及個人或家庭間的自我保護、救命的「自助」觀念不容忽視。但往往媒體報導強調救災人員解救居民的畫面，容易誤導以為公助是萬能。阪神大地震的救援結果顯示，自助共助為七成，公助只占三成。當然也有一些論述表示阪神大地震這樣大規模的廣域災害為特例，並不能套用於其他災害情境。

　　但本章目的並非爭論「自助‧共助‧公助」的分配比例。自助、共助與公助同樣重要是無庸置疑的。現今問題在於，目前大眾都知道公助的實踐過程中累積了不少的知識及技術。但是無人去重視自助與共助中，是怎麼樣累積防災知識以及技術。而這個論點使得專家與政府將知識以及資訊傳達給居民，希望普及防災教育，提升居民的認知。但卻往往陷入民眾不願意學習防災知識導致防災意識低落，民眾無法理解專業知識所以責任終究還是政府要來承擔之無限循環。

　　然而透過「自助‧共助‧公助」論點可以發現其深層要素在於，這是可以幫助我們解開「教育者 V.S 學習者」、「協助者 V.S 需被協助者」間，壁壘分明、相互對立的立場迷思。透過全體一起學習自助以及共助的實踐過程中，居民可以從被救助者改變為救助者，專家也可以從教育者成為學習者。甚至覺得災害與自己毫無關係的人，也有可能就此理解到防災教育的重要。

三、傳承至下一個世代

第三個課題在於，如何持續防災教育的效果，以及如何長期維持住地區防災能力。矢守克也（2005b）將防災準備期分爲：「一年的防災」、「十年的防災」及「百年的防災」。「一年的防災」係指，面對颱風、暴雪這樣以一年爲週期的災害，日本人原來就有一年一次的防災訓練、修補家屋、大掃除的習慣。而令人感覺遙遠的十年一次災害，主要是用保險制度來對應。而歷經三或四個世代更迭的「百年的防災」，則是指需要整體社會協力，或下個世代以及其後世代的力量來應對。

雖然我們已經有許多可以留給後代的啓示或經驗傳承的英雄事蹟。但是，這些故事的傳承還是停留在「教育者 vs. 學習者」的固定關係，頂多只能傳至隔代，難以對應到百年一次的大災害。「百年的防災」，需要社區及整體社會將技術、知識、經驗都化爲日常生活中的常識，進而流傳下去。

然而，面對以上三個課題，並非一朝一夕可以解決，需要社會一起運用許多手法來反覆實踐並修正。本章提出的防災遊戲「十字路口」之研究，就是其中克服此三個課題的手法之一，首先此遊戲的專家及一般居民的立場爲平等，同時累積自助、共助的知識概念，並將其經驗傳承下去。

首先詳細介紹十字路口之內容以及其背景。接著詳細介紹筆者於2014 年至 2016 年在東日本大地震災區茨城縣大洗町進行「十字路口大洗篇」之製作實踐過程。本研究採用深度訪談中的無結構訪問法以及參與觀察法，將以上居民的發言以及訪談內容整理後（表 4.1），了解居民在此實踐過程中對於災害以及社區重建過程之變化以及影響。

表 4.1　訪談列表

代號	性別	身分	訪談期間
A	男	大洗町義消	2014 年至 2016 年
B	男	大洗海灘救生員隊長	2014 年 7 月 8 日
C	男	大洗町漁夫	2014 年至 2016 年
D	男	大洗町漁夫	2014 年至 2016 年

參考資料：本文作者整理

4.3 防災遊戲十字路口

一、背景與規則

「十字路口」是日本文部科學省的「大都市大震災輕減化特別計畫」所開發的防災教材，2004 年 7 月完成了「神戶篇・一般篇」，是由京都大學防災研究所團隊於阪神大地震後，針對當時負責處理災害應變的神戶市職員訪談成果。從訪談結果發現，許多人的經驗以及故事都出現了「左右兩難」的情境。此遊戲即根據此類「左右兩難」的真實情境，設計出許多問題的卡片遊戲（吉川肇子等，2009）。

十字路口（Crossroad）的意思是交叉路，也是人在面對兩難的當下必須做出判斷的意思。遊戲的參加者，必須先思考卡片的問題，然後選擇 YES 或是 NO 的任何一個答案，接著跟其他玩家分享自己所選擇的理由。玩家將在遊戲中，將防災視為發生在自己身上的事，想像並判斷。遊戲規則如下：

1. 玩家五到七人一組。

2. 其中一人念問題卡上的題目。

3. 玩家聽懂題目後決定自己要選 YES 還是 NO。

4. 將決定結果同時亮牌。

5. 結果占多數者可得一分，如果只有一人與其他人答案不同時，此人可得五分。

6. 輪流說明自己的理由並討論。注意，不可以否定他人答案，如「你這樣講不對」、「我不認爲」、「我告訴你不能這樣」等。

7. 學習相關災害知識。

8. 開始念新的題目，重新 1 到 7 的步驟；最後高分者爲贏家。

9. 若時間足夠，每個人或一組製作自己的題目並分享。

二、「神戶篇 · 一般篇」

「神戶篇 · 一般篇」目前廣爲利用，皆爲阪神大地震時的眞實情況，共有三十道題。例如：「你是公所職員。凌晨的大地震，您的家有一半都垮掉。雖然沒有人受傷，但家人都很擔心。電車也沒有通。若走到公所需要花兩三小時，您還是會去公所嗎？選擇 YES 的卡片爲會去、選擇 NO 的卡片爲不去」；「你是一般居民。您有養一隻三歲的黃金獵犬名叫阿桃，發生大地震後您必須前往避難所避難，您會帶阿桃去嗎？選擇 YES 的卡片爲帶去、選擇 NO 的卡片爲不帶去」。看到這裡，或許已經可以發現這些題目，無論是 YES 或是 NO，都難以抉擇，更可以說沒有標準答案。比如說如果你是公所職員，選擇前往公所的話，或許家人會對你的抉擇有所怨言；但是，若您選擇不去公所支援，又會放心不下，以及因爲無法支援其他市民而不安。至於寵物題，選擇 YES 帶寵物去避難所的理由大多爲放心不下寵物，或是會預先準備好寵物用的避難籠子、食物。選擇 NO 不帶去的理由大多爲，聚集於避難所的民眾眾多，裡面或許會有對寵物過敏的人，很有可能給人帶來困擾等。

十字路口題目除了沒有正確答案之外，其涵蓋問題涉及層面甚廣，除了公所職員與一般居民問題外，還有醫療、救援單位、志工、新聞倫理

等。

　　目前，十字路口遊戲已經廣泛在日本的防災講習或教育課程中運用。加上題目的模式相當簡單易懂，因此除了以防災為主題的「神戶篇·一般篇」、「市民篇」、「志工篇」之外，如「高知篇」、「大學生篇」、「海上保安廳篇」、「學校安全篇」、「被支援者篇」、「感染症對策篇」、「新型流感篇」等版本也陸續發表。這些版本雖然乍看之下範疇不一，但共通特徵在於，並非由上而下（top-down）的權威型，單一方向的教育方式，而是由專家、一般民眾、公家機關職員等十字路口愛好者透過對話所形成的防災教材（矢守克也，2007）。

　　本章接下來所介紹的一般民眾自行製作的「大洗篇」，則是比起其他專家參與較多的「十字路口」遊戲版本，更著重於單一社區間的經驗傳承以及自助與共助的知識累積。

三、「大洗篇」

1. 茨城縣大洗町之背景

　　2011 年 3 月 11 日東日本大地震發生之後，除了地震、海嘯之外，還因為福島第一核電廠引發的核能事故，讓災區的重建問題更複雜。由於受輻射汙染的程度有輕重之分，因此就算沒有受到輻射嚴重汙染，但是位於福島縣內的區域，或是與福島縣鄰近的茨城縣、千葉縣等地，還必須要與輻射汙染謠言以及刻板印象對抗。這些因為媒體報導而擴散出去的負面謠言或刻板印象，日本稱為「風評被害」。

　　東日本大地震災區──茨城縣大洗町，就是一個深受輻射汙染謠言所苦的災區。大洗町位於茨城縣中央，太平洋沿岸的一個小鎮。人口約一萬八千人。以農漁業、觀光業為主。大洗町的沙灘為關東知名海水浴場之一， 311 當時約有四公尺高的海嘯襲來，町內百分之十的面積被海水侵

襲，甚至當地公所都淹水一公尺高，新聞也拍到漁船直接被海水沖進飯店等慘狀，漁港、港灣以及道路、鐵路等硬體設備損失慘重。所幸無人傷亡，災後重建比其他災區要快上許多。但是，卻因爲輻射核能汙染問題，長達半年時間，當地之漁業以及觀光業皆處於強制休業狀態。然而隨著時間的流逝以及當地居民的努力，產業逐漸恢復，甚至因爲投入卡通產業，反而創造出更多觀光資源（李雺昕等，2015）。

筆者在與當地居民（包含公所職員、消防隊員、義消、農漁業從業員、小學教員、一般居民、商店街業者、旅館住宿業者、當地 NPO 職員、大學生志工等約 40 人）進行長期性之深度訪談調查後，發現他們在面對災害的每一個時期，如大地震以及海嘯來襲避難、短期重建復原時期，以及產業重建的長期重建時期，都遇到許多「左右兩難」的問題。這些珍貴的經驗，往往因爲沒有適當機會，隨著時間而流逝，未能保留下來。訪談中也發現，居民在重建過程中，由於政策往往不符合當地需求，開始對行政單位失望；同時，對於總是偏好報導負面新聞的大眾媒體，感到不信任。這些問題，都需要長期性的雙向溝通來解決，而其中一個方式，便是利用「十字路口」之工作坊來進行。

因此，筆者決定將大洗民眾的經驗改編爲「十字路口大洗篇」，希望除了可以公開討論社區問題，同時可促進民眾對社區重建之共識，並與外界溝通，傳承其災害經驗。

2. 大洗篇之製作過程

「十字路口大洗篇」之製作於 2014 年年底開始進行，題目製作方式分爲三種：1. 筆者從過往訪談內容中，找出「兩難」的內容，並與當事者（當地居民）提案，共同設計十字路口題目；2. 筆者與當地居民說明十字路口，並當場請他就親身經驗設計題目；3. 筆者於當地舉辦防災工作坊時，工作坊參加者當場製作題目，製作約 50 道題目，轉成實體教材時去

掉了相似題目，留下 26 道題目。

　　題目主題分成三種類型。有地震海嘯之避難，也有輻射汙染問題，以及社區產業重建問題。題目設計者除了大洗町業者與居民外，也有公所職員、外部志工等。除了題目之外，本研究同時設計了運用其他媒體，希望促進更多方面的意見交流。

(1)「當事人解說影片」

　　以往各式各樣的「十字路口」版本，設計的相關知識說明多為相關領域之專業人士根據相關資料所製作。但「大洗篇」希望期盼居民可以用自己的話，說明自己的狀況，如同共助與自助的目標，發揮社區居民的力量，將知識技術移轉到居民身上。因此筆者請設計題目的當事人，講述自己對題目的解釋，以及當時的親身經歷。敘述的同時，筆者在一旁錄影，並將錄影紀錄剪接為 1 分鐘左右的影片。此說明影片收錄為教材 DVD，供大眾學習。影片帶來的效果為，就算當事人不在，也可以透過動畫直接了解當事人的想法，並保存當事者的災害經驗。

(2)「手繪題目卡」

　　為了突顯社區特色，「大洗篇」的題目卡，甚至教材封面到 YES-NO卡，全部都是交由居民自己設計，如圖 4.1。用明信片大尺寸的卡片，讓設計問題的當事者各自畫出心目中的大洗町，並在卡片的另一面親筆寫上自己所出的題目。手繪卡片帶來的意義為：雖然題目內容大都因為災害相關而略顯沉重，但由於居民所繪出的社區景象色彩豐富自然，讓人眼睛一亮，並突顯出了社區之特色。

圖 4.1 十字路口大洗篇教材

資料來源：本文作者編製

(3)「工作坊」與社區防災教育

除了製作題目，筆者也在當地進行 8 次的工作坊，並在當地小學進行 2 次防災課程。工作坊在大洗町的各大小團體舉辦，並邀請當地居民參加，共同進行遊戲。一次工作坊時數 2 小時，前半部玩既有的「大洗篇」問題，後半時間爲製作自己的「十字路口」題目。於工作坊製作之「十字路口」題目中，可發現居民如何看待災害經驗，以及共享對社區之未來重建規劃和防災意識。

以下將舉兩個題目的例子與其發展，來說明爲何「大洗篇」的製作過程以及所引發的對話溝通，不僅可以突破災害應變與防災教育單一方向之權威問題，更可以提升居民之主體性。

3. 大洗篇之具體實例

(1)「你是義消。大地震後你在海岸線指揮車輛前往高處，海嘯警報響起，你要先離開還是繼續留下來？YES 先離開，NO 留下來。」

此問題是當地義消 A 根據 311 的經驗所製作的題目。當然不只義消，大洗町內其他相關災害救援單位也有親身經歷。許多人選擇 YES 先離開的原因主要為「救人重要，但是自己的命也一樣重要」；「比起指揮車輛，不如直接帶著他們前往安全的方向」；另外，311 之經驗甚為重大，許多人都說「如果是 311 之前，會選擇留下來，但是經歷過 311 之後，一定要優先保護自己的生命」。選擇 NO 留下來的理由則為「這是身為義消的責任」；「會先留下來支援並看情況，如果發現情況不對了就趕快逃跑」。

A 在當事人解說影片中，對這個題目做出了以下解釋：

「311 當時，我人在沿岸處的路指揮交通。我沒想到這個海嘯會如此嚴重。海嘯越過堤防，海水淹到我眼前，我心裡想，應該到這邊就差不多，不會再過來了吧。所以我就繼續留在那邊指揮交通，叫民眾前往高處。但是跟我一起留在那邊的民眾也不少。後來看到東北的情景，我心裡想，如果我人是在東北的話，那我現在早就已經不在這裡了。大洗也會像南三陸町那樣全軍覆沒。我開始思考，我當時留在沿岸處的這個舉動，究竟是對還是錯。這是個很重要的問題。我們義消，應該要以身作則，跑給大家看，大家才會有危機意識。因為連義消都先跑了，居民就會想說自己不跑不行。因為這次經驗，我對義消應當承擔的責任也改觀了。」

由此可見，當事人 A 於災害當下是選擇 NO 這個答案，也就是在原地盡忠職守，但是他看到 311 最嚴重的受災區，發現許多義消就是因為這樣而失去生命，他開始改變看法，自己必須要擔負起帶領大家一起避難的責任。

　　但是由於當地民眾相當依賴義消，這個答案對許多認為義消就是要保護我們生命的民眾而言有不小的衝擊。同樣身為救援單位的救生員領隊隊長 B 表示：「當然我也贊成 A 這樣的想法，法律後來也有規定，救援者必須要優先保護自身安全。但是如果今天是我在那裡，還剩 20 分鐘海嘯來襲，但沙灘上還有小孩的話，我不敢保證我會有勇氣獨自先跑，放棄去救小孩。」

　　2015 年 7 月 10 日，A 與筆者共同前往大洗小學，直接與小學五年級小朋友分享這個題目以及經驗，並跟小朋友強調，當你知道海嘯要來的時候不要等大人或義消叔叔來救，能夠自己先跑就盡量先跑，甚至要跑給大家看。除了在大洗町內，此遊戲題目也在東北宮城縣沿海災區之消防人員研修課程中被引用，當地的義消人員看了這個影片表示，「他說了我們都不敢講的心聲。」

　　最後，這個題目的目的並不是為了宣導消防相關人員必須要優先避難，而是透過問題，讓大家了解，救難人員的矛盾點。無論救難人員自行避難或是進行工作到最後，最大的目標都在於減少傷亡。因此此題目希望達到讓民眾了解救難人員的能力限度，並且提升一般居民之自助的能力及意識。

(2)「你是漁夫。目前漁業深受輻射汙染以及其謠言所害。你想要在臉書上發表災區漁業的現況，但又怕消費者誤會你是要模糊真相，你還是會發表嗎？YES 發，NO 不發。」

　　輻射汙染問題是大洗町災後產業重建上遇到最大之困難。因此不只漁業，其他地方業者也都有相同困擾。至今許多人選擇 YES 的理由有「災害重建時期跟災區有關的新聞就已經很少了，所以一定要積極對外宣傳」，「如果有不相信我們的人，那相對的就會有相信我們的人」，同時還有附加條件的理由，也就是「當社會大眾都對輻射汙染問題不那麼敏感

的時候，我才會發布相關訊息」。選擇 NO 的理由則有「要讓輻射汙染謠言消失實在太困難了」、「網路不知道會被傳成怎樣，還是不要輕易發布訊息比較好」。

這個問題由大洗町 20 歲到 40 歲之間的青年漁夫社團「大洗町漁業研究會」會長（2011 年至 2015 年）C 所設計。C 於 2012 年 11 月 9 日於個人的臉書上公布了一張自己捕到日本眞鱸的照片，並寫上「就算抓到了這麼大的日本眞鱸也賣不掉（>.<）」。日本眞鱸在 311 之後，就因爲體內輻射值超過標準值，無法流入市面。但是對大洗町的近海漁業來說，日本眞鱸占了一塊不小的市場。這篇文章引起他周圍朋友的反應，有的提到漁業很可憐，有的提到希望他不要太難過。但是 C 卻後悔公布了這則文章。他與漁夫研究會的夥伴 D 一起接受訪問，並提出各自看法。

C 表示：「之所以說後悔，是因爲我在乎的不是因爲輻射汙染謠言所以賺不了錢，也不是因爲核電廠事故所以賺不了錢，我不是想要強調這些。我只是單純覺得說，好不容易捕到的魚，然後又是這個季節最好吃的魚，結果不能賣，很浪費。因爲我們就算抓到也只是把他放回海裡，如果變成死魚也就丟回海裡，或是直接丟掉，眞的是很浪費。我是因爲覺得很浪費，所以才想說 PO 那張照片的。但是看到這篇 PO 文的人，就會覺得我很像是在抱怨輻射汙染謠言，或是核電廠事故。我覺得與其被人誤解，不如不要做，所以才說後悔。」在場的 D 聽到 C 的說法，給了不同意見：

「雖然會長說他覺得很後悔，可是身爲宣傳漁業研究會工作的我會覺得說，臉書本來就是將自己所想的事情公諸於世，因此把原原本本的自我展現出來，我覺得也沒有錯啊。」

2014 年 5 月 23 日筆者於大洗町的漁業工會舉辦了工作坊，其中邀請

到了 C、D 以及其他年輕漁夫，一共七位參加者。另外 NHK 水戶[4] 的新聞記者也來採訪這個防災工作坊，提到跟新聞媒體採訪相關話題時，也請在場的記者們發表意見。

遊戲中問到大家 C 所設計的這個問題時，七人中有六人選了 YES，只有一人，也就是 C 本人，選擇了 NO。播放了 C 的影片，以及讓 C 親自為大家解說他個人的看法之後，許多漁夫都說 C 想太多了。但是 C 在此時表示，那時大家一起去東京築地宣傳大洗的漁貨，但是那時候有客人問他說，你們雖然有亮出測量輻射安全的資料，但是這是真的嗎？就算測量出來是安全的，要怎麼保證絕對安全？C 當下只能對那位客人說，那不要買我們的漁貨沒有關係，但是其實心底很受傷。而其他漁夫們，也回想起這次經驗。他們開始當場思考，為了持續漁業工作，除了拿出縣政府公布的輻射安全相關證明資料之外，還可以做什麼？因為就算是漁夫，也無法對此安全資料做出任何擔保，漁夫也非核能專家。因此他們認為，與其強調安全證明資料，不如積極的去推展自己能力範圍可以盡的工作。比如說發揮創意，針對願意接受大洗海產的客人，在臉書上介紹漁夫特有的料理方法，或是介紹漁夫的日常生活、捕魚的樣子與捕魚之方法。讓大家能夠更認識漁業，也更能夠了解並喜歡海鮮料理。

事後筆者再度訪問 C 的意見，他表示「當大家說我想太多的時候，我的確鬆了一口氣，我自己煩惱了這麼久，但大家都不會在意。而且我也很驚訝說，我們平時從早到晚在一起工作了十幾年，我以為我跟其他人的想法不會差太多，但原來大家各自都有這麼多想法。」

對於大家達成的共識，C 說到：「雖然這個遊戲只能選一個答案，而且還沒有標準答案，但其實可以將 X 的意見跟 Y 的意見合在一起，發展

4　NHK 水戶為 NHK 的茨城縣地方台，專門報導茨城縣相關新聞。

成 Z 的意見，這就是我們最後的答案。然而這個答案不是強制的，而是匯集大家的意見，大家一起討論，一起決定。」

4.4 討論

　　回到一開始針對防災教育與災害應變的三個課題。「十字路口」遊戲究竟可以對專家與一般居民的關係性帶來什麼樣改變？「大洗篇」又對以個人及社區為單位的自助以及共助具有什麼意義呢？

　　「大洗篇」與其他「十字路口」遊戲版本的共通在於，達到傳承災害的經驗以及口述歷史之成果。但決定性差異在於，這份防災教材是當事者自行開發，利用在地性的看法解說問題答案，依據在地性質發展遊戲。在地特質能夠促進在地居民對社區問題的思考，除了了解社區價值外，還可從中發現更多問題，並願意靠自己的力量去解決，找回社區自主的方向。

1. 問題之具體化

　　Duke（1974）提到，遊戲是「多重對話（multilogue）」的組合。遊戲顯現了各式各樣的當事者、利害關係者（stakeholders）對於世界的認識，以及許多矛盾和苦惱。以大洗町的例子來說，當事者，也就是大洗町的居民，透過製作設計題目，將自己遭遇到所有地震、海嘯、輻射汙染這些重大變故產生的兩難問題，包括了煩惱、後悔、矛盾，但又很少有機會與人訴說的想法，以遊戲的方式呈現出來。這樣的過程，在積極想要快速重建的災區中，鮮少被人重視，卻是非常重要的一環。因為這是一個當事者與自己對話的機會，得以重新檢視問題的由來。同時，透過客觀並且簡化這些兩難的「十字路口」問題，加上主觀的個人經驗說明影像，得以充分讓他人理解當事者對世界之體現。

2. 問題之共有化

　　Duke（1974）曾經提到，遊戲是「描述未來的語言」。意思是說，遊

戲並非是記述語言，而是實踐語言。這邊指的記述語言是指以客觀、第三者的角度來詳細記述世界萬物的語言。如同科學家對事物的描述。而實踐語言則是身處在世界萬物中，以當事者角度，因應未來的發展所創造出的語言。因此遊戲學習並非單單是當事者，或社區居民學習記述語言，也就是科學知識。同時也是讓所有玩家，也就是這邊提到的社區居民、災民、官方、公所、專家、救援人員、志工、媒體等，都可以以自身的實踐語言來達到活動型風險的目的。

以「大洗篇」來說，這樣共有的過程，甚至可以避免強調對與錯的矛盾與指責，面對未來產生新的想法。如同漁夫 C 的案例，雖然他覺得他讓漁業帶來負面觀感而一直後悔，但同樣是漁夫的夥伴們說他想太多，要他不要在意之後，讓他卸下重擔，並提出新的解決方案。義消的案例則是透過討論，消解了他人以及社區對義消過於膨脹的期待。

此過程除了當事者個人外，對社區，尤其是災後重建社區來說更為重要。除了重新凝聚社區意識外，更可以透過每個人的想法，重新發現社區問題，並共同討論社區方向，共同決定該如何向外尋求協助或是合作。這點逆轉了以往政府、大眾媒體、外部支援專家團體「認為」社區需要何種協助之模式。

3. 面對問題之主體性

前面已經提到，防災遊戲的目的不單單在於科學知識的內化學習。當事者或是遊戲的玩家，透過製作遊戲、分享遊戲，也同樣是學習方式的一種。甚至這樣的學習方式，更能提升當事者個人以及社區在實踐活動型風險之主體性。我們發現，透過「大洗篇」的發展，居民將 311 中所經歷到的各種平時很少提出來的煩惱以及疑問，都投射在「大洗篇」的題目當中。透過「大洗篇」的遊戲討論，也在社區間達到共識。亦即為除了 YES 與 NO 二選一的方法之外，居民開始結合 YES 與 NO 兩種答案之好

處，重新創造出新的答案。就像漁夫們討論的，不會再去爭辯自己也不甚了解的輻射安全問題，而是積極利用臉書等網路社群媒體去宣傳大洗漁業的魅力。另外，從義消救援的問題可以看到，無論是自己性命優先還是救援到最後，都讓人了解到救援人員並非萬能，需要救援的居民，也應該要立即避難，盡自己的力量減少傷亡。

雖然「大洗篇」集結了地方所有嚴重甚至短時間無法解決的問題，很有可能給社會大眾這個地方充滿風險、危機的印象。但是「大洗篇」的意義在於，這些論點並非出自大眾媒體報導，或是政府的報告書，而是居民自己提出的。當居民，也就是當事者自己將社區之風險公開的同時，也代表居民自己有面對這些風險的信心與能力。就像居民自己所強調的，愈思考愈發現，每個問題的目的都是為了希望地方變得更好，愈討論就愈希望可以為地方盡一份心力。

4.5 結論——臺灣防災教育之觀察與建言

921 大地震之後，臺灣開始意識到防災教育的重要性。雖然臺灣與日本之社會情境有所差異，但是就像本章於第 2 節所提到的三項日本防災教育之課題，臺灣也有相同情況。克服這些問題，需要長期性的經由防災專家、政府、從業者，甚至媒體以及最重要的一般居民等各不同立場，相互學習、相互修正，並且書寫屬於臺灣本土的防災教育文化。臺灣目前已經開始展開多項非由上往下（top-down）的權威關係，而是朝著由下而上（bottom-up）、朝「自助‧共助」的防災教育準備。這樣的關係發展，都相當值得繼續觀察並期待其發展。

參考書目

矢守克也（2005a）。防災とゲーミング（中譯：防災與遊戲）。載於矢守克也、吉川肇子、網代剛（編），防災ゲームで学ぶリスク・コミュニケーション―クロスロードの招待（中譯：從防災遊戲學習風險溝通－十字路口的招待）（2-18頁）。京都：ナカニシヤ出版。

矢守克也（2005b）。〈生活防災〉のすすめ―防災心理学研究ノート（中譯：生活防災－防災心理學研究筆記）。京都：ナカニシヤ出版。

矢守克也（2007）。「終わらない 話」に関する考察（中譯：不會結束的對話之考察）。実験社会心理学研究，46(2)，198-210。

矢守克也（2009）。防災人間科學。東京：東京大學出版社。

吉川肇子、矢守克也、杉浦淳吉（2009）。クロスロード・ネクスト―続：ゲームで学ぶリスク・コミュニケーション（中譯：下一個十字路口－續：從遊戲學習風險溝通）。京都：ナカニシヤ出版。

李旉昕、宮本匠、近藤誠司、矢守克也（2015）。「羅生門問題」からみた被災地の復興過程―茨城県大洗町を例に（中譯：從羅生門問題看災區重建－以茨城縣大洗町為例）。質的心理研究，14，37-53。

Duke, R. (1974). *Gaming: The Future's Language*. New York: Sage Publications.

第五章　災害保險

章節摘要

　　本章除介紹災害保險的意義與目的外，內容著重各種形式天然災害保險的探討，以及著名天然災害保險制度的建立過程及其內涵。這些以國家力量建立的天然災害保險制度，可分為著重擴大承保範圍提升普及率的法國制，著重災害風險與保費比例均衡以求損益平衡的美國制，以及政府盡力加強洪水平原管理措施以留住民間保險業繼續承保洪災風險的英國制。本章並介紹德國的天然災害保險制度推動失敗經驗，以及近年海峽兩岸均甚重視的巨災保險。

5.1 災害保險的意義與形式

　　災害保險的意義，參酌我國保險法第 1 條第 1 項「本法所稱保險，謂當事人約定，一方交付保險費於他方，他方對於因不可預料或不可抗力之事故所致之損害，負擔賠償財物之行為」，以及同法第 70 條第 1 項「火災保險人，對於由火災所致保險標的物之毀損或滅失，除契約另有訂定外，負賠償之責」，可知災害保險就是一種以災害為保險事故，在當事人約定保險費與保險標的物後，由災害保險人對由災害所致保險標的物之毀損滅失，負擔賠償責任的保險。

　　災害保險的範圍，可以及於各種災害，我國法律規定的各種財產保險與人身保險，也都可以成為保險標的；但在各種災害保險之中，以天然災害保險最受重視，因為其災損金額十分龐大，往往對國家造成重大影響。

因此，許多經濟實力較爲強大的國家，多會推動天然災害保險，並考慮是否讓國家力量介入天然災害保險的興辦。國家力量的介入，通常伴隨著法律制度的建立，成爲一種天然災害保險制度。以下即就各種常見的天然災害保險類型，介紹如下：

一、純粹商業保險契約

天然災害保險最容易實現的方式，就是直接讓人民與保險業締結純粹商業保險契約。這樣的保險契約，在我國如果符合保險法第 144 條授權訂定的「保險商品銷售前程序作業準則」，在完成保險商品設計後，送交中央主管機關行政院金融監督管理委員會審查通過，其販售就符合法定程序。但是從近代歷史觀察，天然災害保險曾經碰到很多挫折，例如 1953 年的歐洲北海洪災，受到影響的國家，民間保險業幾乎都放棄了洪災保險，只剩下英國的民間保險業，在與政府的「君子協定（Gentlemen's Agreement）」下繼續維持。這段歷史在談到英國的洪災保險制度時會再介紹。

天然災害保險的興辦，如果完全交給商業機制決定，有可能造成普及率的危機。例如我國的颱風洪水險是附加在財產保險的保單裡，但是法令上並沒有任何強制附加的要求，所以普及率一向偏低，以房屋保險爲例，附加颱風洪水險的比例竟僅有萬分之三（連珠君，2012）。這也是爲什麼世界上有名的天然災害保險，都是政府力量在背後支持才能興辦成功的原因。

二、以政府力量興辦或協助

以政府力量興辦或協助的著名案例，有美國的國家洪災保險計畫（National Flood Insurance Program, NFIP），日本的地震保險，法國與西班牙的天然災害保險，還有英國政府與不列顛保險協會（Association of

British Insurance, ABI）之間的協定等。這些案例共同的特色，下一節會有詳細介紹。簡單地說，如果政府任憑商業機制決定天然災害保險的存在與否，只要一場史無前例的災害，許多保險業者就會認定某種天然災害是不可以承保（uninsurable）的；如果業者都不再承保某種天然災害保險，那人民就算有錢有意願也買不到保險，等到天然災害來臨時，只能眼睜睜看著自己的財產流失而得不到任何賠償。上述國家以政府力量興辦或協助天然災害保險制度成立，主要目的也就在此。

　　也許會有人認為，既然是以政府力量介入，那這種天然災害保險制度，就應該是「社會保險」，就像我國有名的全民健康保險制度一樣。但是，由這些國家的保險制度觀察，就可以發現都缺少了一個社會保險的重要原則——「強制投保」（劉宗榮，1997）。天然災害保險如果採用強制投保，保費過高時會造成民怨，保費太低時政府又有嚴重的財政風險，於是各國政府都運用智慧，設計適合國情的政策，以誘使人民主動加入天然災害保險。這些誘因的設計，將是下一節介紹的重點。

三、以基金方式承擔理賠風險

　　對於商業保險發達的我國人民而言，其實很難想像「買不到某種保險卻發生這種災害，那政府就主動賠給你」這種制度的存在。事實上這種制度已經行之有年，就是設立一個基金來負擔天然災害的理賠風險。以荷蘭為例，1953 年北海洪災造成 1,835 人死亡，並造成以災害發生當時荷蘭盾幣值為基準換算，約 7 億歐元的損失，於是荷蘭的民間保險業逐漸認為洪災風險是一種不能承保的天然災害風險（Kok *et al.*, 2002）。荷蘭人民因而陷入買不到洪災保險的危機之中，有些人甚至選擇控告政府，試圖換取洪災災損的賠償（Faure & Hartlief, 2006）。直到 1998 年，荷蘭才制定災害賠償法（Wet Tegemoetkoming Schade bij Rampen en Zware Ongevallen,

WTS），以政府力量建立基金，賠償買不到保險卻遭受洪災損失的人民。

　　這樣的制度並非只有荷蘭才有，法國也有類似的制度。因為法國憲法前言（Preamble）說全體法國人民有平均擔負國家等級災害的權利與義務，因此法國在 1995 年也成立了相似的基金，來賠償無法獲得保險的天然災害損失（OECD, 2006）。其他如澳洲也曾在 2000 年成立專門賠償鄉村地區與農業損失的賠償基金（Australia Treasury, 2003）。使用政府力量來成立基金，當然是因為賠償金額有時可能相當龐大，單靠民間力量恐怕無力負擔；想知道民間成立基金總額能到多少？就以最有名的「國際原油汙染賠償基金（International Oil Pollution Compensation Fund, IOPC Fund）」為例，2015 年年報之餘額約為 1.064 億英鎊（International Oil Pollution Compensation Funds, 2016），與任一著名洪災相較，均屬微不足道（如英國 2007 年洪災，保險理賠金額即達 30 億英鎊；2005 年美國 Hurricane Katrina 風災，NFIP 的理賠更達到 162 億美元），油公司與船公司之實力尚僅能及此金額，可見民間集資力量恐難抵禦天然災害災損。下一節將進入以政府力量興辦或協助的天然災害保險制度探討。

5.2 天然災害保險制度

　　天然災害保險制度的建立，通常都在一場重大天然災害之後，激起了一個國家想要讓人民免於所有財產付諸東流的恐懼，因而加速推動立法建立制度。是不是每個國家都會成功呢？以我國為例，1994 年舉行的「全國水利會議」，1998 年舉行的「全國國土水資源會議」，還有 2004 年七二水災災後，均有推動洪災保險的強大呼聲，可是最後都是雷聲大雨點小無疾而終。以下將先介紹仍存在的天然災害保險制度有哪些特色？然後將世界各國的天然災害保險制度主流逐一介紹，最後介紹另一個天然災害保險制度推動失敗的案例：德國經驗，以作為未來想要推動天然災害保險

制度時的借鏡。

一、天然災害保險制度的特色

在開始介紹各種主要天然災害保險制度之前，為了方便大家認識這些制度，以下先行簡介這些制度的共同特色：

1. **國家力量必定介入**：前面已經提及民間的募資力量有限，如果國家不予以介入，單純由民間獨力主辦，不僅普及率將會偏低，對於重大災害更往往無力分擔風險。為了要讓國家力量介入，通常都透過立法程序，將天然災害保險制度以法律形式呈現，藉以拘束人民或地方政府，以利政策推動。各國天然災害保險立法中，以美國國家洪災保險法（National Flood Insurance Act, NFIA）最為複雜，因為美國雖然不採取強制投保或強制附加（surcharge）制度，卻巧妙利用各種誘因，使地方政府與人民主動參與NFIP以免遭受各種不利益。詳細介紹容後補述。

2. **非財政主管機關主辦**：這一點相信很多人都會有疑問，因為保險不就是財政金融業務嗎？為什麼不能交給財政主管機關來主辦？除了後面會介紹德國有因此失敗的經驗之外，美國是交由聯邦緊急管理總署（Federal Emergency Management Agency, FEMA）來主辦；英國雖然由 ABI 與民間保險業者辦理，但是提供各項協助與配合措施的，卻是環境食品與鄉村事務部（Department of Environment, Food and Rural Affairs, DEFRA）所屬的環境署（Environment Agency, EA）；法國與西班牙則是直接成立國營公司來辦理。其中主要的原因，是因為在金融財政上，財務風險（financial risk）的意義就是虧損的風險（汪逸真等，2013），所以讓財政主管機關來辦理，第一要務就是避免虧損風險，而非使命必達地辦好天然災害保險。因此，財政主管機關為國家節省預算避免虧損的天職，恰好是阻擋天然災害保險興辦成功的障礙。

3. **不以損益平衡爲主要考量**：這點也會讓不少人懷疑，因爲商業保險除了有社會目的和功用之外，當然也要有營利，爲什麼天然災害保險就不能營利或退一步以達成損益平衡爲目的呢？這是因爲天然災害保險就是要保護人民，避免因爲天然災害損失全部財產，天然災害到底會嚴重到什麼程度？往往無法預期又屢創新高，尤其是在氣候變遷效應的影響下。美國的 NFIP 曾經在 1986 年達到損益平衡，當時被認爲是非常成功的範例，卻在 2005 年 Katrina 颶風後，成爲舉債超過 200 億美元的錢坑；法國和西班牙創辦天然災害保險之初虧損連連，政府不斷挹注資金，但卻在近年洪災均不嚴重的情形下，財務狀況開始變好，和美國命運恰好相反，可見天然災害保險的盈虧，完全不是主辦者或哪一種財政手段所能控制。

4. **減災措施特別受到重視**：天然災害保險制度興辦之後，爲了要減少保險理賠支出以維護財務穩定，減災措施就顯得相當重要。以美國爲例，在 1960 年代興辦洪災保險之後，洪水平原管理（floodplain management）就開始變得重要，就是爲了要減少蓋在洪水平原上的房子的洪災災損以減少理賠金額。到了 1990 年代，美國爲了要降低容易淹水地區的洪災災損，開始推動「社區評比制度（Community Rating System, CRS）」，於是各種減洪滯洪措施開始盛行，就是爲了要減少洪災風險或洪災災損，以換取洪災保險的保費折扣。至於詳細的減災措施與天然災害保險配套，容後詳述。

二、天然災害保險制度的主流

以下介紹幾種現行天然災害保險制度的主流，希望能藉由這些國家的經驗，說明天然災害保險制度必須如何興辦才會成功：

1. 法國制（歐陸制）

這種天然災害保險制度並不是法國獨有，也不是法國首先興辦，但是，法國的經濟規模最大，所以受到的關注也最多。

　　法國洪災保險制度起於 1980 年代初期，爲因應 1981 年法國南部洪災危機，法國於 1982 年完成天然災害保險法案（Le régime d'indemnisation des Catastrophes Naturelles，具體條文在法國保險法法典中）立法以建立天然災害保險制度，由國營再保險公司 Caisse Centrale de Réassurance（CCR）爲民間保險業者提供天然災害風險的再保險。法國洪災保險由於兼顧各種天然災害風險，如洪水、地震、火山爆發、土石流、雪崩及旱災等，因此保費徵收上不可能如同英國或美國般，直接以洪水風險作爲最重要計算因素。因此，法國採取「強制附加」模式，就是在標準財產保險保單（standard property insurance policy）所徵收保費上加徵一定成數之作法，這樣較爲簡便，但是洪水風險並未與保費呈現成比例的對價關係，此與保費應和風險成比例的觀念並不一致。

　　法國成立洪災保險制度初期，洪災事件頻傳，災情不斷，以致法國政府不斷提高對 CCR 挹注，並不斷調高保費以爲因應。標準保單附加保費在上個世紀就已調高兩次，以房屋保險爲例，創辦隔年 1983 年就已由 5.5% 調至 9%，後來在 1999 年再調至 12%，但這樣都不能達到損益平衡，法國政府仍時常提供補助，僅 1999 年便提供 4.5 億歐元之補助予國營之再保險公司 CCR（Caisse Centrale de Réassurance, 2005）。反而是本世紀以來，雖然世界各國多因氣候變遷效應影響而洪災頻仍，法國卻未傳出嚴重洪水災情，因而近年來 CCR 得以維持良好之財務狀態，未再有調漲保費之呼聲。

　　法國制的特色，除了強制附加之外，介紹如下：

　　(1) **普及率極高**：相關文獻對於法國天然災害保險的普及率，大都在 95% 以上（GAO, 2005），這除了是拜法國財產保險的普及率所賜之外，其實也表示政府要承擔的風險變得非常大。這種高普及率對財政的影響非常直接，如果有重大天然災害來臨，等於完全靠政府資金來承擔再保險責

任。所以法國在制度設計上，從來沒有把損益平衡當作目標，只是因爲近年恰好天然災害不嚴重，財務狀況才因而好轉。

(2) **洪水平原管理並不與保費連結**：由於洪災往往是災損最嚴重的一種天然災害，如美國、英國都直接開辦洪災保險，此時保費當然就和洪水風險連結並且成比例。可是法國的天然災害保險承保了各種天然災害風險，保費當然不可能只和其中一項洪水風險成比例，這樣的話，推動洪水平原管理來減少災損，雖然仍有意義，可是就不具備直接的意義，也就是減災做得愈好，保費就該降得愈低的誘因。縱然如此，法國仍然是和其他歐洲國家一樣，將具有洪水風險的區域劃設爲高、中、低三種風險區域。然而相關資料均顯示，法國並未公開係依何種風險機率劃設成不同分區（EXCIMAP, 2007）；同時，法國雖然對於不同分區有不同洪氾管理措施，例如不同之土地利用強度限制，然而其管理措施並未與洪災保險之購買與否進行連結。由相關文獻可知，法國曾於北加萊海峽省（Nord Pas-de-Calais）採用 10 年與 100 年洪水重現期距爲標準，進行洪氾劃設（EXCIMAP, 2007）。此種標準與其他歐盟國家甚爲相近，法國又是歐盟會員國，根據歐盟洪水法（EU Flood Directive）規定，將來必須逐步實施三級制的洪水風險管理方式，因此法國洪水平原管理制度將與歐洲主要國家趨於一致。

(3) **推動容易**：相較於繁複的美國洪水平原管理措施，法國天然災害保險相對容易理解。法國政府將天然災害保險業務，交予國營的 CCR 承擔。國家承擔責任的方式，實則爲承擔民間保險業者承保天然災害保險之後所要購買的再保險。這樣雖然最後風險由政府承擔，但此種方式使民間保險業者仍能發揮其商業保險專長，盡力避免損失並善盡服務業責任，在整年度天然災害災情未達經營虧損程度時，還能因爲經營良好而獲利。相較於英國或美國，這樣的設計使政府角色與承擔的義務輕鬆不少，在標準

財產保單普及又採取強制附加策略下，政府又不必承受提高洪災保險普及率的壓力，因此，法國制度下政府所承擔的風險與責任，比較容易為規劃初創洪災保險制度的國家接受。

歐陸另一個採取類似制度聞名的國家是西班牙。西班牙的天然災害保險制度歷史最悠久，只是法國經濟規模較大因而較受重視。始於 1930 年代西班牙內戰時期，西班牙即開始以國家力量承辦各種保險。當時西班牙災害頻傳，西班牙政府擔憂保險業不勝負荷而凋零，各種天然災害或其他重要風險將面臨無從投保之窘境，於是以國家力量，在 1941 年創辦 Consorcio de Compensación de Seguros（CCS）。1954 年，國家終於立法賦予 CCS 辦理，如同現在法國的天然災害保險制度，也使得西班牙成為歐陸最早擁有天然災害保險制度的國家。

CCS 在保費收取與承保險種之作法，與 CCR 均有類似之處，例如房屋保險，是以房屋價值的千分之 0.09 作為附加保費（Consorcio de Compensación de Seguros, 2008）。但 CCS 因創立之初國家遭遇保險業存亡困境，第一線保險業亦需支援，故 CCS 並不是只有經營再保險業務。CCS 所承保之天然災害風險，包括洪水、火山爆發、地震、海浪潮汐、氣旋風暴與隕石墜落等，與法國相類似。在二十世紀，CCS 亦曾遭遇與 CCR 開辦天然災害保險之初相同的經營困境，要靠國家大力挹注以維持其生存；但本世紀以來，雖然洪水風險所占理賠金額比例不斷提高，已超過 90%，可是災損總額近年來並不像美國持續向上飆升，CCS 因而保持良好財務狀態並維持穩定經營狀態。西班牙天然災害保險制度的特色如下：

(1) **政府扮演角色多元化**：因 CCS 係在西班牙普遍缺乏保險業承擔提供保險服務之時代誕生，因而 CCS 必須承擔的業務十分多元，天然災害保險只是因為承擔各種財產保險而衍生的業務。因此，CCS 早已慣於承

擔各式保險業務，對於天然災害保險亦不限於僅負責再保險業務。CCS
作業方式，與 CCR 截然不同，與英國或美國洪災保險實務更不同。在政
府扮演多元角色情形下，政府所必須承擔責任與風險，恐較法國爲重，業
務推展亦有不同考量。

(2) **洪水災損占天然災害災損比例甚高：**近年西班牙洪水災害損失占
所有天然災害損失之比例，均在 90% 以上，與法國之 54% 相較高出不
少，可見洪水災損對西班牙影響甚鉅（Guy Carpenter, 2008）。因而西班
牙事實上有可能實施如同英國或美國的制度，藉由掌握洪水風險來更精確
計算保費同時推動減災措施。但，天然災害保險制度之建立，並非一蹴可
幾，相當成熟度的天然災害保險制度並不宜加以更動。因此，西班牙長達
62 年歷史之天然災害保險制度，應該不致於受到洪水災損比例影響而更
動。

採取相類似制度的國家還有冰島、瑞士等國，在此不個別介紹。以下
介紹另一種截然不同的天然災害保險制度：美國制。

2. 美國制

相較於法國制盡量納入各種天然災害爲承保範圍，美國制則是集中
在特定的天然災害風險並以此規劃減災措施。美國建立洪災保險制度的
努力，曾經一度遭到重挫，因爲因應新英格蘭地區嚴重洪水而在 1956 年
完成立法的聯邦洪災保險法（Federal Flood Insurance Act, FFIA），因無法
募集足夠資金，因而被迫迅速廢除（Cohn & Rowe, 2007）。1968 年 NFIA
立法後，爲了記取 FFIA 迅速廢除的教訓，除不斷提出修正法外，從洪災
保險局（Flood Insurance Administration，後併入 FEMA 轄下）時代開始，
便努力建立一套使洪水風險與洪災保險保費盡量呈現成比例對價關係之制
度，並以遵守各種洪水平原管理規定作爲取得投保資格的重要條件。歷經
多次修正後，NFIP 終於在 1986 年達成損益平衡，「在當時」成爲舉世稱

道的洪災保險成功範例。

　　美國洪災保險制度的機制可以說相當複雜，如果要簡略說明，那就必須從「基準洪水（base flood）」說起。基準洪水就是 100 年洪水頻率的洪水量，假設剛好發生基準洪水，所淹到的高度，就是基準洪水高程（Base Flood Elevation, BFE）。至於基準洪水出了河道溢流所能到達的範圍，就是 100 年洪水平原。洪災保險費率圖（Flood Insurance Rate Map, FIRM）的劃設與各種費率的計算，和減災措施的擬定，都是根據基準洪水的相關概念而來。如果被劃入基準洪水的淹水範圍，建築物的入口處樓地板就要墊高到超過 BFE 的高度，才能符合購買洪災保險的標準[1]。這就是美國洪災保險制度的基本邏輯。

　　雖然美國 NFIA 立法之初，有政府與民間聯營（pool）的設計，但因為民間保險業不感興趣，還是由政府來負擔整個洪災保險的盈虧。美國制主要的策略與手段如下：

　　(1) 利用基準洪水觀念進行宣傳：為推廣洪災保險，FEMA 在各種宣傳文件都說明基準洪水就是「年發生機率 1％ 之洪災（1％ Chance Annual Flood）」，所以每年都有 1％ 的機會會發生。千萬不要小看這個機率，因為一般以房屋設定抵押權向銀行貸款，多半以 30 年為期，在這 30 年抵押權存續期間內，出現「年發生機率 1％ 之洪災」之機率，約為 26％，約為在這 30 年期間房屋發生火災機率的五倍。因此，不是只有人民會想要投保洪災保險來保護自己，為保障銀行的抵押權，銀行也自然會要求人民投保洪災保險，以維護銀行身為房屋抵押權人的權益。

---

[1]　44 CFR ⸹ 60.3 (C) (3): "Require that all new construction and substantial improvements of non-residential structures within Zones A1–30, AE and AH zones on the community's firm (i) have the lowest floor (including basement) elevated to or above the base flood level..."

(2) **政府經營的保險由民間來銷售：**由於洪災保險創始之初，銷售狀況並不出色，政府想到民間保險業的銷售能力，便在 1983 年起推出「WYO 計畫（"write your own" policy program）」，由民間保險業者代替政府來向人民販售保單，但最後盈虧責任還是由政府負擔。於是民間保險業開始樂於配合，努力銷售，三年後的 1986 年，NFIP 就達到損益平衡。

(3) **土地開發與管理政策的刺激：**配合洪災保險最主要的土地管理策略，就是立法明定地方政府應該與聯邦配合的事項，使得地方必須盡力配合聯邦政府，否則將無法加入 NFIP。欲加入洪災保險計畫時，必須接受符合於 FEMA 署長依據聯邦法 42 U.S.C. §4102 規定授權訂定之準則（criteria）之土地管制利用方法（42 U.S.C. §4022 (a)），原有的各州、或地方政府對於不符合聯邦準則的土地開發法律、法規或行政命令之地區，如果不配合修改，該地的財產將無法獲得 NFIP 的保護（42 U.S.C. §4023）；同時，未能符合 FEMA 署長所定準則中之土地使用與管制方法之社區，不僅將被排除於國家洪災保險計畫之外（42 U.S.C. §4105 (d)），更可能因為 FEMA 署長指明其為洪水危險區域，聯邦任何官員或機關均不得核准關於該地之土地取得或建設用途之財政補助（42 U.S.C. §4106(a)）。也就是說，一個地方政府如果不能加入 NFIP，將來各種開發也別想得到聯邦的貸款或補助。這樣的手段讓地方政府必須正視洪災保險並設法加入。

(4) **刺激民眾購買洪災保險的手段：**NFIA 規定，受 FEMA 署長指明其為洪水危險區域而未參加國家洪災保險計畫時，除聯邦任何官員或機關均不得核准關於該地之土地取得或建設用途之財政補助外，如任何受國家洪災保險法規範之貸款機構（包括銀行在內）違反規定而核准貸款時，將受到民事罰款（Civil Monetary Penalties）之處分（42 U.S.C. §4012a）。因而上揭貸款機構應於訂立貸款契約時，告知貸款人必須依法維持加入

洪災保險之狀態，聯邦災害救助始能適用於貸款人之財產損失（42 U.S.C. §4106 (b)）。因此，不購買洪災保險，在美國可能連辦理房屋貸款都會有困難。

(5) **社區評比制度** CRS：FEMA 另一項重要措施，係建立社區評比制度（Community Rating System, CRS），針對易遭洪災侵襲地區，以評分方式評定該「社區」之等級，王价巨、郭宥秋（2004）也有針對 CRS 加以探討。此處所謂社區，多以市（city）、鎮（town）、郡（county）或行政區（parish）為單位。美國加入 NFIP 之社區早已超過 20,000 個，但加入 CRS 者僅約 1,000 個。CRS 將之分為十級，如評比最高列為第一級者，該社區所有投保屋主可獲 45% 之洪災保險保費折扣，以此遞減，第十級者則無折扣[2]。至於評比項目，可簡單區分為公眾資訊之措施（public information activities）[3]、洪氾區劃設與規範之措施（mapping and regulatory activities）[4]、減輕洪災損失之措施（flood damage reduction activities）[5]以及洪災準備措施（flood preparedness activities）[6]等。

NFIA 分為 NFIP、「洪災保險計畫之組織與管理（Organization and

---

[2] *Community Rating System*. Retrieved from https://www.fema.gov/community-rating-system (Last Updated 2015, April 26)

[3] 包括洪水高程標準檢測（elevation certificate）、洪災區域資訊服務（map information service）、擴大範圍計畫（outreach projects）、災害危險揭露（hazard disclosure）、洪災防護資訊（flood protection information）與洪災防護協力（flood protection assistance）等。

[4] 包括附加之洪水資料（additional flood data）、開放空間之保存（open space preservation）、更高度之法規規範標準（higher regulatory standards）、洪水資料之保存（flood data preservation）以及暴雨洪水之管理（stormwater management）等。

[5] 包括洪氾管理規劃（floodplain management planning）、土地取得與遷移（acquisition and relocation）、洪災防護（flood protection）以及排水系統維護（drainage system maintenance）等。

[6] 包括對洪災之預警計畫（flood warning program）、堤防安全（levee safety）以及水庫安全（dam safety）等。

Administration of Flood Insurance Program）」以及「洪氾土地管理計畫與洪災保險之統合（Coordination of Flood Insurance with Land-Management Programs in Flood-Prone Areas）」三個分章，簡單介紹其功能如下（表5.1）：

表 5.1　美國國家洪災保險法各分章簡介表

分章名稱	主要內容	重要影響
國家洪災保險計畫（National Flood Insurance Program）	・明定法律授權 FEMA 範圍。 ・規定加入國家洪災保險計畫之條件。	・保險費率、保險範圍規定。 ・各種促進洪災保險手段的來源。
洪災保險計畫之組織與管理（Organization and Administration of Flood Insurance Program）	・規定 FEMA 經營洪災保險之方式。 ・聯營團體（Pool）組成分子間權利義務關係規定。	・實務上已為 WYO 計畫所取代。
洪水低窪地區土地管理計畫與洪災保險之統合（Coordination of Flood Insurance with Land-Management Programs in Flood-Prone Areas）	・FEMA 執行土地管制使用職權之法源依據。 ・人民權利救濟之法律依據與救濟程序規定。 ・相關防災（Mitigation）規定之依據。	・各種土地管理策略的來源。 ・對於 FIRM 劃設錯誤，訴願理由限制為「科學技術上的錯誤」才能進行法律救濟途徑。

資料來源：本文作者整理

　　因為上述手段的成功，美國 NFIP 一直以損益平衡為目標。但，自本世紀以來，美國加勒比海與墨西哥灣地區所產生之夏季颶風強度與數量屢創新高，因而使得颶風災情規模遠超過上一世紀之情形，NFIP 亦因而逐漸虧損，於 2005 年更慘遭颶風 Katrina 蹂躪，必須向美國國庫舉債逾 200 億美元始得存續。2008 年颶風 Ike 再度重創墨西哥灣地區，使 NFIP 再度虧損慘重。2012 年的颶風 Sandy，是美國史上僅次於 Katrina 的災損，美國想要追求過去的損益平衡，似乎困難重重。以下整理美國近年重大洪災

災損的 NFIP 理賠金額如下（表 5.2）：

表 5.2　1978 至 2016 年 6 月 NFIP 理賠超過 3 億美元洪水事件表

洪水事件	年度／月份	理賠件數	總理賠金額（美元）	平均每件金額
Hugo	1989/9	12,795	$375,737,849	$29,366
Noreaster-1992	1992/12	24,677	$341,866,823	$13,854
Louisiana Flood	1995/5	31,264	$584,140,014	$18,684
Opal	1995/10	9,913	$399,674,203	$40,318
Hurricane Floyd	1999/9	18,612	$439,100,271	$23,592
Tropical Storm Allison 2001	2001/6	30,299	$1,096,174,816	$36,179
Hurricane Isabel	2003/9	19,633	$468,156,940	$23,845
Hurricane Ivan	2004/9	28,271	$1,485,059,454	$52,529
Hurricane Katrina	2005/8	161,004	$16,199,435,487	$96,790
Hurricane Rita	2005/9	9,513	$471,307,551	$49,544
Hurricane Wilma	2005/10	8,817	$364,101,597	$37,876
Hurricane Ike	2008/9	46,310	$2,638,837,154	$56,982
Hurricane Irene	2011/8	43,410	$1,261,367,870	$29,057
Tropic Storm Lee	2011/9	9,657	$427,730,599	$44,292
Superstorm Sandy	2012/10	130,352	$8,309,334,182	$63,745
Texas Flood May-Jun 2015	2015/5-6	6,709	$452,608,360	$67,463

資料來源：http://www.fema.gov/significant-flood-events

　　美國由於過度重視損益平衡，在 2005 年舉債逾 200 億美元後，便亟
思將嚴重負債轉回損益平衡狀態，於是展開漫長洪災保險法制改革之路。
接連四個會期（2005～2006 年，2007～2008 年，2009～2010 年，2011～

2012 年）美國國會均提出數個法案以圖修正國家洪災保險法。2006 年美國洪災保險改革與現代化法案（Flood Insurance Reform and Modernization Act of 2006）獲得眾議院 416 票高票通過，進入參議院審查，但因未能及時於 2006 年會期結束前通過，因而成為遺珠。

該法案對洪水危險資訊劃設之修正，採納美國多年來認為應提高保護標準之建議，欲修法劃設 500 年重現期距洪氾區，但並未配合新劃設區域規定強制投保。2007 年第 110 屆國會開議後，又有數個建議修正國家洪災保險法的法案提出。其中，2007 年 9 月 27 日眾議院通過名為「2008 年天然災害風險管理與保險法案（Commission on Natural Catastrophe Risk Management and Insurance Act of 2008）」，並送往參議院審查；但參議院當時正在審查名為「2007 年美國洪災保險改革與現代化法案（Flood Insurance Reform and Modernization Act of 2007）」（其後年份被改為 2008），並在 2008 年 5 月 13 日通過。2008 年 7 月 10 日，眾議院向參議院提出召開因為兩種不同版本所生歧見的協調會，但因 2008 年下半年發生金融風暴，總統大選又即將屆至，國會與布希政府均無暇顧及其他事務，於是本會期的洪災保險改革法案，便再度因為會期結束未完成立法而功虧一簣。2009～2010 會期因歐巴馬政府致力於金融風暴後續振興方案與健保改革法案之具體推動，且未有提出較強力之洪災保險改革法案，故該會期洪災保險法制改革停滯不前。

2011 年第 112 屆國會開議後，眾議院於 2011 年 7 月 12 日通過 2011 洪災保險改革法（Flood Insurance Reform Act），該法案將引進民間力量介入國家洪災保險計畫，打破美國洪災保險僅能由國家經營販售，民間保險業者僅居於代銷地位局面。其後經參議院通過並改變名稱後，2012 年 7 月 6 日，歐巴馬總統終於簽署「Flood Insurance Reform and Modernization Act 2012（亦稱為 The Biggert-Waters Flood Insurance Reform

Act of 2012）」，此法案除針對洪災保險財務問題提出改革，亦提出堤防與洪災保險費率圖之對策。此法案之要點如下（Grannis, 2012）：

(1) 增加保費，刪除不必要補助，建立準備金，建立償還向美國國庫借款之計畫。

(2) 放寬國家購買重複性災損房屋條件，對社區評比制度表現優異社區降低保費。

(3) 放寬原先向聯邦機構貸款之限制，如能從民間保險業購得相同保障之洪水保險，亦得申請聯邦機構貸款。

(4) 組織各種特別小組，以進行洪災保險費率圖劃設之改革，包括各項氣候變遷衝擊因素之納入。

(5) 成立特別小組，研究如何保障增進堤防等防洪結構物之安全。

(6) 進行各項研究，包括 NFIP 償付能力，洪災保險費率圖之更新方式與經費來源，殘餘風險（residual risk）之因應對策，及運用再保險機制之可行性。

由於 2012 年法案強調檢討保費計算方式，使得某些地區保費大幅上揚，預計有 60 萬保戶受到影響，有些甚至上漲 10 倍以上，例如佛羅里達州西海岸之 St. Pete Beach 地區，有保戶年保費由 800 美元上漲至 8,500 美元；在路易斯安那州 Houma 市，亦有保戶年保費由 412 美元上漲至 6,500 美元（Alvarez & Robertson, 2013）。此種現象造成參議院儘速提案，以免許多保戶放棄繼續購買洪災保險（Davenport, 2014）。2014 年 3 月，國會再度通過「The Homeowner Flood Insurance Affordability Act of 2014」，以凍結 2012 年法案所提高保費（Pickler, 2014）。目前美國仍在掙扎追求「恢復損益平衡」和「避免徵收過高保費」兩者之間的平衡，但因為近年災損實在過於嚴重，未來發展如何仍值得注意；至於鼓勵民間保險業加入投資經營洪災保險的修正規定，效果如何也有待觀察。美國的洪災保險曾經在

上個世紀成為模範，卻又在 Katrina 颶風之後形象破滅，未來是否會再領風騷或需要借鏡歐洲經驗？值得我們繼續注意。

3. 英國制

英國制與前述法國制及美國制最大不同之處，就是天然災害保險經營者一直都是民間保險業，政府並沒有負擔盈虧，但卻要為了維持民間保險業經營天然災害保險的意願，百般配合與妥協。英國施行洪災保險制度的歷史已難考證，主要是因為英國民間保險業本來就有承保洪水風險，過去政府協助民間保險業的措施因而並不顯著；但在 1953 年北海風暴發生之後，英國民間保險業者感受到如同其他北海地區國家民間保險業一般的虧損壓力，也有放棄承保洪水風險的意思。

這時候英國政府採取與其他北海地區國家不同的態度，由政府加強洪水平原管理措施的承諾作為後盾，極力促成民間保險業者打消放棄承保洪水風險的意思，終於達成協議。此協議成為政府與保險業者間之「君子協定（Gentlemen's Agreement）」。由於英國政府投入國家力量協助民間保險業者，英國洪災保險普及率始能維持一定程度，與其他國家僅由民間保險業者自力面對洪水風險加劇，因而逐步失去承保意願之情形，大相逕庭。

與其他實施天然災害保險制度的國家相較，英國由民間保險業者承擔盈虧，似乎不能稱為一種「制度」；但英國政府對於維繫民間保險業者繼續承保洪水風險的努力，與歐洲北海地區其他因洪水風險過大，使民間業者不願繼續承保的國家相較之下，其成功經驗確實獨樹一格；同時英國政府所付出之努力，包括各種立法上的配合，已經使得英國洪災保險與一般商業洪水險模式截然不同，成為具有國家力量協助的洪災保險制度。

英國政府為了維持高強度的洪水平原管理，甚至劃設 1,000 年洪水頻率的洪水平原，並且以政府預算為民間保險業製作保險專用的洪水風險

圖，以及特別增加洪氾管理預算，以維繫民間保險業繼續承保洪水風險之意願等。以上方法對於其他以國家力量興辦天然災害保險的國家而言，因爲國家自負盈虧，所以根本難以想像英國政府是多麼努力配合民間保險業。另一方面，ABI 則不斷施壓，希望政府負起減輕洪水災害之責任，以降低民間保險業者之損失。因此，英國經驗對寄望由民間保險業者扛起承保洪水風險責任的探討來說，絕對非常具有參考價值。

　　爲了讓英國民眾了解洪災的風險，進而增加投保的意願，2000 年英國環境食品與鄉村事務部（Department of Environment, Food and Rural Affairs, DEFRA）開始建立水災危險之圖資，並於 2004 年將這些資訊公開於網路。英國之所以積極進行洪水危險資訊公開相關作業，當然是爲了善盡君子協定裡的義務。英國洪氾劃設的保護標準，如同多數歐盟會員國，亦分爲三級；但特別的是，英國洪氾劃設分級方式並非僅有一種，於英國河川區域，洪水區域（Flood Zone）劃分爲三級，第一級洪水區域之洪水發生機率小於年發生機率 0.1%，其土地利用並不加以管制；第二級洪水區域之洪水發生機率介於年發生機率 0.1%（1,000 年一遇）與 1%（100 年一遇）間，必須建置洪水預警系統與緊急疏散程序；第三級洪水區域之洪水發生機率大於年發生機率 1%，並須建立因地制宜之防洪計畫（Makarem & Parisi, 2004）。

　　於英國沿海地區，洪水區域亦劃分成三級，但僅將第二級與第三級洪水區域中「年發生機率 1%」改爲「年發生機率 0.5%」（200 年一遇），其餘規定均相同（Makarem & Parisi, 2004）。除此之外，英國尚有另一種劃設圖例，其用途係供 ABI 所屬保險公司計算洪災保險風險。於該圖例中，保護標準亦分爲三種危險等級（risk category），低（low）危險等級係年發生機率 0.5% 以下之洪水危險；中（medium）危險等級係年發生機率介於 0.5% 至 1.3%（亦表示成 75 年一遇）之間之洪水危險；強

（significant）危險等級係年發生機率高於 1.3% 之洪水危險；以上圖例係英國政府劃設以提供保險業者使用（Environmental Agency, 2008）。

英國政府與英國保險業達成「君子協定」，英國政府保證盡全力於一切防洪措施，英國民間保險業始願意承接洪災保險業務（Huber, 2004）。爲遵守君子協定，事實上，英國政府就洪水平原管理所付出的經費，已自 1996～1997 年度的 3.07 億英鎊，增加到 2007～2008 年度到 6 億英鎊，並逐年增加，至 2010～2011 年度則增爲 8 億英鎊[7]。上述洪汜管理經費若與興建堤防等防洪工程經費相較，或許不能算是鉅額經費，但英國政府將此項經費完全支出於土地管理、排水管理、教育訓練與洪災預警等項目（DEFRA, 2005），而非興建大型結構物以抵禦洪水。英國政府對洪水平原管理的重視，除了是要留住民間保險業之外，這種努力也值得其他國家參考，尤其是特別喜歡建築堤防工程的我國。

君子協定行使多年，成爲另一種成功模式。然而，在 2007 年英國發生夏季洪災後，君子協定受到嚴重挑戰。該次嚴重洪災，估計有 55,000 棟房屋嚴重災損，使保險業者付出 30 億英鎊理賠金額；經調查許多英國民眾雖然已經得知豪雨即將來臨的訊息，但從未想到自己將受到重大影響，英國政府認爲應有更進一步加強洪水平原管理措施之必要（Pitt, 2007）。另一方面，至 2008 年 6 月，ABI 所屬保險業者已接獲約 18 萬件因 2007 年夏季水災而產生之保險理賠申請；其中 96% 已經獲得理賠；英國保險業另有提供約 14,500 戶暫時安置居所，但截至 2008 年 5 月底，仍有 4,750 戶未能返回自宅居住，英國政府因而形象受損（Pitt, 2007）。

面對洪災威脅日益嚴重，ABI 不斷籲請英國政府加強防洪措施，否則將愼重考慮不再提供洪水風險承保。經過長久交涉，ABI 與英國政府於

---

[7]　*Flood Defence Cash Needed Fast* (2007, November 16). BBC News. Retrieved from http://news.bbc.co.uk/2/hi/uk_news/politics/7097495.stm

2008 年達成協議，由 ABI 繼續承保洪水風險至 2013 年，英國政府則應持續加強洪水平原管理措施，以達成歐盟洪水法所要求標準，並應於 2009 年春季提出推動洪水平原管理法案草案。其後英國雖依照約定推動洪水平原管理，並於 2010 年完成「Flood and Water Management Act 2010」立法，但保險業者仍不斷提出政府防洪不力的主張。當協議將於 2013 年 6 月底到期，ABI 一方面同意延後一個月期限繼續談判，另一方面，提出英國政府應每年提撥 2 億英鎊作為基金，以應付如同 2007 年夏季洪災等級的災害發生時所需要的鉅額理賠。

　　ABI 堅持英國政府，應體認以國家力量補助洪災保險之時代已來臨，英國應向美法等國看齊。最後英國政府與 ABI 於 2013 年 6 月 27 日達成協議簽署 MOU，由 ABI 盡速建立「Flood Re」並由民間保險業擔任所有人（在 2015 年建立）；在此之前，現有洪災保險模式則將暫時予以維持。「Flood Re」為一暫時設立之機構，係針對高洪水風險之保戶而設，將該等保單審查後納入再保險範圍。並希望未來 20 至 25 年後，在高風險保戶大量減少後廢除。其重要措施如下（ABI, 2013）：

　　(1)「Flood Re」雖為私有，但財務來源係政府立法徵收而來。目前決定將在五年內每年向每個保戶徵收約 10.5 英鎊後再檢討調整。

　　(2) 英國政府應負責建立徵收上述費用法源。

　　(3)「Flood Re」之每年承擔責任上限為發生 200 年一遇的洪災理賠額（約 25 億英鎊）。英國政府則負擔超過 25 億英鎊的部分。

　　由以上討論可知，英國政府歷時多年將洪災財務風險完全交由 ABI 所屬保險業者承擔之局面，將自 Flood Re 成立後完全打破。雖然投保洪災保險的保戶權益並不因而受到影響，但在 200 年洪水頻率或更大的洪災發生時，英國政府必須承擔一部分理賠金額。舉例而言，如果 Flood Re 成立之後，再次發生與英國 2007 年夏季洪災相等規模之災損，超出 25 億

英鎊的金額便應由英國政府負擔；2007 年英國保險業理賠夏季洪災的金額是 30 億英鎊，所以這種規模的洪災再次發生時，即由「Flood Re」負擔 25 億英鎊，英國政府負擔剩餘的 5 億英鎊。

因此 Flood Re 的建立，英國 ABI 所屬保險業者就不用再擔心會有 2007 年夏季洪災的慘狀，對民間保險業來說是最佳的風險分擔。其實英國於 1953 年北海洪災災後至 2013 年以來，維持 60 年以民間保險業承擔全部洪災保險盈虧，這相較於其他的天然災害保險制度發展，已屬難得之奇蹟；如今英國 ABI 要求立法成立 Flood Re，雖然其財務獨立與英國政府無涉，但也已經表示英國洪災保險制度對於純粹由民間保險業力量承擔的堅持，已有所動搖。

由以上各種制度特色的介紹，希望能對各國天然災害保險制度的差異性與淵源有進一步的認識。以下就本章曾經介紹過的各國制度，製表如下（表 5.3）：

表 5.3　本章所述各種天然災害保險方式比較表

國家	保險經營者	保險經營方式	特色
法國	國營公司 CCR 提供民間保險業天然災害險的再保險。	立法規定一般財產保險標準保單加收一定金額作為保費。	採強制附加方式，因財產保險標準保單普及率高，故天然災害保險普及率維持 95% 以上。
西班牙	國營公司 CCS 提供天然災害的第一線保險與再保險。	同法國。	歐陸歷史最悠久天然災害保險，係因應西班牙內戰保險業凋零而生。

國家	保險經營者	保險經營方式	特色
荷蘭	民間資金經營洪災保險，政府成立基金補其不足。	民間保險公司經營純商業保險。	1953 北海洪災致保險公司承保洪水風險意願極低，故立法補償無法買到洪災保險民眾。
英國	由民間資金經營洪災保險直到 2015 年成立 Flood Re 爲止。	僅發生 200 年洪水頻率災害時由 Flood Re 承擔，餘歸民間承擔。	政府與民間保險業間約定，由政府盡力做好洪汜管理，由民間保險業承保洪災風險。
美國	FEMA 負責成立 NFIP 經營洪災保險並負擔盈虧。	民間保險業僅代銷，NFIP 如有虧損即向國庫借款。	洪水風險劃設詳盡並藉以計算費率，並以各種措施促使人民與地方政府加入洪災保險。

資料來源：本文作者整理

三、天然災害保險制度推動失敗案例：德國

　　德國曾經想要建立天然災害保險制度，但並沒有順利建立起來，反而成爲一個笑柄。這裡要特別介紹德國經驗，就是要藉此說明，德國提供了怎樣的失敗經驗，這些經驗可以幫助其他國家避免重蹈覆轍。

　　德國近 20 餘年來發生的重大洪災中，以 1993 及 1995 年發生於萊茵河之冬季洪災，與 2002 年發生於 Elbe 河之洪災影響最爲深遠。萊茵河的防洪經驗雖令人稱道，但並不足以爲德國免去更大洪災災損。2002 年夏季，發生於德國 Elbe 河洪災，爲德國帶來前所未有的水患災損與挑戰。Elbe 河全長 1,165 公里，由波蘭與捷克邊界之 Krkonoše 山發源，向西南流經捷克之波西米亞（Bohemia），復向西北橫越德國由北海出海，德國第一大港漢堡，即在其出海口上游 88 公里處（Grimm & Friedrich,

2015）。

2002 年 8 月 6 日，一個低壓系統為德國南部帶來可觀降雨量，隨後為羅馬尼亞與捷克帶來豪雨；隨後 Storm Ilse 侵襲歐洲，於同年 8 月 8 日、10 日、13 日為英國、捷克及德國南部帶來更為可觀豪雨；德國 Elbe 河流域在連續兩次豪雨侵襲下，終於氾濫成災，其洪水量打破 175 年來水文觀測紀錄，Elbe 河流域的重要城市 Dresden 淹水高度達 9.4m，遠超越過去最高紀錄的 8.77m，德國並因此而疏散約 10 萬人（Toothill, 2002）。關於實際災損損失，各方推估的數據不一，但其總經濟損失約在 110 至 150 億歐元左右。以近年德國各次重大洪水事件洪災災損量觀察，通常重大洪災災損約在 0.5 至 6 億歐元左右，萊茵河冬季洪災也不過如此。因此，2002 年 Elbe 河洪災被稱為「世紀洪災（flood of the century）」。以 Munich Re 所提出的災損估計，全德國經濟損失約在 116 億歐元，但其中受到承保的損失僅有 17.4 億歐元（Schwarze & Wagner, 2007）。

由於發生洪災的災區，主要是德國統一前隸屬東德的地區，於德國而言屬於經濟上較為弱勢區域；德國在 2002 年恰為大選年，執政黨為解決燃眉之急，遂推動成立僅為本次洪災所設的基金，並募集 81 億歐元作為無法獲得保險理賠的災損所需的賠償基金，並在大選前兩天通過法案，使得執政黨順利贏得大選（Year 2002 Flood Disaster Investigation Team to Europe, 2003）。

德國聯邦共和國為 Elbe 河洪災所推行之受災者事後補償基金法案（ad hoc-basis specific legislation on the compensation of victims，Flutopferhilfesol idaritätsgesetz），在洪災發生後一個月即完成立法，德國聯邦立法者並表示此法係僅能適用於本次洪災之特別法，以求為該次洪災之受害者提供快速有效之財務救助，以克服洪災所生之逆境，並且僅適用於人民或民間企業受災時，無法獲得保險理賠或其他第三人資金援助之情形；立法者並有意

表示，除非未來發生相同程度之災害，否則德國不可能有再行制定類似法律之空間（Magnus, 2006a）。

另一方面，德國當然也趁此機會，推出建立洪災保險的法案。在此世紀洪災發生後，德國也有倡議直接效法美國洪災保險制度，在德國建立全國統一施行的洪災保險制度；但是德國有自己的社會背景和固有法制，也是一個有名的社會福利國家，所以各方認為洪災保險應該具有社會保險性質，效法美國制度的倡議就因為缺乏共識而無法推行（Schwarze & Wagner, 2006）。因此，德國推動的洪災保險法案，雖緣起自 2002 年 Elbe 河洪災的復舊需求，但其所欲涵蓋之範圍，則不僅止於洪災風險之承保。

其洪災保險制度設計之兩大原則如下（Schwarze & Wagner, 2006）：

1. 所有主要之天然災害，如風暴（Storm）、洪水、地震等，均應盡量設法包括在內，以利擴大風險分擔之範圍，增加危險團體之規模以利風險分配。

2. 對於洪水風險之承保，僅限於百年洪水重現期距規模以上之洪災，於高洪水危險區域所發生之「尋常洪災」（regular flood）則不予承保。

此外，為求降低損失，投保民眾應致力於防災與減災措施；同時參考美國制度，投保標的物之不動產，其保費核定應與洪水風險曝露成比例；同時應盡力促使民間保險業者承擔洪水風險與再保險之承保，政府只有在保險與再保險業者均無力賠償時，才由政府力量介入洪災保險，如此才有利於促使民間保險業者，督促要保人做好防災與減災之相關措施（Schwarze & Wagner, 2006）。

此法案在交給德國聯邦與各邦財政部長聯合會議前，即有反對意見出現，除認為洪災保險具有社會保險性質，且以德國針對 Elbe 洪災的一次性立法模式，就已經足以解決洪災問題之外（Magnus, 2006a），更有人認為政府不應因人民必須依法投保以承擔洪水風險，就能夠因此卸除政府預

算上的財政負擔，而且德國在 2002 年 Elbe 河洪災後，就推動非常嚴格的洪水平原管理法案，規定以 100 年洪水平原的洪水風險為基準，超過這個風險的洪水平原都禁止開發；因此，既然政府已經大幅增加對於洪水平原土地利用之限制，幾乎已達禁止洪水平原作為經濟利用的程度，故應已能將洪水風險降低，不需要以法律制定強制投保的洪災保險制度（Schwarze & Wagner, 2006）。因此，德國 2003/2004 聯邦與各邦財政部長聯合會議最後得出以下理由，反對推動本法案（Schwarze & Wagner, 2006）：

1. 各邦政府對於啓動民間保險業提供洪災保險之目標並不認可。
2. 建立強制保險制度之法理依據應有錯誤。
3. 此法案對於中央與地方權力劃分有所爭議。
4. 執政黨在連任壓力下，不願推動此法案。

這次洪災保險制度的推動失敗，在學界變成笑談，但是失敗經驗中也有不少值得借鏡的地方：

1. **錯失良機**：2002 年德國易北河洪災恰好發生於大選之前，執政黨當時恰好飽受民調落後之威脅，因此，德國採取一次性補償之特別法案，有其特殊之時空背景，對當時之執政黨而言，確實也收到勝選與團結德東經濟弱勢居民之效果。此種一次性賠償法案，就歐洲國家而言並非常態，德國推動洪災保險失敗的原因雖然十分複雜，與其法案設計過於荒謬亦不無關係，可是為解決易北河災區問題，制定的一次性災損補償法案，使得德國上下均認為德國有能力負擔此種災變所造成損失，根本不需要以洪災保險制度進行長遠規劃，確實為推動洪災保險制度破局主因。於是德國因為世紀洪災而取得推動洪災保險制度契機，卻迫於德國大選即將來臨的現實，就被內閣所提出一次性災損補償法案所破壞，和 1956 年美國聯邦洪災保險法因預算不足而失敗不同，2002 年德國易北河洪災後所推動的洪災保險制度，卻因德國預算「過於充足」可以提出一次性賠償法案，遭遇

失敗，令人扼腕。

2.「**大貓走大洞，小貓走小洞」的立法模式**：德國所設計的洪災保險法案草案，竟然規定洪水災害達到一定強度時，例如如同 2002 年易北河洪災強度時方可理賠，可謂貽笑大方，成為茶餘飯後之笑談。購買災害保險又發生承保範圍的災害時，理論上就該得到理賠，如果還要像這個法案規定的，等到政府計算完洪水頻率之後，才來宣布這次淹水受災戶裡面有誰可以受到理賠，又有誰能夠接受這種制度？這種「大災才賠，小災不賠」的立法模式，和英國科學家牛頓有名的「大貓走大洞，小貓走小洞」的軼聞，有異曲同工之處，只是如果真的付諸立法執行，德國人民應該笑不出來。

3. **洪水平原管理措施不能完全阻絕洪災**：德國對於洪水平原管理制度之推動與擴充，2002 年 Elbe 河洪災是重要的分水嶺，2002 年 Elbe 河洪災後推動的洪水平原管理，較歐盟於 2007 年制定歐盟洪水法推動的洪水風險管理，強度還要高出許多。德國此舉固然符合過去所有主張，推動洪水平原管理者所建議的原則，但過度以禁止手段限制洪水平原土地利用，除造成經濟發展的不利影響外，若仍不幸發生如同 2002 年 Elbe 河洪災相同規模或更大規模洪災，是否就能靠洪水平原管理擋住災害？如果擋不住，政府仍然有能力一而再，再而三制定特別法，成立特別基金予以救助或賠償嗎？實不無疑問。

4. **一次性賠償法案的不公平**：一次性賠償法案的施行，招致許多批評。因為此法之制定為德國空前之舉，對於其他需要救助之對象，顯然有不公之處，批評者認為其他「中型」的災害，例如飛機失事或火車出軌，同樣有救助必要性，但卻因災害規模不如本次洪災，無法獲得救助，不公之處實甚明顯；同時，受災者應無分災害類型而均應盡量設法予以救助，若本法成為未來德國聯邦立法者，思考分配救助經費的重要原則，相信各

種災害受災者，必然群起競逐將其災害類型列為第一救助對象，勢必造成政府未來極大困擾（Magnus, 2006b）。因此，本法案雖然為德國解決Elbe 河洪災所衍生的社會經濟問題，但未來將可能帶來許多負面影響。

　　2002 年 Elbe 河洪災之後，也許德國上下認為這種一次性賠償法案，也如同「世紀洪災」一樣百年難得一見，但是人算不如天算，2013 年Danube 河流域發生洪災，德國被洪災惠譽信評（Fitch Rating）估計其經濟損失達到 120 億歐元，超過 2002 年 Elbe 河世紀洪災；另外，保險理賠金額將達 30 億歐元，亦超過 2002 年易北河洪災之 18 億歐元（Associated Press in Berlin, 2013）。

　　原先德國總理 Merkel 在勘災後，提出 1 億歐元救助災情慘重地區如巴伐利亞與德勒斯登等地（Gomez & Nicola, 2013），但是這個金額完全無法與 2002 年的一次性限時法，提供 81.6 億歐元為無保險人民提供補償相比。事實上剛好 2013 年 9 月亦將舉辦大選，為求勝選，Merkl 於 2013年 6 月 13 日加碼允諾，成立 80 億歐元基金作為本次災後復舊之用，隨即獲得國會支持（Spiegel Online, 2013）。最後 Merkel 亦順利連任。經過德國兩次重大洪災的災後復舊，均由國家力量募集鉅款賑災收場，相信德國想推動洪災保險制度或天然災害保險制度，其可能性應該是更為渺茫。我國從 921 地震到八八風災，中間提出非常多與德國類似的「限時法」法案，所以，我國未來推動全面性天然災害保險制度的可能性，恐怕也與德國相似。

5.3 巨災保險一詞的由來與發展近況

一、巨災保險一詞的由來與巨災債券

　　巨災（catastrophe，或稱浩劫）一詞是指該災害發生之機率甚低，然而一旦發生，其災情將難以預期，且災損後果將會十分巨大而難以承受

（Posner, 2004）。由於這種巨災的概念並不是以數字加以量化，想要精確定義巨災保險（catastrophe insurance）便有其困難。就此，美國著名產業保險 PCS（Property Claim Service）於 1949 年將巨災定義爲「保險理賠達 100 萬美元」之災害並將該災害加以編號，又於 1982 年時將金額提高至 500 萬美元，於 1997 年時再度提高爲 2,500 萬美元（The World Bank, GFDRR and the Government of Mexico, 2012）。事實上，2,500 萬美元之理賠，如以天然災害的規模而言並不算特出；如果查詢美國洪災保險主管機關 FEMA 的網站，就知道每年約三至八件重要洪水事件（significant flood events），每件均遠超過當時 PCS 所設定的巨災標準[8]。由此可見，定義巨災之濫觴，僅僅是 PCS 因爲災害案件編號之所需，與近代針對巨災後果採取調適避險的各種考慮，並無直接關係。

巨災這個名詞所可能造成的最大誤會，就是有人會以爲一定要達到巨災的程度，才能夠獲得理賠；所以就算合法投保也發生災損，沒達到巨災的程度也不能獲得理賠，才叫做巨災保險。但，前一節介紹的德國已經鬧過這個笑話，又從上一節介紹的所有制度觀察，這種天然災害保險事實上還沒有眞正實施過。

如果上網查詢「巨災保險」，就會發現這個名詞通常都是金融界在使用，最常搭配出現的名詞就是「巨災債券（Catastrophe Bond）」。由於 1992 年 Andrew 颶風侵襲美國，在佛羅里達州即造成 25 億美元的損失，但全美國因爲這個颶風受災而得到 NFIP 理賠的總額，竟僅約 1 億 7 千萬美元[9]。而由其他民間保險公司所承保的各種損失，使得美國超過 10 家保險公司因此結束營業，另外約有 30 家保險公司營運爲之癱瘓，其慘狀當

---

[8] *Significant Flood Events*. Retrieved from http://www.fema.gov/significant-flood-events (Last Updated 2017, January 18)

[9] Ibid.

可想見。為了因應這種由巨大天災所帶來的恐怖衝擊，金融業者無不亟思解決之道。巨災債券即為其中一種著名金融手段。

　　當初巨災債券創設目的，即在於為暴露於巨大天然災害風險中之保險公司與再保險公司，提供一種金融避險措施。其運作方式就是在指定的特殊目的機構（special purpose vehicles, SPV），在市場上發行巨災債券。SPV 是一個被動且中立的機構，介於發行者與持有債券之投資者間，負責指定專門信託帳戶以保管投資巨災債券的資金，發行者通常為保險公司或再保險公司。當債券票面所載的巨災事件發生時，投資而持有債券者即應依據票面所載，放棄部分或全部的債券利息或本金；但若票面所載的巨災事件於債券約定期間並未發生，則債券持有者將可獲得本金的返還並取得利息（經濟部水利署，2011）。因此，巨災債券屬於一種「與事件連結之債券（event-linked bond）」（Cummin, 2008），亦屬於一種與保險連結的有價證券（insurance-linked security）（GAM, 2012）。

　　巨災債券一向被認為是一種高風險高報酬的金融商品。在巨災債券的發行下，這時候巨災發生的定義，就有人認為不該以災損金額計算，應該是年發生機率 1% 的災害（1 in 100 years probability）；通常回贖期間為三年至五年，巨災債券的財務結構必須透明，並對相對人責任加以嚴格限制，因此其信用評等通常可達到美國國庫債券的等級（GAM, 2012）。現今全球再保險業所承保之金額已超過 4,000 億美元，根據評估，以按照 RMS 之損失評估模式，在氣候變遷趨勢下，未來災損達 2,000 億美元之颶風事件，年發生機率約 0.8%；如發生此等災害，整個保險工業均將面臨嚴重影響，甚至可能發生無法賠付保險金之窘境，從而移轉風險之機制如巨災債券者，對維繫保險工業之存續具有重要價值（RMS, 2012）。

　　據估計，雖然 2011 年日本東北大地震之發生，造成該年第二季的巨災債券發行量達到新低；但，至 2012 年初全球巨災債券發行額度約達

140 億美元，同時 2012 年應有 40 至 70 億美元左右的新發行巨災債券面世（RMS, 2012）。所以巨災債券是一個單純的金融手段，在國際金融市場上至爲風行，以其在氣候變遷趨勢下維繫保險業存續的功用而言，其存在價值自不言可喻。

二、中國的巨災保險發展近況

　　近幾年中國非常積極地推動「巨災保險」，進展也相當快速。姑且不論中國立法程序與技術的特殊性，單從近三年各種方案及策略的演進，以及目標修正的迅速，中國目前的巨災保險進展確實值得注意。

　　2014 年中國執著於巨災保險的「試點」，就是要讓政府設計的巨災保險找到地方實施並評估成效。在多方評估下，深圳成了第一個試點。根據當時的人民網報導，深圳巨災保險試點成效良好，預計將擴大實施[10]，試點重點如下[11]：

　　政府巨災救助保險：由深圳市政府出資 3,600 萬人民幣向商業保險公司購買，用於巨災發生時對所有在深圳人員的人身傷亡救助和應急救助，其險種包括 15 種常見自然災害：暴風、暴雨、崖崩、雷擊、洪水、龍捲風、颮線、颱風、海嘯、泥石流、滑坡、地陷、冰雹、內澇、主震震級 4.5 級及以上的地震及地震次生災害，救助對象爲：以上 15 種災害發生時處於深圳市行政區域範圍內的所有自然人，包括戶籍人口、常住人口以及臨時來深圳出差、旅遊、務工等人員，保險公司的救助項目主要包括因災害造成的人身傷亡的醫療費用、殘疾救助金、身故救助金及其他相關費

---

[10]　馬欣（2014 年 8 月 20 日）。專家：巨災保險試點情況良好未來將繼續推動。**中國新聞網**。取自 http://finance.chinanews.com/fortune/2014/08-20/6511922.shtml

[11]　巨災保險試點落戶深圳，市政府年投 3600 萬元率先買（2014 年 7 月 10 日）。**新華網**。取自 http://news.xinhuanet.com/fortune/2014-07/10/c_126737549.htm；李畫（2014 年 1 月 6 日）。巨災保險制度率先在深圳建立，保障對象實現全覆蓋。**人民網**。取自 http://finance.people.com.cn/insurance/n/2014/0106/c59941-24032187.html

用，每人每次災害人身傷亡救助最高額度為 10 萬元，每次災害總限額為 20 億元，此外每人每次核應急救助費用最高額度為 2,500 元，每次總限額為 5 億元。

巨災基金：由深圳市政府撥付一定資金建立，主要用於承擔在政府巨災救助保險賠付限額之上的賠付，且巨災基金具有開放性，可廣泛吸收企業、個人等社會捐助；

個人巨災保險：由商業保險公司提供相關巨災保險產品，居民自願購買，主要滿足居民更高層次、個性化的巨災保險需求。

這樣的「試點」被某些媒體誤會而報導為「巨災保險制度」，其實試點只是類似「示範區」的作法。但事實上，中國也確實在推動立法，想要真的把巨災保險付諸法制。2015 年中國開始擬定「地震巨災保險條例」[12]，將地震巨災保險分為主險（居住房屋）與附加險（室內財產，其他有關財產或人身傷害），並且在草案中預定設置「地震巨災基金」與「地震巨災基金公司」，地震巨災基金來源有：1. 地震巨災保險費一定比例提取，2. 政府財政撥付，3. 資金運用收益，4. 其他資金；地震巨災基金公司負責地震巨災基金之籌集管理使用。

另外成立「中國城鄉居民住宅地震保險共同體」，由財產保險公司以「自願參與，風險共擔」的原則申請加入；共同體應建立巨災信息平台，提升風險管理水平，統一業務管理平台以完成業務清分與資金結算，逐步積累災害數據信息，加大信息資源共享。草案並規定研究建立住宅地震專項準備金制度。在 2015 年中國大陸也擴充巨災保險試點至深圳、雲南、寧波、四川、上海等地。

2016 年中國對巨災保險更進一步，強調地震巨災保險的「落地」，

---

[12] 中國保險監督管理委員會（2015 年 4 月 27 日）。**中國城鄉居民住宅地震巨災保險共同體成立**。取自 http://www.circ.gov.cn/web/site0/tab5207/info3957241.htm

也就是開始出售地震巨災保險。自從七月一日宣布落地開始，地震巨災保險已經全面開賣，政府也不斷強調 2008 年汶川地震的災損高達 8,451 億人民幣，但是保險的理賠僅有 20 餘億，必須要努力達到歐美國家的理賠額占 30% 至 40% 的程度；而且還要在 2017 年，效法美國洪災保險制度，完成地震巨災保險制度立法[13]。

由此可知，中國推動的「巨災」保險，其實也就是「天然災害」保險；中國大陸所著重的就是理賠額，這是類似於普及率的概念。在中國政府與金融界的努力下，巨災保險的經營應該是十分看好，這對人民來說當然是一份好的保障；只是在追求理賠額數字的情形下，是不是能夠「先求有再求好」，同時避免前面討論到的實施天然災害保險制度國家的慘痛教訓？實在有待觀察，相信所有研究天然災害保險的人也都會密切注意。

最後附帶一提我國的地震保險制度。我國的地震保險制度緣起於 921 大地震後，增訂保險法第 138 條之 1，規定保險業應承保住宅地震保險，以共保方式及主管機關建立之危險分散機制為之。2007 年保險法第 138 條之 1 第 1 項修正刪除「共保方式」，是故我國目前地震保險之危險分散機制，均如同條第 2 項規定，概由財團法人住宅地震保險基金負責管理，並就超過財產保險業共保承擔限額部分，由該基金承擔、向國內、外為再保險、以主管機關指定之方式為之或由政府承受。此危險分散機制亦效法目前日本地震保險法，以「住宅地震保險危險分散機制實施辦法」第 5 條訂定地震保險基金與政府之承擔金額。

目前這個地震保險是附加在房屋保險的標準保單上，不但提供的是災損後的基本保障而非全額或定額理賠，對地震風險也無法有效分級（張申武，2015）。因此不論是我國還是中國大陸，都還有非常漫長的路要走。

---

[13]　邱海峰（2016 年 7 月 12 日）。巨災保險中國加緊「補短版」。**人民網**。取自 http://finance.people.com.cn/n1/2016/0712/c1004-28545474.html

但無論如何，只有建立天然災害保險制度，從天然災害中存活下來的人民，才不用面對另一個非常悲慘的結果──「財產全部喪失」，而是獲得相當的保障而繼續災後重建之路。

參考書目

王价巨、郭宥秋（2004）。美國洪災保險（NFIP）社區評等系統（CRS）在國內社區災害管理之應用。**中華民國建築學會第十六屆第二次建築研究成果發表會論文集**。苗栗：國立聯合大學建築學系。

汪逸眞、絲文銘、鄭昌錞（2013）。**財務風險管理**。臺北市：新陸。

張申武（2015）。**應用臺灣地震風險評估系統 TELES 以建立地震保險分級制度之研究－以臺南市爲例**（碩士論文）。國立嘉義大學，嘉義市。

連珠君（2012 年 8 月 25 日）。颱風洪水險投保率僅萬分之三。**蘋果日報**。取自 http://www.appledaily.com.tw/appledaily/article/international/20120825/34463257/

經濟部水利署（2011）。**全球氣候變遷趨勢下因應巨災型洪災對策之研究（2/2）**。臺北市：經濟部水利署。

劉宗榮（1997）。**保險法**。臺北市：自版，三民書局總經銷。

ABI (2013, June 27). *ABI and Government agree Memorandum of Understanding on scheme to safeguard UK flood insurance*. Retrieved from https://www.abi.org.uk/news/news-releases/2013/06/abi-and-government-agree-memorandum-of-understanding-on-scheme-to-safeguard-uk-flood-insurance

Alvarez, L., & Robertson, C. (2013, Oct 12). Cost of Flood Insurance Rises, Along With Worries. *The New York Times*. Retrieved from http://www.

nytimes.com/2013/10/13/us/cost-of-flood-insurance-rises-along-with-worries.html

Associated Press in Berlin (2013, June 11). *German flood damage insurance claims may reach €3bn*. Retrieved from https://www.theguardian.com/world/2013/jun/11/german-flood-damage-insurance-claims

Australia Treasury (2003). Flood Insurance in Australia, In N. Paklina (Ed.), *Flood Insurance* (pp.1-26). Paris, France: OECD. Retrieved from http://www.oecd.org/finance/insurance/18074763.pdf

Caisse Centrale de Réassurance (2005). *Natural Disaster in France—The Natural Disaster Compensation Scheme*. Retrieved from http://www.wfcatprogrammes.com/c/document_library/get_file?folderId=14386&name=DLFE-2305.pdf

Cohn, H. S., & Rowe, T. M. (2007). Overwhelmed: The Federal Flood Insurance Act of 1956. *Connecticut Insurance Law Journal, 13*(2), 329-.361.

Consorcio de Compensación de Seguros (2008). Natural Catastrophes Insurance Cover: a Diversity of Systems. Retrieved from http://www.wfcatprogrammes.com/c/document_library/get_file?folderId=13442&name=DLFE-553.pdf

Cummin, J. D. (2008). Cat Bonds and other Risk-linked Securities: State of the Market and Recent Developments. *Risk Management and Insurance Review, 11*(1), 23-47.

Davenport, C. (2014, Jan 30). Senate Passes Bill to Delay Spike in Flood Insurance Rates. *The New York Times*. Retrieved from https://www.nytimes.com/2014/01/31/us/politics/senate-passes-bill-to-delay-spike-in-flood-insurance-rates.html?_r=0

DEFRA (2005). *Making Space of Water: Taking toward a New Government*

Strategy for Flood and Coastal Risk Management in England—First Government Response to the Autumn 2004 Making Space of Water Consultation Exercise. London, UK: DEFRA. Retrieved from http://coastaladaptationresources.org/PDF-files/1329-Making-space-for-water.pdf

Environmental Agency (2008). *Understanding Flood Risks*.

EXCIMAP (2007). *Atlas of Flood Maps — Examples of 19 European Countries, USA, and Japan* (Ch4.7 France). Retrieved from http://ec.europa.eu/environment/water/flood_risk/flood_atlas/pdf/flood_maps_ch1_3.pdf

Faure, M., & Hartlief, T. (2006). The Netherlands. In, M. Faure, & T. Hartlief (Eds.), *Financial Compensation for Victims of Catastrophes: A Comparative Legal Approach* (Torts and Insurance Law, Vol. 14, pp.195-226). New York, NY: Springer Wien.

GAM (2012, September 28). *Catastrophe Bonds – The Birth of a New Asset Class*. Retrieved from http://britishchambershanghai.org/en/news-members/2033/Catastrophe_Bonds_The_Birth_of_a_New_Asset_Class

GAO (2005). *Catastrophe Risk—U.S. and European Approaches to Insure Natural Catastrophe and Terrorism Risks*. GAO-05-199. Retrieved from http://www.gao.gov/new.items/d05199.pdf

Gomez, J. M., & Nicola, S. (2013, June 4). *Floods in Europe Near Peak as Merkel Tours Disaster Areas*. Retrieved from https://www.bloomberg.com/news/articles/2013-06-03/floods-in-europe-approach-peak-as-merkel-heads-to-disaster-areas

Grannis, J. (2012). *Analysis of How the Flood Insurance Reform Act of 2012 (H. R. 4348) May Affect States and Local Adaptation Efforts*. Georgetown Climate Center. Retrieved from http://www.georgetownclimate.org/files/

report/Analysis%20of%20the%20Flood%20Insurance%20Reform%20
Act%20of%202012.pdf

Grimm, F., & Friedrich, H. (2015, May 14). *Elbe River*. Retrieved from https://
global.britannica.com/place/Elbe-River

Guy Carpenter (2008, Dec 18). *Spain: Catastrophe Reinsurance Market 2008.*
Retrieved from http://www.gccapitalideas.com/2008/12/18/spain-catastrophe-
reinsurance-market-2008/

Huber, M. (2004). *Reforming the UK Flood Insurance Regime. The breakdown
of a gentlemen's agreement.* (CARR Discussion Paper, No 18). London, UK:
Centre for Analysis of Risk and Regulation, London School of Economic and
Political Science. Retrieved from https://core.ac.uk/download/pdf/219237.pdf

International Oil Pollution Compensation Funds (2016). *2015 Annual
Report.* London, United Kingdom: IOPC Funds. Retrieved from http://
www.iopcfunds.org/uploads/tx_iopcpublications/IOPC_Funds_Annual_
Review_2015_ENGLISH_WEB.pdf

Kok, M., Vrijling, J.K., Van Gelder, P.H.A.J.M., & Vogelsang, M.P. (2002). Risk
of Flood and Insurance in Netherlands. In B. Wu, Z.-Y. Wang, G. Wang, G.
Huang, H. Fang, & J. Huang (Eds.), *Flood Defense 2002* (pp.146-154). New
York, NY: Science Press.

Magnus, U. (2006a). Germany. In M. Faure, & T. Hartlief (Eds.), *Financial
Compensation for Victims of Catastrophes: A Comparative Legal Approach*
(Torts and Insurance Law, Vol. 14, pp.119-144). New York, NY: Springer
Wien.

Magnus, U. (2006b). *supra note 40.*

Makarem, F., & Parisi, V. (2004). *Flood Standards in Foreign Countries—*

The 2004 Gilbert F. White National Flood Policy Forum. Retrieved from http://www.floods.org/PDF/Committees/Intl_International_Flood_ Standards_092204.pdf

OECD (2006). *OECD Studies in Risk Management: France—Policies for Preventing and Compensating Flood Related Damages*. Retrieved from https://www.oecd.org/france/37397241.pdf

Pickler, N. (2014, March 14). President Obama Signs Flood Insurance Relief Bill. *Insurance Journal*. Retrieved from http://www.insurancejournal.com/ news/national/2014/03/24/324217.htm

Pitt, S. M. (2007). *Learning Lessons from the 2007 Floods*. London, UK: The Pitt Review. Retrieve from http://webarchive.nationalarchives.gov. uk/20100807034701/http:/archive.cabinetoffice.gov.uk/pittreview/_/media/ assets/www.cabinetoffice.gov.uk/flooding_review/flood_report_lowres%20 pdf.pdf

Posner, R. R. (2004). *Catastrophe: Risk and Response*. Oxford University Press.

RMS (2012). *Cat Bonds Demystified—RMS Guide to the Asset Class*. Retrieved from http://forms2.rms.com/rs/729-DJX-565/images/cm_cat_bonds_ demystified.pdf

Schwarze, R., & Wagner, G. G. (2006). *supra note 38*.

Schwarze, R., & Wagner, G. G. (2007). The Political Economy of Natural Disaster Insurance: Lessons from the Failure of a Proposed Compulsory Insurance Scheme in Germany. *Environmental Policy and Governance, 17*(6), 403-415.

Spiegel Online (2013, June 14). *Flood Relief: Berlin Pledges Eight Billion Euros for Cleanup*. Retrieved from http://www.spiegel.de/international/germany/

germany-establishes-eight-billion-euro-flood-relief-fund-a-905679.html

The World Bank, GFDRR and the Government of Mexico (2012). *Improving the Assessment of Disaster Risks to Strengthen Financial Resilience―A Special Joint G20 Publication by the Government of Mexico and the World Bank*. Retrieved from https://www.gfdrr.org/sites/default/files/publication/ Improving%20the%20Assessment%20of%20Disaster%20Risks%20to%20 Strengthen%20Financial%20Resilience.pdf

Toothill, J. (2002). *Central European Flood, August 2002― An EQECAT Technical Report*. Retrieved from http://www.absconsulting.com/resources/ Catastrophe_Reports/flood_rept.pdf

Year 2002 Flood Disaster Investigation Team to Europe (2003). *Year 2002 Flood Disaster Investigation in Europe: Summary Report*. Retrieved from http:// www.jsce.or.jp/kokusai/disaster_report/flood_euro.pdf

第六章　演習演練的規劃

陳永芳、王价巨、馬士元

章節摘要

　　災害防救演習為災害管理週期（disaster risk emergency management cycle）當中最重要的工作之一。臺灣災害防救法及各縣市災害防救手冊皆明文規定，各個災害防救單位每年必須定期舉行災害防救演習。國內災害防救演習雖然已逐步脫離過去軍事化演習形式，然而，由於缺乏理論支持及引導，災害防救演習在耗費大量人力、資源及經費後，仍然無法達到最佳學習效果，進而改善災害防救之技能。這些問題可以用石富元（2003）對於國內災害演習之檢討歸納：第一，演習動員層級偏高；第二，演習時間空間壓縮；第三，劇本編排方式且未演習訓練領導能力及溝通協調能力；第四，偏重技術層面的操作；第五，沒有專業評核。國內災害防救演習方式之所以無法突破，係因缺乏理論之指導。本章目的在針對災害防救演習相關之理論進行說明，並針對演習所碰到的瓶頸和挑戰進行分析。本章可分為三大部分：一、說明災害防救演習之理論背景；二、分析災害防救演習設計步驟；三、提出目前災害防救演習之困境及建議；最後，針對演習評量以及電腦輔助的演習方式進行說明。

6.1 導論

　　在氣候變遷及環境惡化的影響下，災害風險規模及衝擊大幅提高已成為全球趨勢，世界各國除了積極投入減災與整備工作之外，同時也投入更多能量於強化各層級災害管理人員技術面以及非技術層之專業能力及決

策能力，希望以此降低災害風險。災害管理相關組織很久以前就開始利用演習來培養員工相關技能、知識，還有相關的職業道德與態度（Chen & Borodzicz, 2006）。英國內政部災害防救演習設計手冊（Cabinet Office, 1998）將災害防救演習視為一個不斷循環的學習過程，經由重複不斷演練，災害防救人員將學習到相關的專業技術，災害防救相關法律條文將可修正至最適合的狀況。為了達成這個目的，演習演練時會提供學員一個虛擬的演習境況。這個境況除了以各種災害為背景，也會加入不尋常或者不確定的情勢，以測試參與人員對於危機狀況的因應方式，這些演習通常都以個人、團隊，以及組織的隨機應變能力、對於新環境的適應力，以及處理複雜情況的有效能力為訓練目標。不過，演習、演練這一個名詞在各地的用法不盡相同。中文的使用上一般以演習、演練為主，但是在軍事上的使用則是以兵棋推演說明訓練。歐洲過去傾向使用 simulation 來指涉這樣的教育訓練，近年來該詞彙經常跟電腦模擬混淆，所以開始使用 exercise 來涵蓋這樣的教育訓練方式。英國和美國則是用 exercise 泛稱相關的訓練（Cabinet Office, 2013；Homeland Security, 2013）。

　　災害防救人員必須面對兩種不同的工作：一般時期的任務以及非一般時期的任務。一般時期的任務通常只需要依照一般標準程序執行即可；然而，非一般狀況則因為在這種緊急危機狀況下，必須明確識別非結構性的問題、不明朗的環境、多方面的目標、時間緊迫、高壓力、動員人數高以及與謹守組織目的規範等挑戰，災害防救人員需要在極短的時間內，以最快的速度處理突發的災害，以減少人員之傷亡及財物之耗損。因此，決策者必須具備高度的靈活彈性和調適性（Lagadec, 1997；Quarantelli, 1997）。經由經常性的演習訓練，災害防救人員得以熟悉災害管理的作業程序、相關法條、技能及心理準備。災害防救人員應於備災階段的演習訓練中，了解各部門所扮演的角色、職責以及搶救災目的等。另外，藉由災

害防救演習，促進災害防救團隊成員跨部會溝通及協調之能力，並更加了解其他成員之角色及能力（Chen *et al.*, 2004；Borodzicz, 2005）。

　　災害防救演習通常是必須在成員接受過相關系列訓練完成之後，才得以實行的訓練方式。演習的目的通常著重於訓練決策者處理突發災害事件能力。由於這些危機狀況本身之複雜性以及不確定性，災害防救團隊必須具備靈活應用解決方針之能力（Cannon-Bowers & Bell, 1997），具有隨機應變能力的專家可以在危機當中創造新的方法以處理突發狀況。因此，如何因應危機、相關技能和態度之培訓，成為設計演習的重要議題。針對災害防救團隊所進行之演習，已證明可提升災害防救團隊處理危機之應變能力（Drabek,1985；Ford & Schmidt, 2000；Crichton & Flin, 2004）。最後，演習訓練也提供政府防災風險溝通和法律的平臺（Kleiboer, 1997；Perry, 2004）。

　　雖然演習已經被災害管理相關組織列為經常性的活動，但是由於設計時間不足、經費不夠，導致無法經常進行全規模大型演習。另外，演習籌備需要大量人員配合，包括參與者、控制者、觀察員，以及訓練資訊工程師等，限制了演習的次數、進行以及學習效果。最後，關於演習的評估方式，由於災害管理所面臨的工作任務具有不確定性，每一次遇到的災害狀況也都不盡相同，因此到目前為止，不論是學界或是業界，都難以製作出令人滿意的評估方式。本章將分別針對演習設計、執行以及評估方式進行討論，並針對演習相關的挑戰，提出未來可發展的建議與方向。

6.2 災害管理演習的方式和類別

　　Lakha 與 Moore（2002, p.18.4）將演習定義為「用來訓練或測試一系列技能的任務或活動。經由不斷練習，在這些任務跟活動中，學員和團隊得以同時強化工作能力。」英國演習主要目的在於驗證相關的法

律、條文以及標準作業程序、發展員工工作能力，並提供工作人員練習的機會（Cabinet Office, 2013）。英國將災害管理演習分爲四種類型：研討會（seminar）、兵棋演練（tabletop）、應變中心演練（control post）以及現場演習（live exercise）等（Home Office, 2006）。日本則根據演習對象的層級區分爲：綜合減災技術演習（そうごうぼうさいくんれん，Government's comprehensive disaster reduction drill）、政府角色扮演演習（せいふずじょうくんれん，Government's role-playing simulation exercise）、地方政府總部訓練（せいふげんちくんれん，Training at local government headquarters）、在地社區減災技術演習（ちいきでのぼうさいくんれん，Community-based Disaster Reduction drill）（內閣府，2015，p.35，2016；東京都，2016，p.54-55）。美國國土安全部緊急管理總署（FEMA, DHS）將演習分爲討論型演習以及技術操作型演習兩種（FEMA, 2009）。研討會（seminar）、工作坊（workshop）、兵棋演練（tabletop exercise）、簡報導引型（orientation）和遊戲（game）屬於討論型演習，這一種類的演習比較適用於讓學員學習相關的法律、流程、規定等，訓練主題傾向策略性討論，教官必須領導討論方向，以刺激學員的思考（Homeland Security, 2013）。簡報導引型針對演習事件事項進行簡報，使參與演習的人員熟悉其危機應變任務中之角色、應變計畫內容、相關程序與裝備需求。可用來驗證協調與應變權責歸屬之問題。兵棋演練是一種分析訓練，不需啟動應變中心，可不設定時間壓力下進行。主要是希望帶出具有建設性的討論，驗證參演人員基於現有緊急應變計畫與程序解決問題的能力，以發現問題，找出既有計畫需改善之處爲前提，以小組團體討論形式進行。遊戲通常以比較有競爭性的方式進行訓練，通常都會有兩組以上的成員參加，可以訓練成員決策能力和行動能力，另外也可以測試相關程序、條文的可行性。以技術操作爲基礎的演習包括演練（drill）、功能型演習（functional exercise）以及全功能實兵演習（full scale exercise）。

演練通常以單一組織爲基礎，訓練員工對於器械使用的熟悉度，並使其了解工作相關技能與規則。功能型演習在於測試政策、計畫以及流程的有效程度。實兵演習和英國的現場演習類似，最爲耗時耗力，組織流程也最複雜，包括不同單位組織的參與。指揮命令系統的演習通常必須使用此類演習，才有辦法對於相關人員進行有效的訓練（Homeland Security, 2013）。

　　技術操作型演習的技術操演是事前充分協調下的演習方式，通常用來驗證某種特定專業操作能力，不需要啓動應變中心功能，參演單位間也不需臨場協調，技術訓練演習的目標是專注於單一或者部分互有關連的應變機能，如化學災害應變技能演習等。有幾個規劃特徵：災害情境想定必須事先公告，動員的規模依據情境想定決定，可以是單一專業的技術演練，也可以發展爲多機構之間的協同運作。所有演習作業，必須完全依據現場作業指南（Field Operating Guide, FOG）或標準作業程序（Standard Operating Procedures, SOP）來進行，指揮管制的程序也必須依據相關準則執行。正式演習前需要事先反覆熟練的預演。

　　技術操作型演習有其可以驗證的項目和侷限。透過演習可以了解個別單位規劃以及展開救災現場作業的能力，個別專業技術的純熟度是否合格，各種裝備是否正常運作以及運用的適宜性，在特定災情下資源不足的問題，資源調度集結所需要的時間與成本，以及正常狀況下，跨機構資通訊系統的互相運作性，跨機構之間規劃的協調、整合與合作能力與現場指揮管制的程序。

　　技術操作型演習無法驗證的項目包含：極端災情與廣域災害的模擬、超過技術能力的因應作爲、災情超過單位動員能量時的應變方案、突發性資通訊中斷的應變方案、臨時增加外援單位的協同作業方式（受支援能力）、救災現場不同組織與團體衝突的協調排解、突發性的特定專業或組織的失能，以及在眞實災害環境的壓力下，與媒體的應對。

　　技術操作型演習最值得關注的是，演習現場只是最後協調成果的呈

現，重點是在預演過程與後台作業所耗費的成本與官僚程序，才是真正災害來臨時候的考驗，真正應該納入檢討與記錄的，是籌備過程所遇到的困難，但目前檢討都集中在演習本身，甚至一些瑣碎的現場來賓後勤服務問題。

Green（2000）比較上述各類型的演習與方式，並提出優缺點和適用場合（表 6.1）。該表可做為演習設計者的指南，協助決定演習的形式、目的、進行時間、可參與人數以及設備需求等。

表 6.1　各類型演習與方式之比較

	簡報導引型演練	兵棋演練	演練	功能型演習	實兵演習
形式	根據境況設定進行演講、上課或專題討論	根據獲得的狀況進行討論	利用真實的器材進行訓練	利用系統中的其中一項功能練習相關程序和設施	完全模擬實際緊急狀況，利用真實的資源和實際狀況
目的	訓練學員新的計畫或流程	訓練員工計畫、測試計畫、確定資源分配、任務分配	訓練員工實際操作器材	運用更真實的境況訓練員工使用相關計畫或流程	訓練整個系統的緊急應變能力；提供實際測試計畫、流程和運用資源的機會
時間	1〜2 小時	1〜4 小時	1〜4 小時	1〜8 小時	3 小時到 10 天
參與學員	任何員工	主要員工和主管	現場因應人員	特殊任務的員工	所有層級的緊急人員和指揮管
設備	訓練中心或教室	訓練中心	具備所有相關器材的現場練習區	實際的設施與標準作業程序、表格、電腦和通訊設備	所有緊急所需要的工具
緊張程度	無	無	中	中	中到高
頻率	根據實際需要	根據實際需要	根據實際需要	每四年三次	每四年一次

資料來源：Green, 2000, p.8-10

6.3 演習的設計方式

有效的設計、執行災害管理的演習，必須有系統性、按部就班進行，才能事半功倍。演習設計前，McCraight（2011, p.15）建議，設計者必須仔細思考下列問題：

1. 要測試災害管理週期中哪一功能？哪些人員需要被測試？
2. 哪一種演習比較適合測試這種功能？
3. 需要具備哪些基本條件、標準、流程和法規？
4. 演習是否需要使用特別器材？
5. 是否在演習之前進行特定的訓練？
6. 演習是否測試某些特定的法規和任務？
7. 演習過程中是否要加入臨時狀況題以及問題解決的題目？
8. 演習是否測試從未測試過的緊急計畫？
9. 是否需要加入新的特別議題或災害？
10. 是否要測試災害應變中心的設置？

思考這些問題除了可以協助釐清演習的目的和規模，最重要的是可以確定最後學習的成果。結合英國和美國聯邦緊急事務管理署（Federal Emergency Management Agency, FEMA）於演習設計的規範（Cabinet Office, 2013；McCraight, 2011, p.15；Homeland Security, 2013），本節節錄演習設計七個循環階段。

一、檢討緊急應變計畫和標準作業程序

一般來說，一個進步的災害管理體系必須藉由不斷的演習和修正緊急應變計畫（Emergency Plan 或 Contingency Plan）和標準作業程序（SOP）才能有效運作。因此，緊急應變計畫和標準作業程序必須定期討論、檢討之後，才得以找到必須更新之處。一旦通過新的應變計畫和程序，則需利

用訓練和演習來灌輸員工相關知識與技能。

二、進行訓練需要分析

除了針對應變計畫和標準作業程序進行分析之外，也需要對於災害管理相關人員的工作能力、技能進行分析。如果發現員工缺少某些技術、技能的訓練，或者對於某些技術、技能熟悉度不夠，則應提出演習訓練的建議。

三、指定設計和評估小組

演習的規劃並非一人得以完成，不同的演習方式也會牽涉到不同的成員。通常必須要有設計和評估小組共同合作，如此才能提出適合的境況，並選擇適當的訓練教材、設施，以促進學員獲得最佳的學習效果。

四、決定演習種類、規模以及目的

接下來，設計和評估小組必須檢視組織內部具備之能力和資源。一方面可以確定演習的規模，例如，測試的層級係為運作、戰術、策略層級，或者是跨層級的演習；另外，是否為跨部會、組織的演習。在這個階段，也必須確定演習所需的時間，例如，半天、一天，或者是更長的時間。在演習的種類規模確定下來之後，通常演習的目的也可以初步確定。演習目的必須具備具體性、可測量、可達成、具有相關性以及具有時效性等幾個特色（Homeland Security, 2013, p.3-11）。

五、開發主要境況事件流程（Master Scenario Event List）

對於許多演習設計者而言，開發主要境況事件流程是最有趣和興奮的階段，因此，大部分的設計者會花費許多時間在這個步驟上。這個步驟必須仔細列出演習的目的、測試的相關任務和工作；另外，演習中所需要的

相關訊息和狀況題，以及時間序列也都在這個階段完成。這個階段最受挑戰的部分就是如何將這些狀況題與學習目標連結，讓演習的成效事半功倍。

六、決定演習結果、行動以及評估模式

完成整體的境況事件流程之後，必須根據所設計的狀況題推演出結果，並列出預期行動，例如，指定最佳的行為模式、列出不同行為決策所造成的後果，以及訂出必要的溝通和進一步所需的任務指標等。根據這些指標，設計者得以進一步提出評估模式來針對參與者的表現進行評估，以了解其學習效果。不過，因為設計者投入太多時間在前一個步驟，再加上大部分的參與者仍然傾向不願意在演習中被評量，因此，這個步驟較容易被設計者所忽略。

七、進行演習和評估（包含立即檢討以及檢討報告）

演習架構流程以及評估模式確定後，雖然即可進行演習，但是更重要的是演習完畢後的檢討。一般來說，演習後立即檢討（hot debriefing）能讓學員有最深刻的記憶。演習完成後，馬上由指揮官帶領參與者評估演習中的決策和判斷，經由討論強化對於流程、標準的認知，也增強學員了解不同職位、機關任務和優先順序。評估檢討後，應當進一步檢視是否需要修正緊急應變計畫和標準作業程序，亦即回到第一階段。如此不斷循環，才得以讓災害管理體系更加完善。

6.4 災害管理演習之挑戰

雖然演習設計與執行有一定的步驟和規範，由於演習牽涉大量的人力、物力，再加上設計的時間，要辦好一場有效的演習並非易事。就教育學觀點，演習的設計與執行仍然面臨到下列挑戰：(1) 演習逼真度；(2) 日

益加大的演習規模模糊了學習焦點；(3) 舉一反三的能力；(4) 漸進式學習；(5) 多元化教學方式；(6) 欠缺適當評估方式。

一、演習的逼真度（Fidelity and Realism）

演習就是要創造一個模擬的環境，讓學員在安全狀況下體驗，並發展相關策略，體認他們對於類似挑戰的負荷程度。逼真度牽扯到環境、流程以及內容設定。環境的設定牽涉到演習環境是否與實際狀況類似。舉例而言，如火災演習是否使用實際房舍做為演習環境。流程的設定不僅測試流程本身，並需考慮境況設定的發展是否符合實際可能發生的狀況。例如：指揮命令系統的測試是否僅有單一單位參與，或者涵蓋所有警消單位。最後，在內容設定方面，必須考量器材使用是否和現實狀況一致。亦即，受訓人員必須使用全裝備、同樣的儀器來訓練（Jamieson *et al.*, 1988）。

但是，模擬狀況要逼真到甚麼程度，卻是一個很難拿捏的問題。部分學者和大部分的業界認為，演習應該盡量提高逼真度，愈逼真的境況愈能提升學習效果；如果無法完全模擬危機或災害環境的逼真度，至少在心理逼真度下功夫，學員才得以感受到因應災害的壓力和急迫性等心理感受（Means *el al.*, 1995）。

但是，近來也有學者持反對意見，認為實際境況並不需要。甚至，高度的逼真性反而會降低學員的學習程度。尤其是對於剛剛進入災害管理領域的學員，太逼真的狀況會過度刺激，導致反效果（Dobson *et al.,* 2001；Feinstein & Cannon, 2002）。利用較低逼真度的演習即足以促進新進學員的學習效果（Crichton & Flin, 2004）。另外，災害管理除了技術技能之外，很重要的是非技術技能（non-technical skills）的訓練。學者指出，這些非技術技能的訓練並不需要太逼真的境況即可訓練（Loveluck, 1994；Dobson *et al.*, 2001；Feinstein & Cannon, 2002），Toups 等學者（2011）甚

至提出「零逼眞度的訓練環境」。他們相信，訓練救災人員非技術技能並不需要任何實際境況來強化學習效果。它們設計了一套電腦軟體，專門訓練戰術指揮官的非技術技能，包括溝通協調與領導能力，利用簡單的螢幕設計，讓學員在無法辨識方位的環境下，僅憑靠指揮官利用麥克風和耳機作爲溝通管道，其實足以模擬夜間火災指揮的現場狀況（Toups *et al.*, 2011）。

二、日益增大的演習規模模糊了學習的焦點

爲了因應日漸增加的災害以及災害規模，歐洲各國對於大型演習的需求也有增加的趨勢。使用大型的演習可以測試跨部會溝通和協調技能，也可以測試跨國整災、備災和因應災害的能力。這些大型災害演習相同的問題，包括：演習目的設定不清楚、所有權模糊和參與者眾多。

近年來，歐洲各國的演習爲了擴大腳本，要強化跨國、跨部會合作和溝通，參與人數和組織增加。這些大型演習爲了容納所有相關單位、組織和國家，學員數就可高達千人，還不包含演習執行人員和行政事務人員。例如，2004 年英國的全國水災演習 Triton，就有 1,000 人次、60 個組織參加；2016 年在倫敦舉行的 Unified Response 演習，更是包含了 10 個國家，超過 100 個組織參與。該演習的腳本以倫敦地鐵爆炸爲基礎，測試緊急管理相關單位的因應能力。費時一年半規劃討論，歷時四天，使用高度逼眞境況來進行。雖然該演習在媒體上相當轟動，演習後也召開了研討會展示演習成效，但是由於演習目的模糊，除了讓相關單位互相觀摩英國緊急管理處理大型危機事件的方法之外，學員的學習成效反被忽略。有一些跨部會的演習則必須在各自機關的辦公室或者是應變中心進行。舉例來說，Flood Ex 主要測試英國和荷蘭兩國間對於水災災害的因應方式。演習境況以 1953 年大水爲背景，演習內容包括測試現場救災和指揮中心的運作。

現場救災地點指定於 Amstelmeer 周圍，應變中心則設立於所有參與者各自的辦公室。雖說實際上戰術指揮官碰到類似事件也未必會碰面，但是未能讓學員在演習中碰面，反讓學員對於事件的複雜度無法有深刻的體驗。

　　在擴大編組的狀況下，演習的主辦單位都邀請顧問公司進行協調和腳本撰寫，不僅討論設計的時間增長，整體成本也升高。例如，英國 2011年的全國演習 Watermarks，也有超過 1 萬人次參加。該演習的計畫結構分為三個層級（圖 6.1）：「核心層級（core exercise）」主要學員為中央政府（內閣）災害管理相關人員、「鏈結層級（bolt-on exercise）」由相關的郡政府協助辦理、最後一層為「隨插即用（plug and play）」，提供一般民眾、社區和企業團體使用。顧問公司針對核心層級和鏈結層級撰寫腳本和訓練內容，「隨插即用」的使用者只獲得演習境況。計畫看似安排得宜，實際上，眾多學員參與卻未能明確定義演習目的，主辦單位對於隨插即用這個環節更缺乏控管能力。

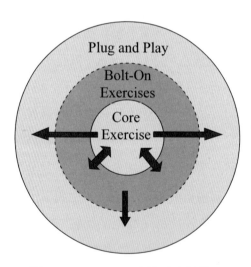

圖 6.1　Watermark 演習計畫結構圖

資料來源：DEFRA, 2012

由於類似的問題一再發生，因此，2017 年國際人道救援聯盟在日內瓦召開的大會特別針對如何評估並分享大型防災演習學習成果進行討論。爲避免過度繁雜的演習安排和組織，並強化演習之成效，Lovelock（1994）很早就提出設計演習前需要注意的七大要素：

1. 演習呈現的方式儘量保持簡單，然而必須考慮其意義及深度。所以不論演習的安排、參與人數變得多麼的龐大與複雜，基本上演習的目的和最後測試的任務務必要訂定清楚。

2. 演習必須由理論支持：如學習理論、演習設計及演習法等。

3. 必須謹愼處理參與者於組織中之身分及地位。尤其是在檢討的時候，要巧妙地讓參與者能夠無所顧忌地討論演習中的決策，也不會因爲自身地位而不敢或不願意加入討論。

4. 高階管理決策者的演習，類逼眞（verisimilitude）比起逼眞（real）更有效。

5. 演習執行者與參與者是不同的。因此，執行小組的任務安排必須清楚指定，才不會讓執行者也混淆納入演習行列。

6. 演習本身具有文化敏感度，演習執行者必須注意參與者所處之社會文化。針對不同的組織與社會，演習執行者須調整演習內容。

7. 演習訓練有可能產生情緒化狀況，演習執行者必須注意學員之情緒反應。

三、舉一反三通則化的問題

雖然演習會選定某種災害的境況和狀況做爲訓練的內容和目的，但是因應不同種類和規模的災害，需要不同的操作方式和決策。然而，要將從一場演習所學的知識與技能，應用到其他類別災害的因應有其難度。舉例來說，水災和地震搜救方式本來就不同，要將水災搶救技術應用到地震搶

救境況其實需要相當的想像力。雖說有些非技術性能力可以互相轉換，比如說，領導力、溝通和協調能力，現代社會充斥著各種不確定性和未知風險，災害管理相關人員如何有效地因應災害，的確是一個相當大的挑戰。再加上演習所出現的境況並不一定直接反映現實狀況，這也讓學員在運用所學知識和技能時產生高度困難。另外，人的記憶力有限，研究指出一般學員在一個簡報結束後大概只能記得 50% 的簡報內容；隔天剩下 25%，一週後的記憶僅剩下 10%。但是一般災害管理的演習都是一年一次，大型演習，美國每四年舉辦一次，英國則是每三年一次，演習的頻率直接挑戰學員的記憶能力。另外，因為大型的災害並非經常發生，所以學員既非現學現用，亦非將所學技能直接派上用場。如果沒有經常性舉行，要從演習中學習並熟悉相關技術和能力其實是非常困難。

四、漸進式的訓練

Green（2000）指出，個人訓練應有詳細的計畫漸進式學習。如此一來，相關知識與技能才能逐漸累積。在教育學理想的狀況裡，應該是學員個別參加相關教育訓練，從簡單的知識技能進階到高難度，具備一定程度後，學員才得以參加演習訓練。畢竟，演習的功能在於展現綜合訓練的成果。但是，一方面，由於災害管理人員本身工作繁重，很難參加常態訓練；即使參加常態訓練，演習時也未必可以全程參與。如果演習沒有與訓練串接，將無法具有漸進式的學習效果。Ford 與 Schmidt（2000）提出，如果學員有機會選擇何時參加訓練、演習，可以自我掌控學習進度，自主性學習會讓學習成果保持得更久。

五、多元化教學方式

目前的演習方式，尤其在亞洲國家都比較傾向於僵化、劇本式的訓練。但是教學方式應當多元化，一方面可以因材施教，另一方面也增加學

習機會。除了利用不同教材，Green（2000）建議在辦公室或者在家受訓。近年來，學者多建議利用各種網路和電腦輔助的教材以增加學習機會，並提供不同教材以增加學習效果；自我學習也應當列入演習方式之一。

六、欠缺適當的評估方式

災害防救演習最大的問題在於，難以確定參與人員已學習到正確的應變技能。這個問題牽涉到學習內容與正確性，也影響評估成效。由於牽涉災害應變的人員過多，演習設計者通常無法針對個人量身訂做適當的演習。缺乏學習目標導致無法測量學習的成果。由於每次災害起因不同，周遭環境將影響災害防救人員的決策；不同決策亦將影響災害演變，種種的不確定性都將影響到應變技能「正確性」的定義（Chen *et al.*, 2004；Borodzicz, 2005；Jane-Lamp *et al.*, 2014）。尤其是在評估戰術和戰略層級決策者的應變能力，決策通常較為抽象，牽涉的任務也較繁雜，導致演習前難以決定最佳決策模式（Chen *et al.*, 2008；Lee *et al.*, 2009）。

6.5 如何有效演習訓練

對於災害管理演習，大部分的學者和業界專家們都致力於研究適當的評估方式，以及開發新的教學方法，以期將災害管理演習發揮到最大成效。

一、評估方式

演習評量方式的討論在 2000 年左右曾經引起討論。Raser（1996, p.151）提出四項標準來評估演習的有效性（validity）：

1. 心理層面有效性：學員是否完成演習任務，這也同時牽涉到學員需要受訓練的程度和想要參與演習的動力。

2. 結構層面有效性：評估演習所製造之境況和道具，與現實狀況之相似程度。

3. 過程層面有效性：整體演習流程是否與實際發生事件的發展雷同。

4. 預測層面有效性：演習是否可以讓學員在未來面對類似事件的時候，使用演習學習到的技能來因應。

由於 Raser 提出來的指標比較空洞、廣泛，Kirkpatrick 與 Kirkpatrick（2005）進一步提出學習的四個層次，以評估訓練成效：(1) 學員反應；(2) 學員之學習成效；(3) 學員的學習是否能應用在工作上；(4) 訓練的成效是否對組織產生正面的影響。這四個層次同時包含了個人及組織學習。前兩個層次主要評估訓練環境，後兩個層次則檢視學習者能否應用到工作環境中。因應目前逐漸增加的電腦輔助教學模式，de Freitas 與 Oliver（2005）提出四個面向的評估模式：

1. 學習者特徵：本評估標準必須針對學習者的背景、任務以及能力進行分析，並進一步與演習目的和學習目標連結，之後才得以列出績效表現的指標。

2. 教育學的方法：本評估標準檢視教學主要的步驟，也就是準備、呈現、關聯、通則化和應用（Peel, 2009）。亦即，經由教學過程，學習者能否將演習所學內容應用到現實生活中。

3. 教材呈現內容：教學內容是否真實呈現實際個案？是否容易讓學習者投入學習的環境？另外，是否提供學習者互動學習的機會？

4. 教學環境：針對教學硬體設備進行評論，例如，教學環境是否舒適？輔助的資源是否充沛？另外，獲得學習資源的容易度也是主要的評估標準。

然而，這幾個評估方式都沒有討論災害防救的評量方式，尤其是學習成果。因此，Flin 與 O'Connor（2008）特別針對危急事件處置作為和管理

能力，分為技術性和非技術性技能。一般來說，技術性技能係根據緊急相關法規、組織結構、任務分組以及職位描述等文字即可列出評估指標。一般來說，因應各類災害最需要具備的技術性技能包括下列數點：(1) 對計畫的了解；(2) 對程序的了解；(3) 對災害相關法規的熟悉；(4) 對可取得資源與資訊的熟悉；(5) 對可提供資源與資訊的熟悉；(6) 如何有效取得外在資源；(7) 對未來或次生災害的預防措施。如果身為媒體發言人的話，並必須具備媒體溝通管理的能力。

　　比起技術性指標，非技術性指標在災害管理的範疇，更難制定出理想的行為標準。但是通常可以分為下列八點：

　　1. 調度能力：更有效利用團隊資源和活動的能力，以便促進任務整合並確保任務會及時完成。

　　2. 溝通能力：能夠有效地將正確訊息傳達給適當的接收者，接收者也能理解訊息內容並正確執行要求。

　　3. 團隊合作：與一群人為達目標共同合作之過程。團隊合作是企業重要的一部分，因其需要同事間良好的共同作業，在任何情況下竭盡所能。團隊合作意味著人們會嘗試合作，運用他們的個人技巧並提供建設性的回饋意見，不畏衝突。

　　4. 情勢的掌控：針對團隊任務當前之狀況，有能力辨識、處理和理解其關鍵要素的能力。簡而言之，就是了解周遭正發生何種狀況的能力。

　　5. 決策能力：包含蒐集、整合資訊的能力，後續判斷或選擇方案、戰略的能力，以及最後評估執行任務結果的能力。

　　6. 情緒管理：了解自己情緒的能力，及適當讀取和因應他人情緒的能力。

　　7. 領導能力：指導、協調小組成員任務的能力，包含分配任務給團隊成員的能力。

8. 疲勞管理：身體狀況自我感知與因應處置的能力。

由於這些非技術性指標的評量標準仍然是非常模糊，學者們，如 Kliampfer 等學者（2001）及 Gatfield（2008），曾嘗試利用決策者行為（behaviour makers）評分的方式為參與者評分。例如，Gatfield（2008）曾經針對「溝通」細分為四項觀察評分點。例如，使用正當的詞彙、提供完整的內部和外部報告、避免不必要的噓寒問暖聊天，以及確定溝通內容可以清楚地被接收。藉由這些指標，學習者的表現比較容易觀察和評量，學習者亦可以根據這些標準自我勉勵。

二、電腦協助的演習（Computer Aided Exercises）

近十年來，學界和業界致力發展並推廣以不同的電腦科技和輔助教材，來強化演習學習效果，以及降低演習成本。Michael 與 Chen（2005）指出，因為電腦科技輔助的教材通常可以再使用，因此可以減少教材成本和人事成本。另外，因為電腦輔助教材和應用程式大部分都可以錄影記錄並且重播，因此可以提供學習者複習的機會。最後，電腦輔助教材因為更容易取得，學習者更有自主性學習的機會，所以學習者更容易學習災害管理相關的法律規定和標準作業程序。

電腦輔助教材剛開始開發的時候，以比較能夠身臨其境的（immersive）應用程式和遊戲，讓決策者了解災害管理各階段所可能面臨的挑戰，和所需具備的知識和技能。例如，*Angel Five*[1] 主要訓練決策者因應危機的能力；*Food Force*[2] 則是由世界糧食組織利用遊戲的方式，訓練決策者人道救援食物供應鏈管理的挑戰；*Flood Sim*[3] 主要目的在於訓練緊

---

[1] http://www.visualpurple.com/pdfs/press_kit.pdf.

[2] https://www.wfp.org/news/news-release/wfp-launches-food-force-first-humanitarian-video-game

[3] http://www.floodsim.com.

急管理人員具有全面性水災管理的能力，利用結構和非結構性的方法減少水災對於社區民眾的衝擊；聯合國也利用一系列 *Stop Disasters*[4] 的遊戲，喚起大眾對於整災備災的危機意識。另外，阿布達比的 Rabdan 學院也使用 Emergency 5[5] 訓練未來的災害防救人員。

在此同時，學界也不斷發展其他可能的演習方式。例如，考文垂大學利用 Second Life 的平台開發兩套策略層級的演習：人道救援和水庫開發計畫演習（Chen *et al.*, 2014）。另外，也利用 OLIVE 平台開發大型水災應變演習（Chen, 2013）。由於研究計畫受到業界的支持，所以，有機會對於電腦輔助的演習進行細部評量。研究結果顯示，大部分的參與者都認為電腦輔助對於學習成果有正面效益，但是也發現，不同年齡、背景以及對於電腦熟悉度會影響到學習效果。比較好的演習方式應以混合電腦和傳統桌上型的演習方式會更加有效（Chen *et al.*, 2014）。

另外，臺灣的消防署訓練中心也使用混合電腦和傳統桌上型的演習方式，訓練災害管理相關人員。目前該系統主要以「災害情境模擬逼真」、「空間資訊科技導入」及「演練數據成果保存」三大項目為特色。在災害情境模擬逼真方面，除了讓使用者透過文字敘述了解該災害事件影響範圍及災情狀況之外，亦搭配模擬影音檔案，俾利使用者與現實情況進行連結，提升身歷其境的臨場感。在空間資訊科技導入方面，更增加 GIS 疊圖分析技術，將各種輔助圖表直接套疊圖台上，俾利使用者將交通網路及空間區位等實質條件納入決策考量，藉以確實掌握自身與周遭環境資源。在演練數據成果保存方面，除了保留兵棋演練過程中所登打的任何文字資料之外，亦藉由螢幕錄影保留使用者於兵棋演練過程中之操作情形；此外，後臺能夠依據各功能編組決策應變作為進行分類統計，俾利教官從

4　http://www.stopdisastersgame.org/en/home.html.
5　https://www.world-of-emergency.com/

「質」與「量」的面向來評核技術性與非技術性的相關技能。由於該系統遵循演習設計，評量規則按部就班進行，因此可以說是目前比較有效、能夠促進學習效果的演習。

6.6 結論

　　人類從很早以前就開始利用演習的方式，訓練兒童因應災害、危機以及謀生的各種方法，後來也被使用在飛行技術以及軍事模擬的訓練上。近年來，也被廣泛使用在訓練防救災的技能和知識。

　　本章討論災害防救演習設計前所需考慮的因素，設計演習各階段所需包含的內容和細節。更進一步針對現代演習所發生的各種困境和挑戰，進行討論並提供相關建議。另外，本章特別提出評量架構，並說明利用電腦輔助教學的可能效益。演習的教學法以及所使用的技術日益更新，一方面可以幫目前的困境和挑戰解套，另一方面，更需要有系統的整理、研究，並且歸納出最佳的設計、執行以及學習模式，這也是未來必須持續研究的方向。

參考書目

內閣府（2015）。日本の災害対策。東京：內閣府。

內閣府（2016）。平成 28 年度總合防災訓練大綱。東京：內閣府。

石富元（2003）。目前臺灣災害演習的檢討。取自 http://dmat.mc.ntu.edu.tw/eoc2008/uploads/disaster_article/drshih/exercise_review.pdf

東京都（2016）。東京都防災ガイドブック。東京：東京都總務局總合防災部防災管理課。

Borodizicz, E. (2005). *Risk, Crisis & Security Management*. Chichester: John

Willey & Sons, Ltd.

Cabinet Office (1998). *The Exercise planners guide*. London: Home Office.

Cabinet Office (2013). *Emergency planning and preparedness: exercises and training*. London: Cabinet Office.

Cannon-Bowers, J. A. & Bell, H. H. (1997). Training decision makers for complex environments: implications of the naturalistic decision making perspective. In C. Zsambok, & G., Klein (Eds.), *Naturalistic decision-making* (pp. 99-110). Mahwah, NJ: Erlbaum.

Chen, Y. (2013). Evaluation of strategic Emergency Response Training on an OLIVE platform. *Simulation & Gaming, 45*(6), 732-751.

Chen, Y. F., & Borodzicz, E. (2006). Can training exercises facilitate the capability to respond to disasters? *Engineering geology for tomorrow's cities*, The 10th IAEG Congress proceeding. Number 708.

Chen, Y. F., Borodzicz, E., & Chao, J. M. (2004). Flood Management: A simulation and gaming perspective. *Journal of Environment and Management, 4*(2), 109-136.

Chen, Y. F., Rebolledo-Mendez, G., Liarokapis, F., de Freitas, S., & Parker, E. (2008). *Using On-Line Interactive Virtual Environment to develop training methods for emergency services*. Wolverhampton, UK: C-Games international conference.

Chen, Y. -F., Waston, D, & Miles, L. (2014). *Investigating the effectiveness of using immersive virtual world exercises to teach disaster, development and other: a comparative study of tools developed by Coventry University*. Paper presented at the 5th International Disaster and Risk Conference (pp.151-154). Davos, Switzerland.

Crichton, M., & Flin, R. (2004). Identifying and training non-technical skills of nuclear emergency response teams. *Annals of Nuclear Energy,* 31/12, 1317-1330.

DEFRA (2012). *The Government's response to the Exercise Watermark final report.* Lonodn: DEFRA. Retrieved from https://www.gov.uk/government/uploads/system/uploads/attachment_data/file/69581/pb13810-exercise-watermark-gov-resp.pdf

de Freitas, S., & Oliver, M. (2005). *A four dimensional framework for the evaluation and assessment of educational games.* Paper presented at the Computer Assisted Learning Conference 2005, Bristol, UK.

Dobson, M. W., Pengelly, M., Sime, J. A., Albaladejo, S., Garcia, E., Gonzales, F., & Maseda, J. (2001). Situated learning with co-operative agent simulations in team training. *Computers in Human Behavior*, *17*, 543-573.

Drabek, T. E. (1985). Managing the Emergency Response. *Public Administration Review, 45*(special issue), 85-92.

Feinstein, A. H., & Cannon, H. M. (2002). Constructs of simulation evaluation. *Simulations & Games, 33*(4), 425-440.

FEMA (2009). *Exercise Design (IS139).* Washington, DC: FEMA.

Flin, R., & O'Connor, P. (2008). *Safety at the sharp end: a guide to non-technical skills.* FL, US: CRC Press, Taylor & Francis Group.

Ford, J. K., & Schmidt, A. M. (2000). Emergency response training: strategies for enhancing real-world performance. *Journal of Hazardous Materials, 75*(2-3), 195-215.

Gatfield, D. (2008). *Behavioural markers for the assessment of competence in crisis management* (PhD thesis). Southampton Solent University.

Green, W. G. (2000). *Exercise alternatives for training emergency management command center staffs*. USA: Universal Publisher.

Homeland Security (2013). *Homeland Security Exercise and Evaluation Programme (HSEEP)*. USA: Homeland Security.

Home Office (2006). *The Exercise planners guide*. London: Home Office.

Jamieson, I., Miller, A., & Watts, A. G. (1988). *Mirrors of Work: Work simulations in schools*. New York: Falmer Press.

Jane-Lamp, K., Davies, J., Bowley, R., & Williams, J. P. (2014). Incident command training: the introspect model. *International Journal of Emergency Services, 3*(2), 143-131.

Kleiboer, M. (1997). Simulation Methodology for Crisis Management Support. *Journal of Contingencies and Crisis Management*, 5(4), 198-206.

Kirkpatrick, D., & Kirkpatrick, J. (2005). *Transferring Learning To Behavior* (1st edn). San Francisco, Ca: Berrett-Koehler Publishers.

Kliampfer, B., Flin, R., Helmreich, R. L., Häusler, R., Sexton, B., Fletcher, G., Field, P., Staender, S., Lauche, K., Dieckmann, P., & Amacher, A. (2001). *Enhancing performance in high risk environments: Recommendations for the use of behavioural markers*. Group interaction in high risk environments - behavioural markers workshop, Zurich.

Lagadec, P. (1997). Learning processes for crisis management in complex organisations. *Journal of Contingencies and Crisis Management, 5*(1), 24-31.

Lakha, R., & Moore, T. (2002). *Handbook of disaster and emergency management: principles and practice*. Croydon: Tolley.

Lee, Y. I., Trim, P., Upton, J., & Upton, D. (2009). Large Emergency-response exercise: qualitative characteristics - a survey. Simulation and Gaming 40th

Anniversary symposium Articles. *Simulation & Gaming, 40* (6), 726-751.

Lovelock, D. (1994). *Eight Propositions and a Proposal*. Paper presented at the ABSEL/SAGSET Conference, Warwick, UK.

McCreight, R. (2011). *An introduction to emergency exercise design and evaluation*. Plymouth, UK: Government Institutes.

Means, B., Salas, E., Crandell, B., & Jacobs, T. O. (1995). Training decision makers for the real world. In G. Klein, J. Orasanu, R. Calderwood, & C. Zsambok, *Decision making in action: models and methods* (pp. 306-326). Norwood, NJ: Ablex.

Michael, D. R., & Chen, S. L. (2005). S*erious Games: games that educate, train, and inform*. Course Technology, Inc.

Peel, E. A. (2009). Pedagogy, Encyclopedia Britannica Inc. Retrieved from https://www.britannica.com/science/pedagogy

Perry, R. W. (2004). Disaster Exercise Outcomes for Professional Emergency Personnel and Citizen Volunteers. *Journal of Contingencies and Crisis Management, 12*(2), 64-75.

Quarantelli, E. L. (1997). Ten Criteria for Evaluating the Management of Community Disasters. *Disasters, 21*(1), 39-56.

Raser, J. R. (1996). *Simulation and Society: An Exploration of Scientific Gaming*. Boston: Allyn and Bacon.

Toups, Z., Kerne, A., & Hamilton, W. (2011). The Team Coordination Game. *ACM Transactions on Computer-Human Interaction, 18* (4), 1-37.

Part III 危機管理階段

第七章　緊急應變理論

張賢龢

章節摘要

　　災害應變為災害管理四階段之一，亦是最受關注的階段。災害應變作法繁多，看似千頭萬緒，其實經過梳理，災害應變的相關戰術與作法可聚焦於幾個重大原則與優先順序。本章先從災害應變在整體災害管理四階段中扮演的角色開始論述，依序討論災害發生後產生的兩大需求（一般與個別應變需求），探討主動式應變（proactive）與被動式應變（reactive）的差異，進而引導出以強化可預測性（anticipation）的災害應變策略與加強韌性（resilience）防災策略並重的方式，準備災害應變行動的方法。

　　災害發生後，美國的災害應變人員訓練要求所有應變行動均須遵循三大原則，分別為拯救人命優先，穩定災情為次，再者才是搶救財物。本章末段提供相關災例與實務上的作法印證三大原則的必要性，建議依此三大原則決定現場應變先後順序，進而訂出可執行的救災戰術與整體目標。

7.1 災害應變僅是災害管理四階段之一

　　談論災害應變之前，必須了解災害應變僅是整體減災規劃、災前整備、災害應變與災後復原等災害管理四階段的一環。要完整管理災害，端賴四個階段互相配合，彼此搭配各種可能的災害管理手段與方法，方能竟其功（更多災害管理四階段的內容與討論，請見本書第一章內容）。

　　本章雖然名為災害應變，但所有內容，必須放進災害管理的大架構中思考，簡約的個別探討某個階段，都可能忽略了災害管理的大方向，陷

入個別手段因應。舉例而言，國內許多人提倡運用美國事故現場指揮體系
（Incident Command System, ICS）於災害應變之中，但如要以 ICS 進行災
害應變，在災前整備的階段便須以 ICS 的架構製作防災計畫，進行救災人
員訓練，以及辦理相關演習。運用 ICS 應變災害之時，亦須體認到災害應
變的同時，災後復原也已啟動（例如疏散後的人員安置、災民協助與情緒
安撫等），因此必須妥善規劃與安排如何將災後復原相關的團體與單位納
入 ICS 架構中，以便現場指揮官（Incident Commander, IC）掌控災後復原
需求，進而調整應變戰術與做法。

　　上述以災害管理大架構思考災害應變的方式與內容，連結回美國災
害管理學者們的討論，即為全階段災害管理思維（all-phases approach），
此思維強調災害管理者應跳脫出以災害應變為主的架構，將減災、整備、
應變與復原視為同等重要的階段，進而讓各階段的政策與以連貫，在災
害管理的各階段中利用不同的手段與方式，減輕整體災害所產生的衝擊
（Lindell *et al.*, 2006, p.26；Philips *et al.*, 2012, p.37-39）。

一、以災害應變為主的災害管理方式缺點與問題

　　如前段所述，全階段災害管理思維十分重要，以應變為主的災害管
理措施，因為著眼在解決災害發生後的現象，因而忽略了災害發生前各種
減災整備手段的重要性。僅重視應變的災害管理主要有兩大缺陷，分述如
下：

　　災害應變人員多來自類軍方組織（paramilitary organizations），這
類組織傾向以指揮與控制（command and control）的方式來處理眼前的
問題（Sylves, 2008, p.192）。指揮與控制的方式是指利用階級式體系
（hierarchical system）管理所有人員，遇到問題時予以切割，分派給不同
位階的人員處理。此類體系重視上位者做出決定後層層下達予最基層的災

害應變人員；遇上執行困難時，再由階級式體系底層逐級回報至上級。當遇上大型災害，現場狀況複雜，不確定性高時，此體系原有的分支將無法處理所有的問題（Hatch, 1997, p.166；Neal & Webb, 2006；Neal & Philips, 1995），實際上災害應變的情況過於複雜，亦無法僅仰賴一位現場指揮官做出各種決定（Quarantelli, 2002）。

研究顯示，指揮與控制的方式適用於較小型的災害，遇到大型且複雜的災害情況，指揮與控制方式必須調整爲重視整合與聯繫的模式（Dynes, 1994；Neal & Philips, 1995）。此種模式強調所有救災人員的參與及討論，所有的決策非由一人或是一團體決定，而是由參與救災的人員共同訂定，一同達成目標。由於此種方式涉及多個不同團體與機關，因此需有跳脫出單一機關的思維與視野，方能整合各機關間不同的想法與做法。簡而言之，災害應變必須跳脫出單一機關主導的想法，所有災害應變體系必須納入相關單位合作的機制與做法，否則在面對大型災害時，僅依賴單一機關的應變方式可能會失效。

另一項問題是，如果僅重視災害應變，無法由整備或是減災角度來管理災害，則災害管理者只能俟災害發生後才解決災害所產生的現象，此方式無論如何努力，僅能待災害的發生後才啓動相關措施，如此一來，應變作業必然手忙腳亂。以美國經驗來看，較好的做法是在災前整備時設想可能會發生的狀況，做好準備，以減低災害來臨時的忙亂。具體說來，這些想法可以用主動式應變（proactive）與被動式應變（reactive）兩個觀念來闡述。

二、主動式應變與被動式應變的差異

災害發生後的現場千頭萬緒，各項要進行的工作紛雜，如不加以計畫，訂立出整體救災的目標與方向，災害應變將只能應付眼前的狀況，無法提前解決即將發生的問題。舉例而言，在大量傷病患的現場中，如果急

著後送現場病患，而不加以檢傷分類，依傷情分別送往不同的醫療院所，災害應變人員將疲於運送現場病患送醫，忽略了送醫的先後順序考量，必然癱瘓離現場最近的醫療院所收治病患的能力，導致所有傷病患不分情況輕重，全部都得依序排隊等待醫療處置，傷重病患會漸漸死亡，中等傷勢的病患則隨時間流逝而成為重傷患，特定傷勢的輕傷患者也可能惡化，情勢越加不可控制，應變也變得更加棘手。

例如，美國 1995 年奧克拉荷馬市爆炸案的經驗中，多數的病患都被送至離現場五英里以內的地方，離現場 6 英里外的醫療院所收治的病患數量不多（Heide, 2004, p.366）。比較好的災害應變方式，已由過往經驗推估出急著將傷患送往鄰近醫院並非重要，而是需先在現場將傷患依狀況檢傷分類，為爭取時效，重傷者送往最靠近現場的醫療院所，輕傷者則視其活動能力，分別送往離現場較遠的醫院處置。如此從整體角度思索應變行動的優先順序，進而調整各項可能的戰術做法，以達成減低人命傷亡的目標。

前述的檢傷分類[1] 在多數的災害現場中都能觀察到。其他相似的情境還有大規模的民眾疏散與撤離，以及災害現場各單位之間的溝通與協調等等。這些情境不因災害的類型不同而改變，反而是重複地在災害應變現場中出現。因此，強化災害應變可從整備這些共同情境著手，除此之外的救災需求，則需加強單位間的協調聯繫，以期在災害發生後互相支援，迅速調齊所需物資。這些想法反映出災害應變的兩種不同需求。

---

[1] 　更多災害現場檢傷分類的做法與細節，請見林志豪（2011）。**災害來了怎麼辦？災害應變 SOP**。臺北市：貓頭鷹出版社。一書中第五章內容。

7.2 災害應變的兩種需求

要成功應變災害，必須滿足兩項應變需求：一般應變需求（response-generated demands）以及因應不同災害而衍生出的個別應變需求（agent-generated demands）（Quarantelli,1997；Philips *et al.*, 2012, p.252-253），分別討論如下。

一、一般應變需求

不管何種災害發生，有些災害應變的作法是共通的。舉例而言，在大型災害現場，由於參與應變單位眾多，如果沒有一套指揮體系，現場將因溝通不良而混亂。再者，各單位關注的目標不同，救災能力與工具各異，因此應變災害時需要有一套統一的體系管理，以便在救災現場分工合作，互相配合完成各項應變作業。

另一項常見的一般應變需求是疏散受災地區的民眾，這樣的方法是避免災情擴大而導致更多人命傷亡。疏散時需考量人員或車輛離開的路線，還要加派人力協助引導，並發布通知讓災區民眾得知需在何時之前撤離。在美國 Katrina 風災期間，疏散一百萬名紐奧良市民就耗費了四十個小時（Moynihan, 2007, p.18）。由此可見，若無事先規劃與準備，災害來臨時才啟動疏散作業，有可能趕不上災害擴大的速度。上述疏散的做法是對於尚未受傷的民眾而言，對於已經受傷的民眾，災害應變人員則需要協助其就醫，如本章前段所述，災害現場的傷患必須先分類，依傷情分出輕重緩急後分別送至相關的醫療院所，以增加人員存活的機會。

以上所舉的例子說明一般性的災害應變需求是可以預見的，因此在災害發生前，災害應變相關人員可以加強練習各類型災害應變均會遇上的共通應變需求，例如制定出現場檢傷分類的標準作業程序（SOP），並鼓勵災害應變人員反覆練習，討論可能遇上的困難，以找出解決方案，災害來

臨後，災害應變人員僅需因應接下來要討論的另一種應變需求：個別災害應變需求。

二、個別應變需求

　　雖然因應不同災害間有共通做法，但災害的發生還是有一定的不可預測性（unpredictable）。亦即，即便知道某項災害在未來有很大機會發生，但具體將發生在何時何處，以目前的科學發展還是無法確知。因此當某項災害發生時，短時間內無可避免的衍生出應變需求。舉例來說，因應水災可能需要調用沙包與抽水馬達，因應大型火災需要找出額外的水源（如水池或是湖泊），因應森林火災則需要開闢防火巷、阻絕火勢延燒等。這些依附在不同類型的災害而衍生出的應變需求，十分仰賴災害應變人員在救災現場緊密合作，以協調出可行的解決方法。例如 2015 年臺北市復興航空空難事故中，為方便救災車輛進出，災害應變現場需要特殊的器具破除堤防及敲除部分防汛通道護欄，當時由現場指揮官協調，最後由工務局調派挖土機接換破碎機頭進行破堤（臺北市政府工務局，2015）。諸如此類做法，在災害來臨前無法預測，也無從準備，唯一可做的是加強單位間協調的能力，加快取得所需資源。

　　由此可見，要滿足個別的災害應變需求，要強化的是各單位之間協調與聯繫的能力，方能在災害應變的短時間內調度所需的器材與人員。例如美國 911 事件中華府地區的應變行動，華府地區的緊急應變組織間因為平時共同演習、共同計劃，因此產生了合作救災的默契，在飛機一墜落後，得以迅速開展災害應變體系，並調齊所需的資源與人員（Moynihan,2007）。另一個例子是 1995 年奧克拉荷馬市爆炸案的緊急應變行動，在事件發生一年前，所有的災害應變相關部門主管一起受過災害應變訓練的課程，因此在恐怖攻擊發生後的第一時間，現場立刻架起緊急應變體系，

各部門的人員也可以在短時間內了解各項可能的災害應變需求，從而互相合作應變（MIPT, 2002, p.102）。

　　以上討論說明了災害的應變行動不是全然的不可預測。在災害發生前，災害應變人員可以規劃與整備一般性的災害應變需求，並在上述的過程中，強化與各相關應變單位間的默契與信任，進而提升災時滿足個別災害應變需求的能力。

　　上述的想法可以連結至社會學家 Wildavsky（2011, p.77-85）對風險管理的討論，他認為減低風險的方式有兩種，一種是在風險發生前藉由預測風險發生的機率來避免可能的損害，他將此稱之為「預期（anticipation）」策略；另一種則是藉由加強己身受災後復原的能力，學習與風險共存，稱之為「韌性（resilience）」策略。一般性的災害應變需求屬於預期策略，面對可能且已知的狀況（如救災現場的大規模民眾疏散撤離），適合用這種方法來整備；個別應變需求則無法事先預期，需由強化應變災害韌性著手，具體的想法請見表 7.1。

表 7.1　不同情境下的因應策略

		掌握知識的多寡	
		少	多
事前可預測的程度	高	兩者並用，韌性策略為主	強化可事先預測的策略
	低	強化韌性	兩者並用，韌性策略為主

資料來源：Wildavsky, 2011, p.122

　　由表 7.1 可見，面對不同災害類型，有不同應變策略。例如緊急救護案件，因為事情可預測的程度高（發生頻率高），災害應變人員掌握的知識多，因此包含美國與英國等地，訓練緊急救護人員的方式多以流程圖為主，藉由熟背操作流程，以增進應變這類型災害的效率。相對的，對

於可預測性低，且對此掌握的知識較少的災害，則必須以強化韌性的方向來整備。因此要增進應變各類型災害的能力，除了制定標準作業程序（Standard Operating Procedures, SOP），強化救災人員對已知狀況的處理方式外，亦須加強與各救災機關間的合作，以增進大型災害來臨後，各機關互助合作的能力。這也是許多災害研究者（de Brunijine *et al.*, 2010；Harrald, 2006）倡議兼併預期與韌性的防災策略，來因應各項災害的理由。

7.3 災害應變的三大目的與通則

除了以上災害應變的兩種需求外，美國救災人員認為災害應變有其原則與先後順序。災害應變的行動需有計畫，否則應變人員將困於處理眼前的現象，無法整體思考災害應變的先後緩急與次序（Alexander, 2002, p.134-188；Lindell *et al.*, 2006, p.244-274）。災害應變的先後緩急對美國的災害應變人員（EMI, 2013, p.3.21；Lindell *et al.,* 2007, p.12）而言係指：拯救人命為首，穩定災害情勢為次，最後思考保全財物。

一、拯救人命（Life Safety）

拯救人命是第一優先，包含：確保民眾及救災人員的生命安全。

災害現場中，確保民眾的生命有幾項方法，包括之前介紹過的大規模疏散與撤離，對傷者的檢傷分類，依序後送至鄰近醫療院所等等。對於受困在建築物內的民眾，救災人員則需實施搜索與救援，搜索與救援有一定的程序與方式（Alexander, 2002, p.155-168；Lindell *et al.*, 2007, p.315-317）。在拯救人命的前提下，救災人員針對一息尚存的受困者先予施救，對於已經明顯死亡，或是無法確定明確地點的失蹤者，則待協助完生者後再行處理，在國內救護技術員訓練中稱此為「見死不救」原則（林志豪，2010，p.157-158），亦即，在有限的空間與時間下，先救出生還者，避

免受到更大傷害。

　　救災人員的生命與民眾同等重要，因此在災害應變行動之中，確保救災人員生命安全亦是災害應變的最高原則之一。具體說來，在參與災害應變行動時，必須要有完整防護應變人員的制度與備案，在火場搶救時需有完整的火場安全管理制度（蔡武忠等，2008），應變人員在進入化學物質外洩的處所前必須檢測物質種類與濃度，穿著完整防護衣物。應變人員針對不同的災害，需穿戴相對應的正確防護器具，先求自保後才有能力協助他人，只有體認到救災人員生命的重要性，在施行相關應變戰術與進行應變行動時，才不會因為急著將事情做完，讓救災人員承擔不必要的風險。

二、穩定災情避免擴大（Incident Stabilization）

　　在確保前述民眾與應變人員安全的前提下，災害應變的第二優先順序是穩定災害的情勢，使其不致擴大。穩定災害情勢的方法有幾種，最常見的有分區管理以及移除目標物兩種方法。

1. 分區管理

　　災害應變中最常見的穩定災害情勢的方法是分區管理（Alexander, 2002, p.163；LESLP, 2007, p.5；Lindell *et al.*, 2007, p.314-315），例如將化學災害應變現場劃分為三區（熱區、暖區、冷區）。熱區指「時時需配戴空氣呼吸器的區域」；暖區是「不需配戴空氣呼吸器，但需保持警戒」；冷區則為未受災地點。救災現場劃定管制區域，實施分區管制的例子請見圖 7.1。

　　應變現場分區管控的目的在於防止與救災無關的人進入現場，妨礙現場救災活動、趁火打劫，甚至因為在現場停留而受傷（Lindell *et al.*, 2007, p.314-315）。以化學災害應變而言，現場指揮官藉由劃設分區進行管制，方得以避免不相干的人員進入熱區，將有毒的化學物質帶出至未受汙染的區域。

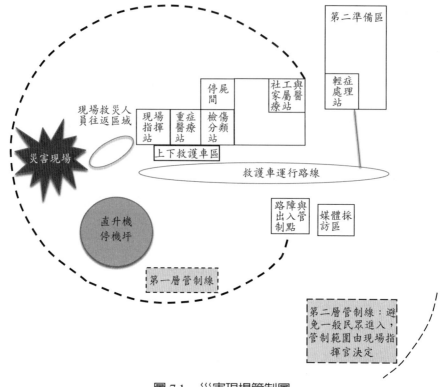

圖 7.1　災害現場管制圖

資料來源：Alexander, 2002, p.164

2. 移除目標物

　　另一項避免災情擴大的方法是移除目標物，最常見的方法是前述的大規模人員疏散與撤離，在災害侵襲到特定民眾與住宅前，先行撤離這些人，以避免更多傷亡；另一個例子是森林火災的應變，如果噴灑水或是藥劑無法阻止火勢蔓延，美國的森林火災滅火機構會派一組消防人員針對火災可能蔓延的路徑開闢防火巷，先行將部分樹木砍伐清空，讓火勢得以局限在固定的範圍之中（Hawkins & McFadden, 2003）。臺灣有許多民眾使用液化石油氣為居家燃料，因此在本地的住宅火警中，先行移除住家內的瓦斯桶，也是一種避免災情擴大的方法。

三、保護財物（Property Preservation）

當災害現場無人命傷亡之餘，而且災害已受到控制、不會擴大時，可考量災害應變的最後一項優先順序：保護財物。常見保護財物的方式有思索與運用不同的應變戰術，以及將防護的目標移往安全處所兩種。

1. 思索不同的戰術方法

如前段所述，在現場無人命傷亡與災情擴大之餘時，災害應變人員可以思考運用不同的戰術，以防護災害現場的財物。例如在圖書館火災時，如果以水滅火，將造成書籍的損害，即便最終將火撲滅，但館中珍藏的書籍亦受到損傷而無法使用，因此在此種情況下，可選用對書籍紙張較無害的滅火劑，如以二氧化碳或是其他惰性氣體爲主的滅火設備，在無人命傷亡與災害擴大的情形下，把災害造成的損失減至最低。同樣的道理，在百貨公司或是大賣場中發生火災時，爲了避免火煙蔓延至全區，汙染了未販賣的物品，許多臺灣的賣場設置了防煙鐵捲門，防煙鐵捲門除了可避免災情擴大，將火勢集中在一區外，亦可避免救災時產生的煙與水霧，影響到其他未受災的商品與區域。

2. 將防護的目標移往安全處所

災害發生後，將所欲防護的目標移往安全處所是許多人的直覺，但必須再次強調的是，防護財物僅是災害應變的第三優先目標，在將財物移往安全處所前，必須先確保生命安全無虞，且災害已經獲得控制。除了災害發生後移置相關的財物之外，美國的災害研究者亦建議在規劃災害階段，先行考量可能的災害風險，進而將防護的目標移往風險較低的處所。例如在規劃圖書館時，可先評估災害風險，將地勢較低的地點（淹水的風險較高），規劃成公眾閱覽室或是櫃臺，避免將過多的書籍存放在此處，減低淹水對館藏書籍的危害（Alexander, 2002, p.251-252）。

前述的災害應變三大優先順序決定了災害應變的方式，在確保人命安

全無虞後，才會思考控制災害，在拯救完現場可能受困的人命，且災情受控制的情況下，才會開始思考如何防護財物。

四、拯救人命優先於控制災害避免擴大

在災害應變人員的訓練之中，拯救人命的重要性高於一切，因此火場作業的重點不是在於滅火，而是救人。因此任何戰術思維，無不以救人為主，同樣的思維在規劃臺灣雪山隧道防救災計畫時有類似討論，曾有學者專家提出在隧道內設置消防撒水頭，但後來因為體認到撒水頭放射出的水遇到高熱變成水蒸氣後，將對尚未疏散的民眾造成傷害而作罷。

如前面所述，拯救人命包含民眾與應變人員的性命，因此在人命價值高於一切的原則下，任何的災害應變戰術均不應以犧牲人命為代價，僅為了盡快控制災情。舉例而言，當災害現場無人受困待救時，災害應變人員應該在確保自身安全無虞的前提下才可以進入搶救，在各種救災現場中作業，也必須體認到安全高於一切的重點，因此即便急於控制災害，使其不再發展，亦必須依事前規劃的做法，做足全身防護之後才能進入。

五、避免災害擴大比防護財物重要

在人命安全無虞的前提下，接下來要考慮的是災害擴大與防護財物的問題，如本文前段內容所說，避免災害擴大比防護財物重要，舉例而言，大地震剛發生，仍有餘震的可能性時，不會思考如何重建已受損的建築物。在有災害應變需求，必須要採行特殊災害應變作法時，亦暫不考慮對建築物的影響。在新北市蘆洲區的鬧區曾經發生了一場天然瓦斯外洩事故，應變當下指揮官依循化災應變原則劃設熱區、暖區及冷區。雖然災害現場有許多公寓與住宅，劃設分區勢必造成住民不便，無法返家，甚至必須撤離，但在拯救人命與控制災情的前提下，仍必須執行此戰術。

六、救人命比起防護財物重要

　　最簡單常見的例子是勸導民眾逃生後，請勿返回火場拿私人物品，因為返回火場所造成的人命危害，遠比拯救財物所獲得的利益為大。另一個例子是本文前段中提到的為了防護特定的財物，所選用的二氧化碳或其他惰性氣體滅火器時，必須在放射前進行廣播，並提供緊急逃生門（圖7.2），這樣的設置與考量，是因為各種災害應變的手段，都不得傷害到人命，因為拯救人命是災害應變的最高目標，一旦牴觸了這項目標，災害應變的結果註定失敗。

圖 7.2　當消防藥劑噴灑後，來不及離開現場的人員可由此小門（大小僅夠一人出入）離開

資料來源：本文攝於新北市政府地下停車場

7.4 結論

　　本章中討論了各種對災害應變的想法與實務作法，經由以上段落的討論，本章的結論有二，分別討論如下：

一、以主動式災害應變方式取代被動式應變，化繁為簡，將災害應變行動拆解為可執行的行動方案

　　災害應變看似被動，必須等待災害發生後才能決定應變的方法。但其實，一般的災害應變作法（如大規模的人員疏散、災害現場檢傷分類，以及建立災害應變體系等）可在災害發生前先行演練，並預作備案，如此一來，當災害來臨時，災害應變人員僅需思考如何滿足個別的災害應變需求，進而大大減輕災害應變的不確定性。而個別的災害應變需求仰賴不同單位之間的互助與合作，在美國的災害管理經驗中，這樣的互助與合作，可經由事前的災害規劃與整備的過程加以強化，由此可見，災害應變並非全然被動應變（reactive），經由過往的經驗與對災害應變的研究，是可以做到主動應變（proactive）。經由前段的討論，主動式的災害應變才有辦法化繁為簡，將看似複雜無頭緒的災害應變行動，轉化成具體可行的作業方案。

二、以災害應變的先後順序來決定災害應變戰術的運用與作為

　　災害應變行動以拯救人命為主，災情控制為次，防護財物為後，如此的先後順序可以幫助現場指揮官思考各種應變戰術的運用，並提出現場作業的優先順序，在有限的時間下，找出最符合災害應變整體目標的做法。

參考書目

林志豪（2010）。災害最前線：緊急醫療系統的運作。臺北市：貓頭鷹。
臺北市政府工務局（2015）。工務局搶救復興航空墜落基隆河飛機殘骸及墜毀擦撞環東高架橋護欄緊急處理總結報告。取自 http://www.dot.gov.

taipei/ct.asp?xItem=96518584&ctNode=51320&mp=117001

蔡武忠、張賢龢、沈子勝（2008）。火場人員安全管理制度。**中央警察大學災害防救學報**，12，133-144。

Alexander, D. (2002). *Principles of Emergency Planning and Management*. New York, U.S.A: Oxford University Press.

de Bruijine, M., Boin, A., & van Eeten, M. (2010). Resilience: Exploring the concept and its meanings. In L. Comfort, A. Boin & C. Demchak (Eds.), *Designing resilience: Preparing for extreme events* (pp.13-32). Pittsburgh: University of Pittsburgh Press.

Dynes, R. (1994). Community Emergency Planning: False Assumptions and Inappropriate Analogies. *International Journal of Mass Emergencies and Disasters, 12*(2), 141-158.

Emergency Management Institute (EMI) (2013). *IS-100.b: Introduction to incident command system, ICS-100*. Retrieved from http://training.fema.gov/EMIWeb/IS/courseOverview.aspx?code=IS-100.b

Harrald, J. (2006). Agility and discipline: Critical success factors for disaster response. *The Annals of the American Academy of Political and Social Science, 604*, 256-272.

Hatch, M. (1997). *Organization Theory: Modern Symbolic and Postmodern Perspectives*. U.K.: Oxford University Press.

Hawkins, J., & McFadden, J. L. (2003). Wildland fire fighting. In R. Barr & J. Eversole (Eds.), *The fire chief handbook* (6th ed., pp.831-897). U.S.A: PennWell Corporation.

Heide, E. A. (2004). Common Misconceptions about Disasters: Panic, the "Disaster Syndrome," and Looting. In M. O'Leary (Ed.), *The First 72 hours:*

A community Approach to Disaster Preparedness. Lincoln, NE: iUniversity Publishing.

Lindell, M., Prater, C., & Perry, R. (2006). *Fundamentals of Emergency Management*. U.S.A: Federal Emergency Management Agency (FEMA).

Lindell, M., Prater, C., & Perry, R. (2007). *Introduction to Emergency Management*. U.S.A.: John Wiley & Sons, Inc.

London Emergency Services Liaison Panel (LESLP) (2007). *Major Incident Procedure Manual* (7th Ed.). U.K.: The Stationery Office.

MIPT (Oklahoma City National Memorial Institute for the Prevention of Terrorism) (2002). *Oklahoma city seven years later: Lessons for other communities*. Oklahoma, U.S.A: MIPT.

Moynihan, D. (2007). *From forest fires to hurricane katrina: Case studies of incident command system*. IBM Center for The Business of Government.

Neal, D., & Philips, B. (1995). Effective Emergency Management: reconsidering the bureau approach. *Disasters, 19*, 327-337.

Neal, D., & Webb, G. (2006). Structural barriers to using the national incident management system. In C. Bvec. (Ed.), *Learning from catastrophe: Quick response research in the wake of hurricane Katrina* (pp.263-282). Boulder, Colorado: Institute of Behavioral Science, University of Colorado at Boulder.

Philips, B., Neal, D., & Webb, G. (2012). Introduction *to Emergency Management*. U.S.A: CRC Press.

Quarantelli, E. L. (1997). Ten Criteria for Evaluating the Management of Community Disasters. *Disasters, 21*(1), 39-56.

Sylves, R. (2008). *Disaster policy and politics*. Washington DC: CQ Press.

Wildavsky, A. (2011). *Searching for Safety* (4th ed.). U.S.A: Social Philosophy and Policy Center.

第八章　群眾之大規模避難行為

吳豪哲、洪士凱

章節摘要

　　疏散避難（evacuation）可定義爲災民從危險地區到安全地點的暫時性移動。對許多災害而言，疏散避難是最能夠有效的使居民免於危害的方法之一。當發生洪水、潰壩、地震、野火、颱風、火山噴發、海嘯、核生化災害或放射性災害時，疏散避難是大多數災防人員所建議的防護措施行爲（protective action）[1] 之一。因此，疏散避難計畫（evacuation plan）通常是災害應變計畫（emergency plan）的主要核心（Lindell *et al.*, 2007）。本章節探討疏散避難計畫的三個基本步驟：首先，必須於災害發生前將有可能受潛在威脅影響的區域明確地劃定出來；第二，須進行疏散避難分析，進而了解疏散避難路線系統、估算疏散的需求及規劃避難的行程；最後，爲確保避難計畫中疏散撤離的實施，災害管理人員應明確擬訂交通管理的策略。事實上，疏散避難並非專指大規模災害的應變方式，在小規模的緊急狀況下採取疏散避難，也經常是個人或群體最主要的防護措施。例如，火災事故。然而，本章僅著重於大規摸疏散避難相關議題的論述，並藉由美國近年來災害的相關案例研究來討論家戶應變的模式。

---

[1]　防護措施行爲是指在災害發生時，個人或災害管理人員爲保護自身或居民的身家財產所採取的手段。各種災害各有其常見的防護措施行爲。例如，避難就是颱風最常見的防護措施行爲之一；藏身於桌子下面則是地震時常見的防護措施行爲。

8.1 避難意願之人類行爲模式

政策制定者、規劃者和災害管理人員在進行分析及提出疏散避難計畫前，通常會透過假設情境的問卷調查來了解居民的避難意願及其防護措施的選擇。人類行爲的決策過程，是由其所在的社會環境背景影響個人的態度（attitude）及認知（cognition），進而決定其對於某種行爲的傾向（intention），然而民眾最終的行爲（behavior），除了其行爲傾向外，當事件發生時，周遭的限制，也或多或少造成影響。因此成功的規劃過程不僅僅是一個資料蒐集過程，災害管理人員還必須知道當地居民對災害的認知（risk perception）（居民如何看待避難）和實際採取的防護措施（居民真正的避難行爲）的差異，然後針對疏散避難估算進行必要的調整。

在本節中，我們將討論人類災害行爲研究中提出的三種常見偏見和衝突（Huang *et al.*, In press；Huang *et al.*, 2014），包括樂觀偏誤（optimistic bias）、從眾行爲（conformity behavior）和意願衝突（intention conflicts）。Huang 等學者（2016）運用整合分析（meta-analysis）對 49 個颶風災害的研究進行比較分析。圖 8.1 及圖 8.2 爲其部分分析的結果。圖 8.1 爲人們評比各項考量的最終決定及其效應大小的對照圖示（cross-plot）。這個圖顯示了人們的考量和他們決定避難的預測之間的一致性。不意外地，人們會很關心社會和環境因素（例如，官方警報、颶風在附近登陸以及降雨量），這些因素會直接影響到避難決定。然而，位於圖 8.1 右下角和左上角的未預期因素造成了災民避難時發生的普遍偏見和衝突。此外，圖 8.2 則說明了人們的意圖和實際行爲之間差異。

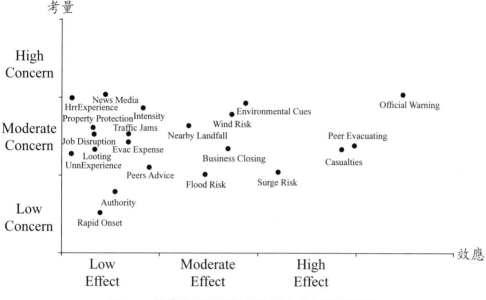

圖 8.1　災害資訊考量及其效應大小之對照圖示

資料來源：Huang *et al.*, 2016

　　1. **樂觀偏誤模式**：樂觀偏誤為人們傾向認為自己比其他一般人更不會受到威脅（Weinstein & Klein, 1996），或者認為自己可以控制結果（Dunning *et al.*, 2004；Trumbo *et al.*, 2014）。由圖 8.1 的右下角可顯示前者，即人們不太關注個人可預期的影響（例如，人員傷亡、洪水風險和浪湧風險），這些因素是他們的避難決定的主要預測因子。低風險的認知會降低家戶決定避難的意願，即使後期對威脅有所察覺，也可能會造成避難離開時間的延遲。一般而言，災民會認為他們決定避難與否是根據自身經驗或新聞媒體提供的資訊而定（參見圖 8.1 左上角）。但事實上，居民的避難決定通常比他們自身想像的更加複雜，家庭成員的組成，避難當時的資源，災害發生的時間等都會是影響避難決策的因素（Huang *et al.*, 2012；Huang *et al.*, 2014）。

　　2. **從眾行為**：圖 8.1 中還顯示雖然人們較少考慮同儕傾向，但順應他

人行爲其實也是避難決策考量因素之一。這與 Arlikatti 等學者（2007）的研究結果是一致的。人們一方面傾向於相信他們比同儕更具備災害知識；另一方面，在不太了解的自然環境裡，他們可能很信任並跟隨同儕的應變方式（Lindell & Perry, 2004）。當居民獲取災害警報資訊的傳播管道有限，或社區整體意識較爲強烈時（例如美國的 Rio Grande Valley 的拉丁美洲裔住民），研究者更容易在災害應變時觀察到從眾行爲的現象（Lindell *et al.*, 2013）。如果同儕的應變作爲與官方警報及其建議的防護措施一致時，從眾行爲並不會對災民本身或他人造成問題。然而，當同儕的應變與官方警報相反時，則可能產生不必要的疏散交通流量，進而導致災民滯留在危險區域而引發安全問題。

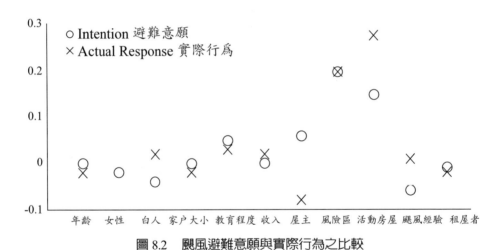

圖 8.2　颶風避難意願與實際行爲之比較

資料來源：Huang *et al.*, 2016

3. **意願衝突**：意願衝突是指災民的疏散意願和其實際作爲之間的衝突。如果家戶在問卷調查時忽略了自身撤離意願的可能性，災害管理人員可能會低估一個地區的疏散需求，反之亦然。圖 8.2 顯示對於某些特定的災民來說，本身自我預期的疏散意願會比眞正颶風來襲時的實際避難意願

要低。這些災民的族群包括女性、白人、活動房屋[2]（trailer home）的屋主以及具有颶風避難經驗的人們。災害管理人員在制定疏散計畫時，必須將上述的情況納入考量，一旦災害真正發生時才不會造成交通混亂的情況。另一方面，少部分的高齡者，家戶成員結構較為龐大的家庭，以及大部分一般房屋的屋主，有較高自我預期的疏散意願，但實際面臨颶風時，眾多現實的考量卻降低實際避難的意願。因此，災害管理人員亦需針對具有特殊需求的民眾進行掌控，在颶風來襲時，給予必要的協助，或加強宣導警報，使其確實了解所面臨的風險（Huang *et al.*, In press）。

8.2 風險區劃定

風險區域（risk area）是指暴露在特定災害或危害的地理區域。風險區劃定的意義是為了保障生命、財產的安全，透過對居民的風險資訊（risk information）溝通，迫使他們相信災害將會在可預見的未來，在他們的地區發生（Lindell & Perry, 2004；Perry & Lindell, 2007）。研究者及災害管理人員通常會藉由發放風險區域地圖，和當地居民進行疏散避難計畫的風險溝通。此地圖應包含居民所應採取的防護措施、何時該疏散及地方政府推薦的避難路線等資訊。

典型的風險區域地圖會根據不同的威脅程度，將整個影響區域劃分成數個分區（圖 8.3），使災害規劃人員能進一步處理疏散避難分析和估算疏散的需求。這個步驟非常重要，因為這個地圖不僅會被災害管理人員用來進行決策分析，其終將提供給民眾使用。因此，各分區的邊界必須劃定

2　活動房屋是指美國的一種簡便住宅，興建時大多是工廠建造完成後再整棟（僅有一層）用拖車運送到建地，活動房屋結構大多沒有地基，房屋送達時僅接上相關管線即可入住。興建過程的簡略加上大多數的活動房屋皆位於鎮上的災害潛勢區，因為廉價，經常是低收入戶的住宅選項之一。

清楚。過去的研究指出，許多風險溝通失敗的例子，皆是由於居民難以在風險區域地圖上確認自己的位置，進而在災害避難時作出不當的保護行為決策（Zhang *et al.*, 2004；Arlikatti *et al.*, 2007）。因此，為了要使居民易於確認自己的位置，風險區域地圖分區的邊界可以藉由郵遞區號邊界、行政區邊界（城市邊界線）、地理特徵（河流）和主要道路來劃分。

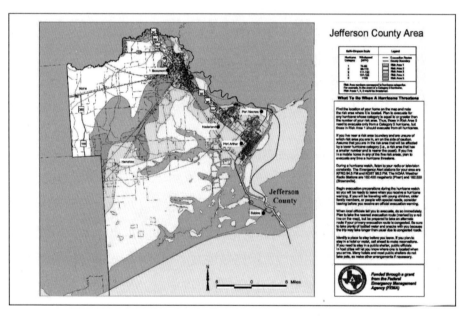

圖 8.3　美國德州傑佛森郡颶風防災地圖

資料來源：Wu *et al.*, 2015a

風險區域地圖可便於災害規劃人員進行疏散避難分析。最常見的例子是災害規劃人員使用風險區域地圖來估算及模擬疏散避難的需求及過程。除此之外，為便於居民使用該地圖，災害規劃人員應該將防護措施的建議加入風險地圖中。這些資訊包括針對不同情況的多種防護措施建議。例如，疏散避難、就地避難（shelter-in-place），或持續觀察相關情況；並應建議在同一地區的居民採取同樣的防護措施。同時，疏散區域有時可

能需要根據威脅的程度被劃分成更小的分區。例如，風險區和疏散階段常根據不同的薩菲爾辛普森颶風等級（Saffir-Simpson Hurricane Wind Scale）（1～5 級）再被細分。最後，規劃人員應確定疏散時的地理屏障（例如，河流、孤島或高山）。這對疏散避難路線的分析尤為重要，因為這些地理屏障可能會降低通行能力或限制疏散速度。

8.3 疏散避難計畫及運籌

自然災害有不同的災害特性，有些災害可能會對風險區的居民帶來類似的威脅；有些則可能會造成完全不同的威脅。例如，颶風可能引發暴潮及暴雨；地震可能會造成建築物倒塌、瓦斯洩漏及火災事故。龍捲風及颶風均有可能帶來強風和冰雹（Dynes, 1970；Cvetkovich & Earle, 1985；Lindell & Perry, 1992；Lindell & Prater, 2003）。在災害發生前，住在風險區的居民可以藉由一些方法將災害的影響降到最小。一般來說，減災和整備的策略可以提高社區的韌性（resilience）。Lindell 與 Prater（2003）的研究認為社區可透過減災及整備的措施，使環境和社會衝擊最小化。在某些情況下（例如龍捲風或化學品洩漏），就地避難是最有效的防護措施。家中的龍捲風避難所或安全屋可能是對龍捲風威脅的最佳減災措施。

事實上，減災策略並不能消除所有的災害衝擊。對於具有較強損害影響和長時間預警的災害（例如颱風或颶風），疏散避難可能是最好的應變策略。疏散避難主要的考量是疏散時間的估計。以颶風為例，在美國具有較多人口的德州沿海地區，如 Brownsville 或 Port Arthur，地方政府官員需要在熱帶氣旋到達前 36 小時以上做出疏散的建議（Lindell & Prater, 2007；Wu *et al.*, 2014）。下面的章節將介紹疏散時間估計的考量因素，包括：疏散避難路線系統（Evacuation Route System, ERS）、交通需求、交通容量（traffic capacity）、交通行為模式及交通管理。

一、疏散避難路線系統和交通容量

美國城市大規模疏散時，總能在電視新聞看到成千上萬的車輛，在主要高速公路系統上靜止不動而形成了連綿不絕的紅色車燈景象。在實際災害威脅到來前規劃大規模疏散是一個非常複雜的任務。事實上，避難民眾行為和普通公路上旅客有很大不同。

首先，避難的民眾往往會等待至不確定因素降低時，才願意作疏散避難決策，這往往造成民眾在同一時間啟動疏散避難行為。研究發現在Katrina（2005年）、Rita（2005年）及Ike（2008年）颶風時，大約一半的避難民眾在颶風來襲的兩天前，也就是美國國家颶風中心（National Hurricane Center, NHC）發布颶風警報（hurricane warning）的那一天決定撤離；另外三分之一的民眾則於颶風來襲的前一天撤離（Wu *et al.*, 2012；Wu *et al.*, 2013）。這些研究數據都顯示家戶疏散有其一定模式，民眾傾向於同一時間撤離。更進一步來說，居住在風險地區的居民事實上傾向於颶風警報發出後才撤離。災害管理人員和疏散交通規劃者必須將這點納入考慮。

第二，疏散是單向交通，民眾撤離時很有可能都往同一方向行進，這個特性導致高速公路或一般道路系統的反向是淨空的。在颶風疏散的情況下，人們從沿海向內陸地區撤離。災害管理人員和交通專家需要盡量減少交通號誌的干擾，讓風險地區的居民撤離順利（Lindell, 2014）。此外，亦可考量將高速公路另一側部分提供給民眾疏散。

Lindell（2014）的研究提出三個步驟來估算疏散避難路線系統（ERS）的容量。

1. 分析人員必須為來自不同風險區的避難民眾規劃不同的道路系統。Wu等學者（2014）在他們的實驗研究中也發現多數研究參與者未能及時疏散位於風險區的居民。在實際狀況中，如果在風險區1（risk area

1）的避難民眾太晚撤離，他們很可能會在某個路段遇到風險區 2（risk area 2）的避難民眾而造成大規模的交通堵塞。

2. 當決定疏散路線時，必須考量車道、道路寬度、交叉路口特性及限速（Dotson & Jones, 2005）。Wu 等學者（2012）的研究指出在颶風來襲時，住在美國 Gulf of Mexico 沿海地區收入較高的居民很有可能帶著拖車撤離，並花費更長的額外時間來疏散。規劃合適道路特性的疏散路線，可以幫助人們較快離開危險地區。

3. 分析人員必須確保疏散路線的連接順暢。不同的路線有不同的容量，撤離的民眾從較高速限的道路行駛至較低速限的路線時，將延遲離開危險區域的時間。

二、預測疏散需求

本節將討論居民自行開車及搭乘大眾運輸避難的行為模式。如上所述，美國的地方官員和災害管理人員需要在颶風來襲前的 36 小時，向可能受衝擊地區的居民做出疏散建議。這也與住在風險地區的居民是否擁有車輛有關。部分不擁有車輛的災民必須仰賴地方政府在災害發生時提供大眾運輸（大多為巴士）來疏散。

1. **自行開車**：過去研究指出在 Lili、Katrina、Rita、Ike 颶風期間自行開車避難的民眾占大多數（Lindell *et al*., 2011；Wu *et al*., 2012；Wu *et al*., 2013）。這些研究發現，每戶平均擁有車輛分別為 1.7 輛（Lili）、2.15 輛（Katrina 及 Rita）和 2.03 輛（Ike）。疏散過程中每戶分別使用了 1.42 輛（Katrina 及 Rita）和 1.25 輛（Ike）的車輛。此外，各有 0.12 輛（Katrina 及 Rita）和 0.69 輛（Ike）的拖車被用於疏散。這些結果顯示在大規模颶風撤離行動的三天內，會有龐大數量的車輛行駛在疏散避難路線系統上。例如，在 Rita 颶風時，有超過 200 萬人疏散（National Hurricane Center, 2006）。因此，大約有 71 萬輛車及 34.5 萬輛拖車在 Rita 颶風疏散期間行

駛。由於汽車仍是美國城市的主要運輸形式，分析人員必須考量這個因素。疏散避難訊息還需包括針對不同風險區的不同疏散路線建議，以避免民眾撤離時都使用同樣的路線。事實上，Katrina 及 Rita 颶風的調查結果也顯示，部分民眾撤離時迴避了主要公路及建議的路線以避免塞車，他們決定選擇便道離開危險地區（Wu *et al.*, 2012）。

2. 搭乘大眾運輸：研究顯示在颶風疏散的期間，一些民眾會搭乘大眾運輸離開危險地區。數據顯示少數族裔（非白人、女性及教育程度較低者）與擁有汽車為負相關；低收入和非婚的家庭則也較不可能擁有自己的車輛（Lindell *et al.*, 2011；Wu *et al.*, 2012；Wu *et al.*, 2013）。

一般而言，脆弱族群（非白人、女性和低收入者）具有較低的汽車擁有量。雖然並非所有的研究數據都能支持大眾運輸使用與收入程度的顯著相關性；然而調查結果顯示在 Katrina/Rita 及 Ike 的疏散過程分別有 0.3% 和 0.8% 的民眾搭乘大眾運輸。此外，9%（Lili）、7.82%（Katrina 及 Rita）和 10.26%（Ike）的受訪者在疏散時為搭乘朋友的車。這些數據表示大規模疏散時確實有大眾運輸的需求；然而許多居民可能因為不清楚在哪裡搭乘大眾運輸疏散，進而決定與朋友共乘而非搭乘大眾運輸。另一個可能性則是和美國家庭高程度的汽車普及率有關。

因此，不論車子是避難的民眾或其朋友所擁有，離開危險地區最簡單的方法仍然是搭乘私人的車輛。災害管理人員需要在整備計畫和疏散建議中，研擬對於風險區的居民的疏散策略，明確指出何時、何地可以搭乘坐大眾運輸疏散。規劃人員也必須在城市綜合發展計畫或減災計畫中，設計用於疏散的巴士站。這種策略可以提高在疏散時風險區的居民對於大眾運輸的使用，進而釋出在疏散路線上的一些車道空間，以達到減少塞車程度的目的。例如，在佛羅里達州邁阿密海灘，可以在街道上見到固定的疏散巴士站（Miami Beach Hurricane Information Center, 2014）。如果有需要進

行颶風疏散避難時，當地居民和遊客能夠自行找到這些疏散巴士站。

3. **特殊需求者**：災害管理人員應特別為具有特殊需要的避難民眾進行疏散需求的考量。特殊需求者包括身心障礙者、有寵物的家庭、學童、有語言／溝通困難的遊客以及囚犯（Perry & Lindell, 2007）。這些族群可能需要較長的準備時間疏散或有離開的困難。因此，災害管理規劃者必須事先將這些人的身分和地點建立資料庫，並準備專用設施。疏散時，校車或其他支援的運輸工具應負責接送這些特殊需求的族群。規劃者應在風險區的其他居民撤離之前，優先撤離這些特殊需求的族群，將他們先安置好。有時，可能需要每戶的檢查，以確保有特殊需求的族群從受影響的區域完成撤離（Litman, 2006）。

4. **陰影疏散**：在大規模疏散的過程中陰影疏散（shadow evacuation）時有所聞，陰影疏散是指位於不需疏散區域的居民做出了不必要的撤離決定（Zeigler *et al.*, 1981；Perry & Lindell, 2007）。陰影疏散是一個重要的問題，因為它不僅會產生額外的疏散車流量，也會阻礙真正受影響地區的避難民眾在災害發生前抵達安全的地方。目前僅有少數研究對陰影疏散進行過調查。因此，在未來災害管理人員應對受影響區域和鄰近疏散區的地區居民進行相關的避難行為研究，以對疏散需求估計做必要和適當的調整。

5. **撤離時間的預估**：預測疏散需求的數量後，災害管理人員必須估計避難民眾會何時開始他們的撤離行程。這表示災害管理人員應審慎估計居民的撤離時間點，以及疏散避難路線系統上將會有多少的車量湧入。許多對美國家戶撤離出發時間進行研究的報告指出：(1) 家戶是依據預期的災害發生時間、疏散公告和其所在風險區來決定出發時間；(2) 他們不太可能在疏散避難公告發布前出發；(3) 他們不太可能在晚上離開，除非認為拖延到早晨會對家人帶來重大的危害（Lindell *et al.*, 2005；Fu *et al.*,

2007；Dixit *et al.*, 2008；Huang *et al.*, 2012）。

　　事實上，規劃人員在疏散模式中採用的一般假設，是累積出發時間分布的 S 形曲線。在此假設下，交通量在撤離剛開始時爲緩慢增加，等到時間接近災害發生時，該曲線斜率迅速增加。最後，當災害發生時，曲線斜率則再次變平（Sorensen, 2000；Lindell *et al.,* 2005；Dixit *et al.*, 2008）。例如，圖 8.4 顯示 Katrina、Rita 及 Ike 颶風家戶的撤離時間點（Huang *et al.*, 2016）。通常情況下，不到 10% 的家庭在颶風警戒（hurricane watch）發布後就出發。這是因爲一個家庭在撤離前需要準備的時間，來評估他們的風險及做出撤離的決定，並且準備好離開工作、會合家庭成員、打包旅行物品、安置避難處及確保他們財產的安全（Lindell *et al.*, 2007）。

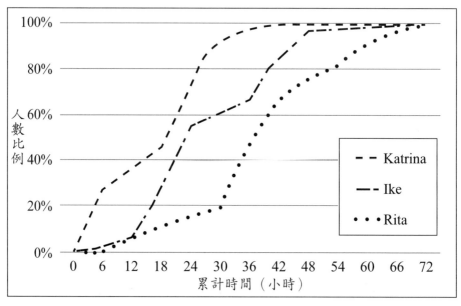

圖 8.4　Katrina、Rita 及 Ike 颶風之累計撤離出發時間及人數對照圖

資料來源：Huang *et al.*, 2014

　　家戶對災害威脅的緊迫性認知，將決定在之後幾個階段的曲線斜率。

民眾在 Katrina 颶風時很快就撤離，因為颶風在警戒發出後不到 48 小時內即登陸；反之，人們在 Rita 颶風時有較長的時間準備他們的撤離行動。有趣的是在 Katrina、Rita 及 Ike 颶風事件中，研究人員觀察到在整個累積曲線中包含了幾個連續的 S 曲線（圖 8.4），這除了顯示民眾會集中在特定時間啓程外，更透露出比起夜晚，人們更傾向在白天離開（Lindell *et al.*, 2005；Huang *et al.*, 2012）。

三、交通行為模型

社會科學家與交通工程師在進行交通行為研究時，常著重在不同的面向。社會科學家往往利用經驗數據來測試現存的理論模式。Mileti 與 Sorenson（1990）在 90 年代發展出第一個災害應變模式，該模式描述了災害應變時人們從一開始聽到警報消息到決定對該消息做出反應的過程。他們認為需要經過以下的步驟：(1) 聽到警報消息、(2) 理解內容、(3) 相信警報、(4) 確認消息、(5) 將威脅個人化、(6) 應變／保護（Mileti & Sorenson, 1990）。這是了解災害資訊的接收者心理模式非常簡單的概念。Mileti 與 Sorenson（1990）的研究也指出，有些人可能會跳過一些步驟而直接到最後的反應階段。

另一個為由 Lindell 與 Perry 發展的經驗模式。Lindell 與 Perry（1992）在他們 *Behavioral Foundations of Community Emergency Planning* 的書中首次提出防護措施決策模型（Protective Actions Decision Model, PADM），並且在 2004、2012 年更新了這個模型。此模型（圖 8.5）更進一步的概念化疏散避難和防護措施的決策過程。他們首先將資訊類型、來源、接收管道、消息內容和接收者的特徵進行分類。此外，在決策形成前的過程中，資訊的接收者必須暴露在資訊中並且注意到某些特定的資訊，進而內化這些資訊。在資訊的接收者做出他們的防護措施決定前，他們對災害資訊的認知會使其作出不同的決定。最後，資訊的接收者將針對所接收到災害資

訊開始採取行動，例如出發撤離、就地避難等。如果他們不認為自己的防護措施是適當的，或他們收到進一步更新的資訊，他們將回到該模式的一開始，以對新的資訊做出調適的行為。

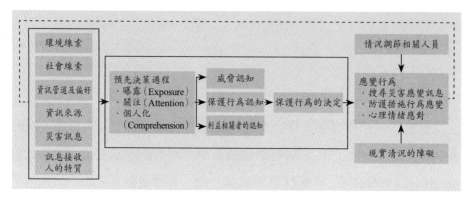

圖 8.5　防護措施決策模型

資料來源：翻譯自 Lindell & Perry, 2012

　　近年來有許多研究案以實驗設計或問卷調查的方式，來蒐集學生或居民的經驗數據。這些以 PADM 為基礎的研究，大多著重在居民或災害管理人員對颶風疏散避難的資源運籌和災害應變決策的過程（Lindell *et al.*, 2011；Wu *et al.*, 2012；Wu *et al.*, 2013；Wu *et al.*, 2014；Wu *et al.*, 2015a；Wu *et al.*, 2015b）。不同於其他認知的研究，Wu 等學者（2014；2015b）發現實驗的參與者明白颶風路徑有轉向的可能性，參與者認為即使有些地點不是在颶風預測的路徑方向上，颶風仍可能登陸該地。

　　此外，如果參與者本身認為其所在地會受到颶風的威脅，他們能夠明確的給予其指定管轄區防護措施上的建議（Wu *et al.*, 2015b）。這些建議包括啟動災害應變中心（EOC）、警報系統、沿海地區停止上班上課、設置公共避難場所、疏散弱勢族群（老人、身心障礙者、遊客等）以及疏散風險區（等級 1～5）。研究結果顯示，如果一個假設的颶風快接近他們

的管轄區，實驗參與者傾向給予更多的防護措施建議。此外，這項研究還發現，當大多數的實驗受測者並沒有在首次被告知颶風已在鄰近海灣形成的同時，啓動災害應變中心，而是在等到颶風已經非常接近時才意識到啓動災害應變中心的必要性。除此之外，他們大多也未能及時疏散應該撤離的風險區域。

以上的研究是運用實驗設計的方法，研究災害管理人員如何下達疏散決策的過程。在不同的研究案裡，該研究小組也對實際颶風事件中的避難家戶以問卷調查的方式蒐集相關的避難行爲資料。這些問卷調查的結果發現愈是靠近沿海地區的居民愈傾向於向更內陸的區域疏散，並花費更長的避難疏散時間（Lindell *et al*., 2011；Wu *et al*., 2012）；疏散至較遠地區的人也比較傾向選擇待在飯店或旅館（Lindell *et al*., 2011；Wu *et al*., 2012；Wu *et al*., 2013）。

在這些颶風事件中，從撤離的住家至疏散避難地點平均距離爲 150 至 250 英里（Lili：192.50 英里、Katrina：266.42 英里、Rita：199.17 英里、Ike：156.92 英里）。在各事件中均有超過 50% 的避難民眾撤離至朋友或親友家；另一方面，少於 5% 的避難民眾選擇公共避難處所作爲其撤離的目的地。這些研究還調查了避難民眾的疏散路線偏好（圖 8.6）。例如，在 Katrina 及 Rita 颶風疏散過程中，避難的民眾傾向於使用州際公路撤離；來自德州地區的部分避難民眾則選擇州內公路（state highway）或美國國道（U.S. highway）疏散至德州東部，以避開主要州際公路（interstate highway）的車流量[3]。

上述研究分析了疏散決策的兩個層面——行政和家庭層面。這些經驗

---

[3] 一般美國居民如果想在各大城市間移動，旅客大多會以州際公路爲首選。一般在州際公路的沿途，會有較多的餐廳、加油站及休息區供旅客使用，相對於州內公路或美國國道，大部分州際公路有較多的車道。

數據能夠幫助災害管理者了解疏散避難時可能發生的問題。例如，不合適的疏散命令（沒有足夠的時間讓人們撤離）、交通路線的使用（州際公路與地方公路系統）、避難民眾住家與疏散安置地點的距離關係、疏散巴士的不足和公共避難處所的低使用率。了解這些資訊將有助於疏散避難的規劃者和災害管理者傳達強制撤離的消息內容。此外，上述研究亦顯示住在不同風險地區的居民傾向於不同時間撤離。災害管理人員需對不同的風險區規劃不同的疏散路線，並讓住在風險區 1（沿海地區）的居民較其他風險區居民提早撤離。

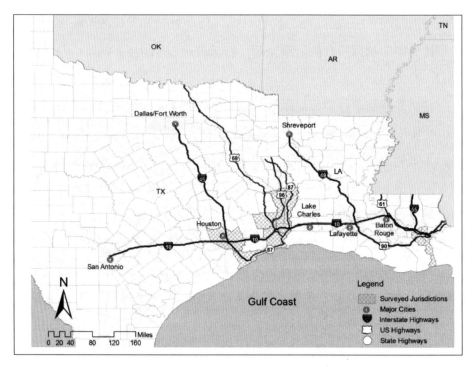

圖 8.6　Katrina 及 Rita 颶風之疏散路線

資料來源：Wu *et al.*, 2012

8.4 交通管理策略

　　大規模疏散有可能對公路造成大量的車流量負荷，並導致嚴重的交通堵塞。雖然位於風險區的民眾正確做出撤離的決定，但是如果在路上停滯不前，他們遭受災害的風險反而會升高。因此，災害管理者在疏散避難計畫中應審慎研擬交通策略。過去研究指出，經常被用來舒緩交通堵塞的策略包括調撥車道、交通管制和號誌控制（Chiu *et al.*, 2008；Abdelgawad & Abdulhai, 2009；Murray-Tuite & Wolshon, 2013）。

　　調撥車道操作是將雙向的疏散車道重新調整為單一方向的車流量控制策略（U.S. Department of Transportation, 2006；Chiu *et al.*, 2008）。此策略被認為能夠有效增加車流容量並節省疏散的行車時間。在德州沿海地區的模擬發現調撥車道可以節省疏散時約 14% 的行車時間。同時，如果調撥車道與分階段撤離策略一起實施，行車時間將節省至高達 30%（Chiu *et al.*, 2008）。

　　另一種有助於改善疏散過程中交通流暢度的管理策略為交通管制。交通管制包括多種方式，交通部門和災害管理規劃者能利用它們來提高疏散的效率。例如，取消次要交叉路口的交通號誌或關閉部分匝道（Cova & Johnson, 2003）、分隔不同的車輛和公車專用道〔Information Collection, Analysis & Dissemination（ICAD）, 2011〕，以及開放路肩使用（Wolshon & Lambert, 2004）。

　　另外，研究中顯示交通號誌對疏散的進展影響顯著（如 Parr & Kaiser, 2011），亦即交通號誌的延遲能增加車輛行駛時間。但需要注意的是在大規模疏散中，該延遲的效果有可能對部分道路造成相對巨大的車流量負荷。不過，交通號誌的時制調節仍為改進疏散車流量的主要方式之一。

8.5 預報、警報和疏散

有些災害，如地震，幾乎是無法預測，但科學家對部分災害則有相對準確的預測技術。龍捲風的預警時間過去曾是非常短的。新的證據顯示目前對龍捲風的預測技術，其預測的準確率及龍捲風形成前的預警時間已有很大的提升（Golden & Adams, 2000）。一般而言，人們在龍捲風警戒或警報之前會收到雷雨警報。隨著雷雨警報，人們開始注意天氣預報。當收到龍捲風警戒時，人們將更關心注意龍捲風警報和形成的可能性。

因此，一旦收到龍捲風警報，他們可以迅速採取必要的措施來自我保護。事實上，隨著手機技術的發展，一些企業（如 mywarn.com）開發出了手機應用程式。當有龍捲風時，能夠繪製多邊形預警區域，然後利用 GPS 技術定位手機持有者並幫助使用者離開龍捲風的預警區域。

在另一方面，地震僅有很短的發生前預警時間。通常它是小於 10 秒。地震學家已開發出偵測地震波的方法。地震運動可以產生二種波—P 波和 S 波。P 波移動得較快，但產生較少的震動；S 波移動速度較慢，但能產生較強的震動進而造成主要的破壞。目前，地震學家能夠偵測到 P 波，並在 S 波到達前 10 秒對將受影響區域發出警報（Kanamori, 2003）。日本地震預警系統（Earthquake Early Warning, EEW）是由日本氣象廳所發展。地震預警系統於實際地震（S 波）的 10 秒前，透過手機網路將警報發送至預測影響區域內。近年來，在日本該預警系統和手機通知被廣泛應用，包括 311 東日本大地震（Norio *et al.*, 2011）。預警的 10 秒內能夠幫助受影響範圍的民眾離開建築物或採取必要的防護措施。

Lindell 等學者（2015）的研究將 311 東日本大地震和紐西蘭基督城地震加以比較。研究發現在日本及紐西蘭 30% 以上的受訪者表示在感覺到地震後的即刻反應是「停止並停留原地」。除此之外，在日本還有 25% 以上受訪者的即刻反應是「立即離開建築物」，這個數字為基督城受訪者

的兩倍以上（Lindell *et al.*, 2015）。也許，地震的經驗和預警系統幫助日本民眾迅速採取行動，並立即採取防護措施。

相對於地震及龍捲風，熱帶氣旋（颶風和颱風）是具有相對較長預警期間的災害類型。一般來說，氣象機構能夠監控颶風或颱風的形成。在北美，大西洋颶風季節是每年的 6 月 1 日至 11 月 30 日。美國國家颶風中心（NHC）發布颶風警戒和警報消息給民眾。警報消息內容通常包含颶風特徵的文字訊息，如颶風前進速度、強度（風速），以及颶風大小，另颶風警報消息中也包含圖形資訊。這些圖形資訊顯示颶風過去的路徑、預測路徑和潛勢機率範圍。這些訊息中還包括颶風警戒和警報地區的相關資訊。災害管理人員和地方官員會依據 NHC 所提供的颶風資訊做出疏散避難的建議。

Wu 等學者（2015b）進行的一項實驗研究中，測試人們在不同情境中[4]，對於颶風預報資訊的偏好。這項研究發現實驗參與者較傾向使用颶風預報路徑（圖形）、潛勢機率範圍（圖形）和颶風強度（數字）的資訊來擬定防護措施。他們往往利用這些資訊判斷他們對颶風風險的認知。此外，在 6 天的預報單中（此實驗設定颶風在第 6 天登陸），多數受測者認為第 5 天的預報比第 1、2、3 或 4 天的預報提供更多的資訊。該研究亦發現當受測者對最後一個颶風情境進行資訊搜尋時，會顯示出更加穩定的搜尋模式（Wu *et al.*, 2015b）。這一實驗結果表示在實驗過程中，受測者實際上發展出自己的資訊搜尋策略。在資訊偏好的分析方面，也發現他們傾向依據第 5 天的颶風強度、預測路徑和潛勢機率範圍來決定採取哪些防護措施。

---

[4]　該實驗提供實驗受測者四種不同的颶風路徑，要求受測者對指定地區提供地區防護措施的建議，每一個路徑並提供六個不同時間點的颶風警報單，該時間點的間隔為一天。

8.6 避難撤離的返家計畫

在災害發生時，如果人們決定撤離是對他們最好的防護措施，大部分的人將需要在災後回到他們的社區並恢復他們原本的日常生活。這些族群通常是生活在社區裡已經一段時間的屋主。在很多情況下，租屋者不太可能回到租來的公寓或房子。在某些情況下，當地官員和災害管理人員在撤離後很難決定何時能讓民眾返回住家。最典型的例子為火山噴發相關的災害，火山地質學家很難確定火山噴發是否結束。地震災害也有同樣的情況，例如在 311 東日本大地震期間，很多從建築物中撤離的民眾不知道他們什麼時候可以回到建築物裡拿他們的物品。

在龍捲風、颶風或颱風、洪水事件中，當地官員較容易決定讓避難民眾回到他們社區的最佳時機。然而，較困難的是如何聯絡到避難的民眾並提供給他們返家的資訊。如先前提到的美國颶風事件中，大多數的避難民眾為前往自己的朋友或親戚家，因此，他們疏散的目的地與原住家往往距離範圍數千平方英里（Lin *et al.*, 2014）。如果避難民眾不嘗試自己尋找，他們很難得知官方的返家計畫。

Lin 等學者（2014）在 Ike 颶風後避難民眾返家的研究中，提出對災害管理者一些有幫助的資訊：(1) 如受訪者認為回到自己住家是個高風險的過程，他們較傾向尋求官方的返家計畫；(2) 較關注地方新聞媒體和較信賴地方政府的受訪者，較可能得知官方的返家計畫並對其滿意；(3) 雖然網路已被認為是獲得各種資訊最簡單的方法，但地方新聞和同儕仍為返家資訊的主要訊息來源。在 2008 年的 Ike 颶風事件中，人們往往向他們的朋友諮詢和確認回到住家是否安全。

另 Siebeneck 等學者（2013）的 Ike 研究調查指出人們一般較關注一些環境或結構的問題，如公共事業（水電、瓦斯等）、搶劫、返家的車流量及住家結構受損情形。災害管理者必須在返家計畫中研擬這些事項。這

項研究還發現人們對於避難後的返家過程並不樂觀，受訪者大多預期返家的過程會面臨很多麻煩，但事實上結果指出返家的過程並沒有如預期的困難（Siebeneck *et al.,* 2013）。此外，住在 Harris 和 Galveston County 的民眾，預測他們在回社區後失去收入的考量是負相關。換句話說，在 Ike 颶風後，返回該地區的人不認為他們會失去經濟來源，但有較大家庭規模的受訪者則較關心是否失去收入。

8.7 結論

　　疏散避難計畫是災害應變規劃過程中非常重要的一部分。該計畫的實施依賴所有利益相關者（家戶、災害管理者、地方官員、第一線應變人員等）在減災和整備階段的一起合作。災害管理者和規劃人員可利用問卷、前人研究成果和人口普查數據為避難民眾做出最佳的疏散策略。如上所述，災害管理規劃者需要明確地劃定有潛在威脅的特定區域。在疏散過程中，減少混淆是非常重要的。

　　疏散避難路線系統、疏散需求和疏散行程分析，必須在地方官員發布任何疏散建議或消息前完成。此外，疏散避難計畫中亦需研擬交通管理策略的實施。更重要的是，不同的災害將導致不同的危害影響。故我們有必要研擬一般常見災害在其風險區的不同疏散避難策略。

參考書目

Abdelgaward, H., & Abdulhai, B. (2009). Emergency evacuation planning as a network design problem: a critical review. *Transportation Letters*, *1*(1), 41-58.

Arlikatti, S., Lindell, M. K., & Prater, C. S. (2007). Perceived stakeholder role relationships and adoption of seismic hazard adjustments. *International Journal of Mass Emergencies and Disasters, 25*, 218-256.

Chiu, Y. -C., Zheng, H., Villalobos, J. A., Henk, R., & Peacock, W. (2008). Evaluating regional contra-flow and phased evacuation strategies for central Texas using a large-scale dynamic traffic simulation and assignment approach. *Journal of Homeland Security and Emergency Management, 5*(1), 1-27.

Cova, T. J., & Johnson, J. P. (2003). A network flow model for lane-based evacuation routing. *Transportation Research Part A: Policy and Practice, 37*, 579–604.

Cvetkovich, G., & Earle, T. C. (1985). Classifying hazardous events. *Journal of Environmental Psychology, 5*, 5-35.

Dixit, V., Pande, A., Radwan, E., Abdel-Aty, M. (2008). Understanding the impact of a recent hurricane on mobilization time during a subsequent hurricane. *Transportation Research Record, 2041*, 49-57.

Dotson, L. J., & Jones, J. (2005). *Development of Evacuation Time Estimate Studies for Nuclear Power Plants*. Washington, DC: U.S. Nuclear Regulatory Commission.

Dunning, D., Heath, C., & Suls, J. M. (2004). Flawed Selfassessment. *Psychological Science in the Public Interest, 5*, 69-106.

Dynes, R. (1970). *Organized Behavior in Disaster.* Lexington, MA: Heath-Lexington books.

Fu, H., Wilmot, C. G., Zang, H., & Baker, E. J. (2007). Modeling the hurricane response curve. *Transportation Research Record, 2022*, 94-102.

Golden, J. H., & Adams, C. R. (2000). The Tornado Problem: Forecast, Warning, and Response. *Natural Hazards Review, 1*(2), 107-118.

Huang, S. -K., Lindell, M.K., & Prater, C. S. (2014, June). Statistical Review of Hurricane Evacuation in Past 25 Years. 39th Natural Hazards Research and Applications Workshop, Boulder, Colorado.

Huang, S. -K., Lindell, M. K., & Prater, C. S. (2016). Who Leaves and Who Stays? A Review and Statistical Meta-Analysis of Hurricane Evacuation Studies. *Environment and Behavior*. doi: 10.1177/0013916515578485

Huang, S. -K., Lindell, M. K., & Prater, C. S. (In press). Toward a Multi-stage Model of Hurricane Evacuation Decision: An Empirical Study of Hurricanes Katrina and Rita. *Natural Hazards Review*.

Huang, S. -K., Lindell, M. K., Prater, C. W., Wu, H. -C., & Siebeneck, L. (2012). Household evacuation decision making in response to Hurricane Ike. *Natural Hazards Review, 13*(4), 283-296.

Information Collection, Analysis & Dissemination (ICAD) (2011). *Mass Evacuation Planning Guide & Plan Template.* LA, CA: ICAD.

Kanamori, H. (2003). Earthquake prediction: An overview. *International Geophysics Series, 81*(B), 1205-1216.

Lin, C. C., Siebeneck, K. L., Lindell, M. K., Prater, C. S., Wu, H. -C., & Huang, S. K. (2014). Evacuees' information sources and reentry decision making in the aftermath of Hurricane Ike. *Natural Hazards, 70*(1), 865-882.

Lindell, M. K. (2014). Evacuation planning, analysis and management. In A. B. Bariru & L. Racz (Eds.), *Handbook of Emergency Response: A Human Factors and Systems Engineering Approach* (pp.1-23). Bock Roton, FL: CRC Press.

Lindell, M. K., & Perry, R. W. (1992). *Behavioral Foundations of Community*

Emergency Planning. Washington, DC: Hemisphere.

Lindell, M. K., & Perry, R. W. (2004). *Communicating environmental risk in multiethnic communities*. Thousand Oaks, CA: Sage Publications.

Lindell, M. K., & Perry, R. W. (2012). The protective action decision model: Theoretical modifications and additional evidence. *Risk Analysis, 32*(4), 616-632.

Lindell, M. K., & Prater, C. S. (2003). Assessing community impacts of natural disasters. *Natural Hazards Review, 4*, 176-185.

Lindell, M. K., & Prater, C. S. (2007). A hurricane evacuation management decision support system (EMDSS). *Natural Hazards, 40*, 627-634.

Lindell, M. K., Ge, Y., Huang, S. -K., Prater, C. S., Wu, H. -C., & Wei, H. -L. (2013). *Behavioral study: Valley hurricane evacuation study, Willacy, Cameron, and Hidalgo Counties, Texas*. College Station, TX: Hazard Reduction & Recovery Center, Texas A&M University.

Lindell, M. K., Kang, J. E., & Prater, C. S. (2011). The logistics of household hurricane evacuation. *Natural Hazards, 58*, 1093-1193.

Lindell, M. K., Lu, J. -C., & Prater, C. S. (2005). Household decision making and evacuation in response to Hurricane Lili. *Natural Hazard Review, 6*(4), 171-179.

Lindell, M. K., Prater, C. S., & Perry, R. W. (2007). *Introduction to emergency management*. Hoboken, NJ: Wiley.

Lindell, M. K., Prater, C. S., Wu, H. -C., Huang, S. K., Johnston, D., Becker, J., & Shiroshita, H. (2015). *Immediate Behavioral Responses to Earthquakes in Christchurch New Zealand and Hitachi Japan*. Texas A&M University Hazard Reduction & Recovery Center. TX: College Station.

Litman, T. (2006). Lessons from Katrina and Rita: What Major Disasters Can Teach Transportation Planners. *Journal of Transportation Engineering, 132*(1), 11-18.

Miami Bach Hurricane Information Center (2014). *Evacuation*. Retrieved from http://web.miamibeachfl.gov/publicsafety/scroll.aspx?ID=46694

Mileti, D., & Sorensen, J. (1990). *Communication of emergency public warnings*. Oak Ridge, TN: ORNL-6609, Oak Ridge Natinal Laboratory.

Murray-Tuite, P., & Wolshon, B. (2013). Evacuation transportation modeling: an overview of research, development, and practice. *Transportation Research Part C, 27*, 25-45.

National Hurricane Center (2006). *Tropical Cyclone Report Hurricane Rita.* Retrieved from http://www.nhc.noaa.gov/pdf/TCR-AL182005_ Rita.pdf

Norio, O., Ye, T., Kajitani, Y., Shi, P., & Tatano, H. (2011). The 2011 eastern Japan great earthquake disaster: Overview and comments. *International Journal of Disaster Risk Science, 2*(1), 34-42.

Parr, S. A., & Kaisar, E. (2011). Critical intersection signal optimization during urban evacuation utilizing dynamic programming. *Journal of Transportation Safety & Security, 3*(1), 59-76.

Perry, R.W., & Lindell, M. K. (2007). *Emergency Planning*. Hoboken, NJ: John Wiley & Sons.

Siebeneck, L. K., Lindell, M. K., Prater, C. S., Wu, H. -C., & Huang, S. K. (2013). Evacuees' reentry concerns and Experiences in the Aftermath of Hurricane Ike. *Natural Hazards, 65*, 2267-2286.

Sorensen, J. H. (2000). Hazard warning systems: Review of 20 years of progress. *Natural Hazards Review, 1*(2), 119-125.

Trumbo, C., Meyer, M., Marlatt, H., Peek, L., & Morrissey, B. (2014). An Assessment of Change in Risk Perception and Optimistic Bias for Hurricanes among Gulf Coast Residents. *Risk Analysis, 34*(6), 1013-1024.

U.S. Department of Transportation, U.S. Department of Homeland Security (2006). *Catastrophic Hurricane Evacuation Plan Evacuation: A report to Congress.*

Weinstein, N. D., & Klein, W. M. (1996). Unrealistic Optimism: Present and Future. *Journal of Social and Clinical Psychology, 15*, 1-8.

Wolshon, B., & Lambert, L. (2004). *Convertible Roadways and Lanes.* Washington, DC: NCHRP Synthesis of Highway Practice 340.

Wu, H. -C., Lindell, M. K., & Prater, C.S. (2015a). Process Tracing Analysis of Hurricane Information Display. *Risk Analysis, 35*(12), 2202-2220.

Wu, H. -C., Lindell, M. K., & Prater, C.S. (2015b). Strike Probability Judgments and Protective Action Recommendations in a Dynamic Hurricane Tracking Task. *Natural Hazards, 79*(1), 355-380.

Wu, T. H., Lindell, M. K., & Prater, C. S. (2012). Logistics of Hurricane Evacuation in Hurricanes Katrina and Rita. *Transportation Research Part F: Traffic Psychology and Behavior, 15*(4), 445–461.

Wu, T. H., Lindell, M. K., & Prater, C. S. (2013). The Logistics of Household Hurricane Evacuation. In J. Cheung & H. Song (Eds.), *Logistics: Perspectives, Approaches and Challenges* (pp.127-140). Hauppauge, NY: Nova Science Publishers.

Wu, T. H., Lindell, M. K., & Prater, C. S. (2014). Effects of Track and Threat Information on Judgments of Hurricane Strike Probability. *Risk Analysis, 34*(6), 1025-1039.

Zeigler, D. J., Brunn, S. D., Johnson Jr., J. H. (1981). Evacuation from a nuclear technological disaster. *Geographical Review, 71*(1), 1-16.

Zhang, Y., Prater, C., & Lindell, M. K. (2004). Risk Area Accuracy and Evacuation from Hurricane Bret. *Natural Hazards Review, 5*(3), 115-120.

第九章　災害應變中心規劃設計與運作

洪士容[1]、郭乃嘉[2]、張賢龢

章節摘要

當災害發生後，災害現場各項工作複雜忙亂，因此需要有一中樞協調各不同機關與單位，以協助救災現場調度各項資源。本章節從成立災害應變中心的目的與其六大主要功能開始討論，接著探討其成立與運作方式，最後再依其功能與運作方法，一一討論美國在設置災害應變中心時的主要考量，並分析幾種災害應變中心內部桌椅配置的方式與優缺點。在全階段災害管理（all-phases disaster management）的思維之下，藉由思考災害應變中心的功能與設立目的，進而在整備與減災階段，完善各項應變中心所需的資源與設施，以提升災害應變的效能。

9.1 成立災害應變中心的目的

災害應變中心（Emergency Operations Center, EOC）做為重大緊急事故發生時，進行決策與指揮之地點，負責指揮、協調、調度不同機關所屬之車輛、裝備、機具與人力等資源，以因應事故應變之所需。災害應變中心在災時必須協調不同的災害應變機關一起參與災害應變作業，以加速各項救災物資與資訊的傳遞。為了達成這樣的任務，在災害來臨之前，

---

[1]　新北市政府消防局災害搶救科專員。
[2]　新北市政府消防局資通管考科股長，IAEM 災害管理士（AEM）。

災害應變中心必須訂定相關的計畫[3]，以協助各救災的相關單位了解彼此的任務、職責及工作範圍。如同本書第一章中強調的全階段災害管理（all-phases disaster management）觀念，雖然 EOC 中文譯為災害「應變」中心，但與其他各項災害管理的議題相似，必須從災害發生前的計畫與整備著手，才能扮演好災害應變中心的角色。

一般而言，災害應變中心具備有六大功能（Quarantelli, 1979），分別是：協調（coordination）、擬定應變策略（policy making）、掌握救災作業執行情形（operations）、收集資訊（information gathering）、訊息發布（public information）與接待蒞臨長官（hosting visitors）。以下將分別討論各項功能。

一、協調不同單位與資源

災害應變中心肩負的六大功能之中，最重要的當屬「協調」的功能。如本書第七章（緊急應變理論）中所談的內容，災害應變時會產生兩大需求，一是在災前可以整備的「一般應變需求（response-generated demands）」，另一種則是需視災害的類型與災後狀態所需準備的「個別應變需求（agent-generated demands）」（Quarantelli, 1997, p.42）。「一般應變需求」端賴各災害管理機關在災前加以整備，但後者卻須災害應變人員在短時間內調度。因此必須仰賴各單位間合作的默契。而 EOC 在災時正是扮演這樣穿針引線的角色，當救災現場欠缺某項救災資源時，而其他地區或層級的政府機關或是民間單位可以提供，此時 EOC 必須擔負跨機關協調之角色，即便災害的規模已超過鄉（鎮、市、區）EOC 的能力，地區的 EOC 還可商請縣（市）政府甚至中央的 EOC 支援。

---

[3] 災害應變中心的相關計畫在美國指 Emergency Operation Plan（EOP），國內係指：災害防救業務計畫、地區災害防救計畫、災害應變中心作業要點等。

當請求的資源到達後，EOC 需將有限的資源分配予較爲急迫之搶救案件，並持續追蹤及管制資源之流向。對於第一線的應變人員以及支援人員來說，不同機關間的通訊聯繫必須保持暢通，否則會導致應變的延遲，減低災害應變的效能，甚至間接造成災害應變人員的傷亡。故 EOC 在災害應變階段扮演著十分重要的角色，因其肩負各災害應變機關間溝通的橋梁，協助連結各機關之間原本相異的溝通系統。

二、擬定應變策略

在本書第七章討論過美國災害應變的三大順序：以拯救人命爲首，控制災情爲次，搶救財物最後。除了這一順序，災害應變中心作爲現場救災人員的後援，應該協助現場指揮官擬定各項應變的策略（strategies）。具體而言，EOC 提供災害現場與各級機關間資訊傳遞的管道，如前段的討論內容中提到，在現場救災資源缺乏時，EOC 可協助向各級政府甚至民間單位求援。這項功能幫助現場指揮官專注在執行各項救災行動上，毋需分心聯繫各機關請求資源協助。此外，由於 EOC 有多種通訊設備與作業系統，因此可以協助蒐集資訊（例如氣象、交通狀況以及調閱現場建築物的設計圖說等），以協助現場指揮官判斷與決策，讓整體的救災行動跳脫出「見到問題才解決」的被動應對（reactive），轉向主動式應變災害（proactive）」。

必須強調的是，EOC 之角色爲現場指揮站（Incident Command Post, ICP）的後援中心，而不是另一個指揮站，災害應變中心是促進各應變單位間的協調以支援現場的災害應變，故不宜直接指揮或是命令災害現場的應變人員，現場作業之決策仍由現場指揮官（Incident Commander）或聯合指揮站（Unified Command）決定。如圖 9.1 可解釋事故現場指揮體系（Incident Command System, ICS，更多細節，請見本書第十章）與 EOC 之關係。

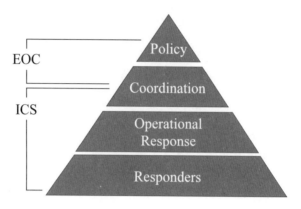

圖 9.1　緊急應變中心與事故現場指揮體系的關係

資料來源：FEMA, 2008

　　在大型且複雜的災害發生後，會有許多機關湧入參與災害應變相關行動，例如在美國 Katrina 風災期間，現場有超過 500 個不同團體參與（Comfort, 2006）。在這樣的情況下，各機關團體間必須由災害應變中心來協調彼此的工作內容並分派相關的資源。在美國的災害應變體系之中，各應變團體會開展各自的災害應變體系作業（即前述之 ICS），這些 ICS 與 EOC 之間的關係可用圖 9.2 來表示：

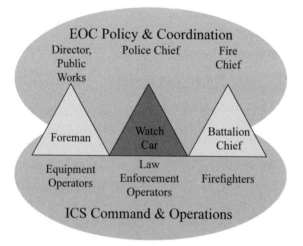

圖 9.2　各機關 ICS 與 EOC 間的關聯圖

資料來源：FEMA, 2008

更具體地說，在美國災害應變系統中，EOC 與現場 ICS 的分工如表
9.1：

表 9.1　美國災害應變系統中 EOC 與 ICS 的分工項目

現場應變需求	EOC 可提供的支援
完整救災作業藍圖：當災害事故規模較大，需要橫跨數個機關之人員進行協調作業，ICS 可能需要 EOC 協助跨機關之人員及資源整合。	提供整體救災目標予災害現場事故指揮官。
政策方向：當不同的行政區對於同一個災害有不同的政策時，EOC 必須協調整體救災政策。	擬定策略或解決政策間的衝突。
策略計畫：ICS 現場指揮官需要 EOC 協助救災策略之擬定，使現場指揮官能心無旁騖地專注在戰術的決策擬定。	
通訊支援：在大型、複雜，或是牽涉不同行政區的災害時需要支援。	提供通訊及訊息支援管理公眾訊息。
資源：包括人員、設備、及物資。	提供及排定資源優先順序。
法律及預算支援。	授權緊急採購。

資料來源：整理自 FEMA, 2008

三、災害應變中心蒐集資訊的方法與內容

為有效率的處理災害事故，EOC 必須管理及分享所得到的資訊。一
般而言，EOC 主要由三種管道蒐集災害相關的資訊：第一種為中央氣象
局或類似之主管機關，例如，國內中央氣象局會針對地震或颱風災害發布
即時訊息，行政院農業委員會水土保持局則針對可能發生之土石流災害發
布黃色（當中央氣象局發布預測雨量大於土石流警戒基準值，應進行疏散
避難勸告）或紅色警戒（實際降雨已達土石流警戒基準值時，應勸告或
強制其撤離並做適當之安置）（行政院農業委員會，2000）；第二種資訊

來源為現場指揮站（前述之 ICP），小規模災害由單一指揮站提供訊息給 EOC，當多點大型災害事故發生時，EOC 可能必須同時接受多個現場指揮之訊息[4]；第三種訊息來源為地方偵檢站，例如，化學運輸車的派遣中心、大型工業區的防災中心，或大眾交通運輸的交控中心等類似設施，此類設施或中心會將災害現場狀況回報至 EOC，因此，EOC 的操作人員需預期將接收並處理此類訊息。然而，以上不同資訊來源之間，可能會有資訊系統不相容的情況，因此視情況可能必須轉換資訊的格式。

除此之外，EOC 需思考傳入的資訊應提供給哪些單位或人員？訊息來源正確性或可靠度為何？以及如何有系統地彙整、處理、儲存及發送這些資訊等。因此，EOC 須設置一組人員專門處理從外部接收到的資訊，以分析可能發生的危害。這些分析的結果，除可提供現場應變人員救災參考外，亦可協助民眾採行各種自保行動。除此之外，EOC 也須提供部分自存的內部資訊給災害管理人員，此類資訊包括（FEMA, 2008）：

1. EOC 保存的靜態檔案，靜態檔案是指不會變動或是不常變動的資料，例如，EOC 運作的基本程序、各項搶救作業流程，以及行政區域圖等。

2. 轄區或各機關的最新動態，或是災害期間在 EOC 建置的檔案（例如派遣資源、機關通訊錄等）。

3. 個人或各機關保存的「備用資料袋（Go Kits）[5]」，美國的「備用資

---

[4] 在美國的災害應變體系中，多個現場指揮站間會再加設「區域指揮站」，英文稱之為 Area Command，這樣的情況下，EOC 直接與 Area Command 聯繫即可。有關 Area Command 的設置運作與討論已超過本章討論的範疇，有興趣深入了解的讀者們，可以參考：Deal, T., Bettencourt, M., Deal, V., Merrick, G., & Mills, C. (2010). *Beyond Initial Response: Using the National Incident Management System's Incident Command System* 一書。

[5] 新北市 EOC 各個編組均會有一個資料夾備妥相關文件，各編組的電腦裡面也會有局處自建資料夾，辦公用品則統一由災害應變中心的幕僚參謀組準備，並集中收納在一個櫃子裡。

料袋」是一個公文包（或類似的容器），裡面裝有災時需要的資料及物品，通常內裝有辦公用品、地圖、各項標準作業程序及其他指引、備用手機電池。

除此之外，EOC 亦應妥善保存各項測試、演練及訓練資料，以利災害發生時可迅速地檢視與查詢，例如，當化學災害發生時，EOC 可利用已建檔的名單來搜尋具備資格的化災應變人員前往現場或至 EOC 協助。

值得注意的地方是，目前臺灣各縣市消防局為因應日常緊急事故派遣需求，均自設救災救護指揮中心（dispatch center），負責受理民眾的報案電話，以及一些勤務支援的業務。然而救災救護指揮中心與災害應變中心在任務與功能上皆有所不同，詳細的比較請見表 9.2：

表 9.2　消防局的救災救護指揮中心與災害應變中心（EOC）的比較

	各縣市消防局 救災救護指揮中心	災害應變中心
任務	·有關轄區災害搶救之指揮、調度、管制及執行。 ·有關轄區重大災害災情之彙整及搶救報告之陳報。 ·119 報案受理與勤務出勤之派遣及管制。 ·對所屬大、中、分隊勤務之督導。 ·災害發生時，綜合靜、動態資料，發揮幕僚諮詢功能。	·加強災害防救相關機關（單位、團體）之縱向指揮、督導及橫向協調、聯繫事宜，處理各項災害應變措施。 ·協調中央及地方各項災害應變措施。 ·掌握各項災害狀況，即時傳遞災情，通報相關機關（單位、團體）應變處理，並定時發布訊息。 ·災情之蒐集、評估、處理、彙整及報告事項。 ·各機關（單位、團體）緊急救災人力、物資之調度與支援及跨區支援事項。 ·其他有關防救災事項。

	各縣市消防局 救災救護指揮中心	災害應變中心
編制	消防機關內正式常態編制的單位，設主任 1 名，並視需要設總值日官、執勤官、執勤員及緊急醫療救護人員。	臨時成立之任務編組，指揮官為直轄市、縣（市）災害防救會報召集人（即縣、市長）擔任（中央災害應變中心是由院長指定指揮官），並由各相關機關（單位、團體）進駐，依各災害應變中心作業要點規範辦理。
依據	各級消防機關救災救護指揮中心作業規定。	· 災害防救法第 12～13 條。 · 災害應變中心作業要點。

資料來源：內政部消防署，2015；行政院，2012

　　EOC 除需提供資料予災害應變人員外，另一個重要功能是對大眾發布訊息，下一段將討論對大眾發布訊息的方式與內容。

四、災害應變中心發布訊息的方式與內容

　　災害發生後，不僅是應變人員，民眾也需要了解相關的資訊。因此 EOC 在災時亦負擔發布資訊的責任。至於發布哪些資訊，以及發布的時機均需寫入災害防救計畫中。對於身處受災影響範圍的民眾，EOC 亦應與警報發布、疏散撤離及避難收容等相關機關合作，讓受災地的民眾了解所處環境的危害。舉例而言，1979 年賓夕法尼亞州的「三哩島核電廠」爐心熔毀事件因未處理好相關的媒體發布程序，導致大批民眾以為自己身處危險環境中，進而引發全美恐慌（Perry, 1995, p.40），也促使美國各地反核運動萌芽（科學 Online，2011）。

　　媒體是民眾獲知災情資訊的一大管道，因此 EOC 亦需維繫與媒體的良好互動關係。一來若 EOC 未能妥善協調各個應變機關，並發布統一的資訊，媒體因缺乏官方資訊填補新聞空缺，可能道聽塗說或散布未經證實

的消息（Perry, 1995, p.40）。再者，提供統一且即時的訊息予各家媒體，可減輕現場應變人員應付媒體追問的壓力，亦可即時澄清不實資訊，杜絕各項流言。

因此應變中心的編組中必須設置新聞官（Public Information Officer, PIO），負責災害資訊蒐集、媒體提問釋疑、災害現場圖資製作、定期發布新聞訊息等。PIO 平時即應與轄內各媒體建立良好互動關係，在災害來臨時，方能協調彼此之間配合的做法，並確認媒體報導內容的正確性（FEMA, 2008；Lindell *et al.*, 2007, p.334；Perry, 1995）。新聞官宜由對於救災現場具有廣泛知識概念之人員擔任，並配合專業救災人員協助回覆媒體詢問，媒體詢問之內容可由 EOC 先行蒐集後再統一回覆，倘若媒體與民眾不斷地重複詢問相同的內容，則應該考量以召開記者會之方式詳加說明（Lindell *et al.*,2007, p.334-335）。

媒體採訪與發布新聞地點之選擇與災害發生之規模有關，以美國的經驗而言，災害發生規模較小或短期間即能復原之災害，媒體採訪地點大多位於災害現場，反之，複合型多點災害或需要長時間才能完成復原作業之災害，媒體訊息則多由 EOC 或聯合資訊中心（Joint Information Center, JIC）取得。一般而言，當災害規模到達一定等級以上時，災害現場之新聞官必須將新聞發言權限移轉至 EOC，而當事故規模持續擴大或超過單一 EOC 所能應付之情況時，新聞發布可能必須由前述的聯合資訊中心接手。

正因 EOC 肩負著發布新聞的重責，因此容易成為鎂光燈下的焦點，因此政治人物或其他貴賓，為了表達對救災的重視與關心，亦有可能在災時造訪 EOC，或選擇在 EOC 召開記者說明會。接待這些特殊訪客（VIPs）的方式與內容，亦是運作 EOC 時的一大考量。

五、災害應變中心接待特殊訪客的方式與內容

當災害發生後，EOC 無可避免地必須接待一些特殊的訪客。除了具有法定的防救災相關任務的官員外，有些參訪者僅是單純地前來表達他們對於災害狀況的關心。因此，EOC 必須規劃相關的空間配置，以供前來表示關心的貴客們，在不影響正常操作的情況下，完成參觀的行程（Perry, 1995）。

愈大規模的災害，尤其是跨區域範圍的事故，由於涉及的單位與團體較多，通常造訪 EOC 的特殊訪客會愈多，雖然在災時接待特殊訪客不是 EOC 法定的任務及功能，但如事先規劃好這類的事務，將使 EOC 在災時的運作更加順暢。依美國的經驗來看，可指派新聞官陪同參訪，並解說應變情形及回答相關問題，而在 EOC 的空間規劃中，亦可設計一個鄰近 EOC 的空間供參訪者停駐，在不影響正常作業的情況下，讓參訪者也有參與感並能取得相關的救災資訊，例如在奧克拉荷馬州的緊急應變中心，就設有這樣的房間，以大型帷幕玻璃與作業空間相隔，讓特殊訪客與媒體們在不影響作業的情況下，得以參觀應變中心的作業情形，如圖 9.3。

圖 9.3　美國奧克拉荷馬州緊急應變中心內的媒體與訪客接待室（由作業區域向內照，媒體與訪客一般會待在此室內）

資料來源：張賢龢攝

9.2 災害應變中心的成立與運作

一、成立的時機

　　EOC 開設決策過程應明訂在政策中,並讓所有相關人員都充分了解,例如「誰」做開設的決定?開設的地點或環境爲何?何時開設?如何確定開設層級等,對於僅涉及單一機關(如警察局或是消防局)之事故,應變人員可向地方警察局或消防局中的救災救護指揮中心請求資源,然而,當事故超過單一地方機關之救災能力,因而需向其他機關請求支援時,就必須開設 EOC 以協助現場救災作業。另一種開設 EOC 的情況是當災害現場成立聯合指揮站(Unified Command)或區域指揮站(Area Command)以共同執行救災作業時,EOC 亦必須啓動,以統籌調度資源。此外,仍有一些情況可能開設 EOC,例如:依據過去類似事故經驗需要 EOC 開設、行政首長下令開設、達到災害防救計畫中列舉的開設標準、災害現場指揮官指出事故可能擴大,或是颱風警報、河川氾濫、天氣相關等警報發布時。

二、災害應變中心的運作

　　我國目前尚未有統一的 EOC 編組方式,以美國經驗來看,災害應變中心的組織架構,主要可分爲三大類:(1) 以主要管理活動爲架構的分組方式(major management activities);(2) 以 ICS 爲架構的分組方式;(3) 以緊急支援功能(ESF)爲架構的分組方式。三種編組方式比較如表 9.3 (FEMA, 2008, IS-775, Lesson 3):

表 9.3　災害應變中心的組織架構

	以主要管理活動為架構	以 ICS 為架構	以緊急支援功能（ESF）為架構
架構圖範例	Policy Group Agency/Dept. Heads ─ Resource Group / Operations Group / Coordination Group	Command ─ Operations / Planning / Logistics / Fin/Admin	Operations Management ─ Operations / Planning / Logistics / Fin/Admin
主要差異	·Policy Group 由行政首長或其指定的人員擔任，負責應變的總體策略及優先順序的擬定。 ·Resource Group 包括來自任何可能被要求提供資源的機關代表，如運輸、公用事業等。 ·Operations Group 包括與應變相關的各機關代表，如警察、消防、工程、衛生等。 ·Coordination Group 負責收集與分析資料，包含災損資料與災損推估等。 ·Resource Group、Operations Group 及 Coordination Group 負責執行 Policy Group 所訂的策略。	·EOC 的指揮官與災害現場的指揮官不同，其功能類似左項介紹的 Policy Group。 ·Operations function、Planning function、Logistics function 及 Finance/Administration function 負責執行 Command 所擬定的策略，編組與 ICS 相同。	·此種架構採用美國國家應變架構的緊急支援功能。整體架構類似 ICS 的模組，將不同的 ESF 指派到不同的 ICS 編組中。

	以主要管理活動為架構	以 ICS 為架構	以緊急支援功能（ESF）為架構
優點	・組織相對簡單，有直接了當的通信和指揮鏈。 ・所有關鍵決策者及參與機關的代表都適當的包含在內，在此架構下，所有參與者都能依據實際需要做出貢獻。	・清楚完整表現角色和功能。在災害現場的 ICS 組織與 EOC 的組織有明確聯絡窗口。 ・大型災害的後勤與財政支援由 EOC 負責協調較容易，並能協助減輕災害現場的工作量。	・EOC 與災害現場的 ICS 間協調良好，多用於地方與州政府的 EOC。 ・與美國國家應變架構（National Response Framework）相對應。
缺點	・與災害現場 ICS 之間的關係不夠明確。 ・有關資源的優先順序，究竟應由作業組還是資源組負責，可能會混淆。	・災害現場的指揮權與 EOC 的指揮權，有可能會混淆。	・州政府與地方政府的 ESF 可能不是直接對應聯邦政府的 ESF，也可能沒有直接對應災害現場 ICS 的作業群。 ・需要大量的額外訓練，確保負責 ESF 的機關能夠履行自己的職責。

資料來源：FEMA, 2008, IS-775, Lesson 3

三、災害應變中心的撤除

通常在應變階段過後，EOC 仍需要持續開設一段時間以協助現場短期的復原需求[6]。美國不同行政區間有權決定縮小或撤除 EOC 的決策

---

[6] 短期的復原需求由現場指揮官依據：(1) 事故的狀況、(2) 任務完成的進度、(3) 達成救災目標所需的資源與時間，及 (4) 請求資源的頻率決定，並向 EOC 提出。

者不盡相同，但大多數是由應急管理協調員（Emergency Management Coordinator）與機關核心幕僚及行政區的首長們一同決定，決定撤除或縮小 EOC 前應與現場指揮官討論（FEMA, 2008）。

9.3 設立災害應變中心的考量

從上面段落的討論中可見 EOC 肩負著很重要的功能，因此在建置 EOC 時，必須要考量一些特殊的需求，以下將一一討論這些設置的考量：

一、核心人員進駐災害應變中心所需要的時間

核心人員進駐的時間因災害的類型、規模及複雜度而受到影響，災害應變中心的所在地應能讓進駐人員能夠不受轄內常見的災害影響[7]，順利進駐。具體說來，包括了以下幾點考量：

1. EOC 的地點是否避開主要災害的威脅，例如有淹水風險的地區應選擇地勢較高的地點建立 EOC。

2. 如有必要，進駐人員應能步行到 EOC。災時交通可能會受到影響，進駐人員可能必須要步行以避免延遲進駐。

3. 其他的潛在風險，例如恐怖攻擊、臨近大樓倒塌等。

二、相關的法令規定與管理措施

EOC 的興建必須符合相關建築法規，各出入口的配置也應該參酌當地的法令規章，例如廁所的配置與大小需符合身心障礙者權益保障法。而因為 EOC 是災害應變的協調中樞，中心內設有許多價值不菲的器材，因

---

[7] 製作地區災害防救計畫時，會先進行風險評估，因此在選定新建 EOC 的地點時，應該拿地區災害防救計畫來參考，選擇一處受災風險較低的地點設立災害應變中心。

此選定的地點必須遠離危險物品儲放場所，並落實門禁管制。例如部分移作公眾用途（圖書館或是民眾活動中心）的建築物內不適合設置災害應變中心，因為難以管制出入人員（Alexander, 2002, p.114）。

三、維生系統能力

EOC 必須能夠持續運作一段時間，故一些重要的維生系統應有相關整備的規劃，例如 EOC 內空調設備的能力應能供進駐的最大量人員及設備所需，且設有儲水槽、緊急發電設備、不斷電設備（UPS）與多種不同的通信設備，以防止部分停電導致通信中斷的狀況發生。簡而言之，EOC 必須持續運作一段時間而不受災害類型、規模及複雜程度影響。

四、備援災害應變中心

EOC 的最大特色就是要能持續運作，就算是 EOC 本身受損嚴重，也不能因此而免除 EOC 災時協調以及傳達資訊的責任，因此有必要設置備援中心。備援中心的選址處所應考量的要素與 EOC 是完全相同的；由於備援中心在原 EOC 無法使用下才會啟用，各級政府可以考量成本，備援中心不見得需要完全複製 EOC 的器材與規模，以美國經驗來說，備援中心的類型可分為三種（FEMA, 2008）：

1. 完全備援點（Hot Facilities）：優點是人員一抵達即可開始運作，但是此種備援方式在建置及維運方面都是最耗費成本的，所有的系統及設備都要完整複製，而且相關的水、電、電信費用即使平時沒有使用也是一樣要支付。

2. 部分備援點（Warm Facilities）：僅事先裝設重要的系統及設備，此種備援方式可以在水、電、電信接通，電腦安裝好就可以運作。

3. 空殼備援點（Cold Facilities）：完全不做系統及設備，也沒有安排水、電、電信，基本上只是一個空殼，此種備援方式需要花上一段時間才

能啟動。

五、災害應變中心所需的面積大小

為使 EOC 能順利運作，EOC 建置時必須考量需使用空間之大小，美國 EOC 設置空間大小所需考量的因素如下：

1. 需要進駐的人員數量：EOC 應能容納大型、複雜災害中所需進駐的最大量人員，美國的經驗顯示，每一個人員約需 50～85 平方呎（4.65～7.43 平方公尺），包含工作、走道及開會空間。

2. 進駐人員需要使用的設備：空間規劃時應預留相關空間放置電子設備、檔案儲存區、圖資收納及各種進駐人員需使用的特殊設備。

3. 相關設備位置的擺設：設備的擺設需考量到人員的視野、通訊的隱私、操作安全性以及工作的群組等因素。

4. 備援的設備應確保其兼容性並擬妥備援方案。

5. 現有的資通訊管理系統之相容性，例如這些設備是否能「隨插即用（plug and play）」？如果不是，應做足相關的規劃。

6. 額外的會議空間、休息（睡眠）區及其他用途空間：噪音是災害應變中心開設時的一大問題，因而在應變中心內部需要規劃獨立的空間供不同團體間開會使用（Neal, 2005），作業人員經長時間進駐後，也需要有放鬆休息的空間。

六、內部空間規劃

EOC 內部的空間規劃沒有統一的標準，通常與可使用的空間、配置的器材，及參與應變中心運作的人數有關（Alexander, 2002；Ryan, 2013），Neal（2005）實地走訪了美國四處災害應變中心，發現這些應變中心在未開設前均有其他的用途（例如居民集會地點、地方法院或儲藏室等等）。由此可見，各地區的應變中心在可使用的空間、內部配置上差異

甚大，因此各地區應該評估轄區內的需求、可利用的資源，並發揮創意來設計各自的應變中心。本小節蒐集了部分美國緊急應變中心的設置方法，提供給讀者們參考。

　　首先，美國實務工作者 Moore（1998）提出三種常見的 EOC 樓面配置，分別為競技場狀（座位排成半圓形，圓心有顯示螢幕）、方形或矩形的排陣（周圍牆邊有個操作位置，設備或資訊器材集中在房間中央或是房間的某一側），與多房間相連型（使用許多鄰近的房間構成整體的應變中心，每間房間都有指定的操作功能）。

　　此外，美國國防部出版了一本軍事緊急應變中心的規劃和設計指導文件，文件中建議應變中心內至少要有三個讓所有進駐人員都看得到的顯示器，顯示器可以是背投影、正投影或平面顯示器。其中一臺顯示通報信息，第二臺是播放新聞，第三個是命令操作顯示器。此外，該螢幕應具有電話會議能力與接收各種來源訊號的能力，如人員電腦、DVD / VCR 播放器和有線電視。同份文件中還描述了四種可能的配置（圖 9.4）：A 類型的配置方法為兩兩相對並成排排列，此布置允許人員以團隊或小組工作。B 類型中所有位置皆面對顯示器，這允許所有人員專注在閱讀公共區域發布的訊息。C 類型則是以「V」形安排相關座位，這種配置允許人員以團體工作，同時面向設置於前方的顯示器。D 類型以矩形會議室方式配置桌椅，此等配置適合讓較小型的團隊使用，這樣的配置有利於人員彼此開會討論。而桌椅的數量則以所需參與災害應變中心運作的人數為基礎（Shrader, 2011）。

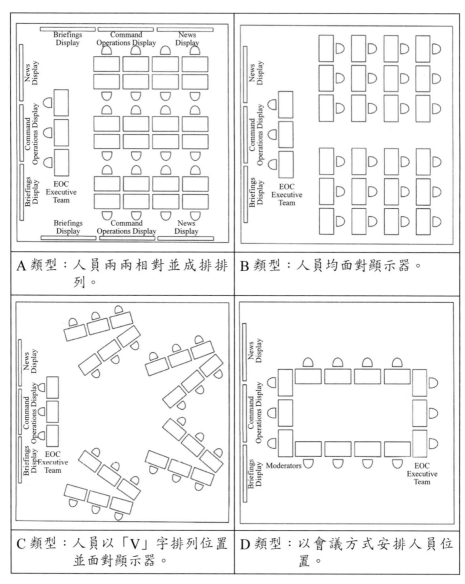

A類型：人員兩兩相對並成排排列。

B類型：人員均面對顯示器。

C類型：人員以「V」字排列位置並面對顯示器。

D類型：以會議方式安排人員位置。

圖9.4 美國國防部建議的四種應變中心座位排列方法

資料來源：Shrader, 2011, p.15-16

Canton 與 Staikos（2011）指出 EOC 的空間配置大致可分成 6 種型

態，分別爲傳統多功能型（traditional multipurpose）、方塊組合型（cubicle cluster）、馬蹄型（horseshoe）、劇場型（stadium / theater）、分組＋劇場型（collaboration pods - theater style），以及鳶尾花型（iris）。各項配置的圖例與優缺點討論如表 9.4：

表 9.4　EOC 各項配置與優缺點

配置圖例	優缺點
<div align="center">傳統多功能型範例</div>	適用在小型且預算有限的行政區，這種形式的 EOC 樓地板是平的，平時也可以拿來當一般的會議室使用，因爲是多功能用途，EOC 用的設備在平時可能會收起來，當要開設時，需要一些準備時間（排桌椅、安裝資通訊設備等）。 ■優點 • 多功能 • 可彈性變化 ■缺點 • 需要時間準備開設 • 安裝資通訊設備可能會有點麻煩，在地板預裝配線盒可以縮短時間 • 需要空間存放開設用的設備 • 當桌椅位置變動時，燈光位置可能不甚理想 • 因爲彈性，所以缺乏焦點 • 音響設備通常不合標準

配置圖例	優缺點
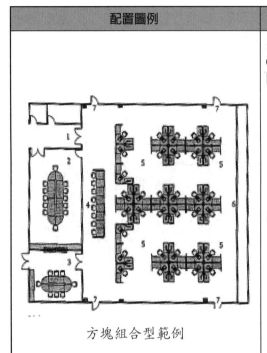 方塊組合型範例	每個工作人員的座位均事先以OA隔板設置完成。 ■優點 • 方便重新排列組合以加強整體應變的協作 • 需要一致的技術支援 • 可採用旅館式的概念，便於不同使用者進駐 • 可調整有關聯的應變人員編組 ■缺點 • 統一播放資訊的螢幕，不是每個應變人員都可以看到 • 即時變更座位安排實際上執行不如想像中容易 • 座位的安排是以曾發生過的災害為基礎，但可能不適用於不同型態的災害 • 使用OA隔板比一般桌子適應性低
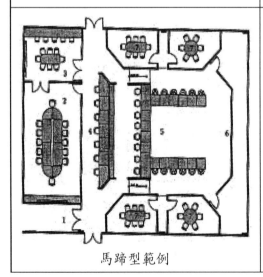 馬蹄型範例	這種配置讓進駐人員都可以看到螢幕，也可以看到其他進駐人員。這種安排適合比較小的空間，可以直接與對面的人員對話。 ■優點 • 在比較小的空間，可以直接以眼神和聲音相互溝通 • 可使用階梯式或高架地板 • 進駐人員都可以看到螢幕 • 可以使用隔間或小型會議室 • 主要進駐人員的支援人員也有待命空間

配置圖例	優缺點
	■缺點 • 同時有很多人在對話的時候會很吵雜 • 部分功能需要不同編組人員進行協作，這種座位安排比較不適合小組協作 • 配置形狀限制最佳視線 • ESF 座位數量有限 • 如果座位數增加的話，整個空間會變狹長型的
 劇場型範例	各個座位都可以沒有障礙的看清楚螢幕，適合偏重指揮與控制型態的應變中心（例如軍方）。 ■優點 • 大家都可以清楚看到螢幕，有利於資訊公布 • 減少詢問目前狀況的噪音 • 注意力易於集中在主席臺 • 災害管理者的位置可以看清全場的活動狀況 • 資通訊設備全部都可以排出來，開設的準備作業所需時間較短 • 不需要重新安排座位就可以應用在平時的訓練課程 • 可採用階梯式的地板 • 可以預先規劃音響及燈光控制系統 ■缺點 • 固定的空間配置，限制多功能的用途 • 即使人員坐的位置可以重新安排，也不適合小組協作的方式

配置圖例	優缺點
	• 爲了讓所有人都看得到螢幕，螢幕要很大 • 螢幕前面要有緩衝空間以維持每個座位的最佳視角 • 空間配置的比例會受到螢幕的影響 • 比較大的協作編組要用隔間
 分組＋劇場型範例	此形式既可適合 ESF 小組協作，又可以讓大家都看到螢幕，人員可以在座位上就直接面對面溝通。 ■優點 • 依據相互溝通的程度小組成員可安排 7～11 名 • 所有的進駐人員都可以看到螢幕 • 階梯式地板可以讓視線無礙 • 各協作小組的小組長可以跟小組人員直接溝通 • 協作小組可以用 ESF 的架構安排 • 周邊的隔間比照劇場型配置 ■缺點 • 視角受編組座位影響 • 如果 ESF 的進駐機關不同的話，桌椅很難變動 • 隨著群組數量不同，房間縱深不同，螢幕大小也會不一樣，而太大的螢幕，坐在螢幕前的進駐人員視線會受到影響

配置圖例	優缺點
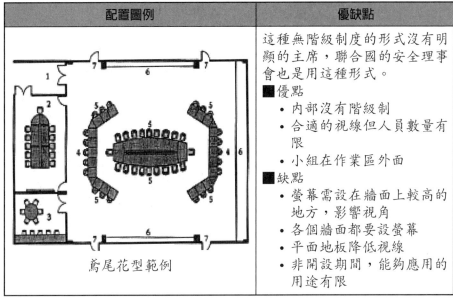 鳶尾花型範例	這種無階級制度的形式沒有明顯的主席，聯合國的安全理事會也是用這種形式。 ■優點 • 內部沒有階級制 • 合適的視線但人員數量有限 • 小組在作業區外面 ■缺點 • 螢幕需設在牆面上較高的地方，影響視角 • 各個牆面都要設螢幕 • 平面地板降低視線 • 非開設期間，能夠應用的用途有限

資料來源：Canton & Staikos, 2011

七、災害應變中心內部所需的基本設施

應變中心的內部設施不需要昂貴先進的器材，只要運作得宜，一般的通訊器材亦可勝任各種任務，因此 EOC 內部的設施，應經過仔細評估各項需求後決定，選擇樸實卻能滿足各項 EOC 任務需求的設施，比購買昂貴卻無處使用的器材還有用（Lindell *et al.*, 2007, p.328）。雖然應變中心不常有需要長時間開設的情形，但依美國 2001 年的 911 恐攻經驗來看，應變中心的確有長時間開設的可能[8]。是故，評估與計劃 EOC 內部設施

---

[8] 紐約市的 EOC 本來在世貿中心 7 號大樓 23 樓，911 事件發生後緊急撤離到市內一間消防隊中成立臨時的 EOC，惟囿於空間實在太小，因此又搬至市內一間警察局中，以容納 30 多個相關機關。在事故發生 36 小時內，又搬到一所倉庫中（warehouse space at Pier 92），超過 150 個機關進駐 EOC，每日超過 700 人進駐。紐約市的緊急應變中心具體開設時間不明，不過當時世貿廢墟的大火連燒了三個月才熄滅，因此以現有資料來看，至少開設了三個月以上。

時，應以連續營運至少兩週爲目標。在設備的選擇上，需要考量下列事項（Canton & Staikos, 2011）：

1. **機動性**：由於危機瞬息萬變，EOC 內部盡量不要選用體積龐大、笨重的設備及補給。

2. **可靠性**：選用的設備應耐用及可靠，如果設備可能故障，應備有相關零件及故障排除說明書，並在平時訓練中納入維護保養。設備的保養與維護（例如定期更換電池）應納入平日 EOC 的維護計畫之中。

3. **兼容性**：所有的電子設備應接上 EOC 的常用與緊急電源進行測試，所有設備的操作標準應與緊急電源標準相互比較。

4. **持續性**：主要電力來源有可能在災時無法使用，應事先計畫備用電力以使設備持續運作。

緊急電源需足夠提供下列幾種設備使用：

1. 燈具、通訊器材、通風及其他需要維護設備的備用零件。

2. 輔助的照明，例如手電筒、電池及電燈泡等。

3. 辦公用品，包括足夠的表單、筆、迴紋針、膠帶、記事板等，電腦設備不要依賴外部的資料庫，以防網路無法連線。爲防止停電無法使用電腦，應預擬紙本作業的備用計畫。

4. 記錄設備，例如拍立得相機、以電池運作的記錄設備等。

5. 應對特殊的災害（如毒化災）所需的特殊設備。

除了上述維繫 EOC 運作的設備之外，爲確保內部人員可持續地運作 EOC，還需提供以下的設備（Canton & Staikos, 2011）：

1. **床舖**：EOC 人員的睡眠安排是必要的，可使用兩層或三層的鋪位以節省空間。睡袋及輕便床墊應儲放在接近 EOC 的地點。

2. **食物**：食物的儲量應至少能讓 EOC 的人員支撐兩週。

3. **水**：水也應預作安排。自來水或飲水機在災時可能無法使用，因此

瓶裝水或飲水衛生片（淨化水的藥片）必須準備妥當，水的儲量至少要每人每日 10 加侖，包含淋浴及廢棄物處理系統。

4. **衛生設施**：EOC 應提供廁所、淋浴、洗衣及垃圾處理等相關設施，但位置應離開作業區一段距離，衛生物資如衛生紙等也需事先備妥。

5. **急救用品**：需要處方箋的藥品可能無法提供，但急救箱、額外的繃帶、抗菌劑等應優先準備，另外，腹瀉、頭痛、便秘、輕微呼吸問題等藥品也應準備。

6. **暖氣、通風、空調（HAVC）設備**：各種設備應能維持運作，並應擬定 HVAC 系統失效的替代方案，例如備妥以電池運作的備援設備。

此外，許多機關、組織及志願團體均願意協助災害應變，有些甚至可以免費提供物資及服務或給予折扣，而 EOC 平時可與一些擁有特殊救災資源（如怪手等重機具）廠商簽訂開口合約，以避免調用後需支付額外的費用。除簽訂開口合約之外，另一種方式是與其他機關簽訂備忘錄（Memorandum of Understanding, MOU）與相互支援協定（Mutual Aid Agreement），MOU 是兩個機關之間（包括內部及外部的）災時互相合作及服務的協議。此協議中的機關在提供特定支援時，對於其所屬的人員仍保有指揮權。相互支援協定確保機關能有後勤支援，以幫助管理事故期間的應變，協定內容不能與法令衝突。內容應包含邊界自由進出、資源及人員的指揮權、工作人員的補償、支援提供及保險等事項。所有的 MOU 及相互支援協定應定期檢視以確保有效性（Canton & Staikos, 2011）。

參考書目

內政部消防署（2015）。**各級消防機關救災救護指揮中心作業規定**。

行政院（2012）。**中央災害應變中心作業要點**。

行政院農業委員會（2000）。土石流防災疏散避難作業規定。

施邦築、吳泓勳（2003 年 6 月）。災害危險度分析與防災道路之研究。
　　防災道路研討會（內政部營建署主辦），臺北市臺北科技大學，1-11
　　頁。

科學 Online（科技部高瞻自然科學教學資源平臺）（2011）。三哩島洩漏
　　事故背景與對全球核能工業的衝擊。取自 http://highscope.ch.ntu.edu.tw/

馬士元、林永峻（2008）。強化中央災害應變中心協調聯繫整合功能之研
　　究。內政部消防署委託研究案（計畫編號：PG9802-0514）。

陳亮全、賴美如（2002）。地方政府研擬地區災害防救計畫方式之探討。
　　國科會防災國家型科技計畫辦公室。

Alexander, D. (2002). *Principles of Emergency Planning and Management.* New
　　York, U.S.A: Oxford University Press.

Canton, L., & Staikos, N. (2011). EOC management and operations. In M.
　　Fagel (Ed.), *Principles of emergency management and emergency operations
　　centers* (11th ed., pp. 281-297). U.S.A: CRC Press.

Comfort (2006, October). *The Dynamics of Policy Learning: Catastrophic
　　Events in Real-Time.* Presentation at the Annual Meeting of the National
　　Association of Schools of Public Affairs and Administration, Minneapolis,
　　Minnesota.

Deal, T., Bettencourt, M., Deal, V., Merrick, G., & Mills, C. (2010). *Beyond
　　Initial Response: Using the National Incident Management System's Incident
　　Command System* (2nd ed.). U.S.A: AuthorHouse.

Federal Emergency Management Agency (FEMA) (2008). *Independence Study
　　(IS) - 775: EOC Management and Operations.* Retrieved from https://
　　training.fema.gov/is/courseoverview.aspx？code=is-775

Lindell, M., Prater, C., & Perry, R. (2007). *Introduction to Emergency Management.* U.S.A: John Wiley & Sons, Inc.

Moore, W. (1998). *Developing an Emergency Operations Center.* Washington DC: International City/County Management Association.

Neal, D. (2005). Four case studies of emergency operations centers: Design characteristics and implications. *Journal of Emergency Management, 3*, 29-32.

Perry, R. (1995) The Structure and Function of Community Emergency Operations Centers. *Disaster Prevention and Management, 4*(5), 37-41.

Quarantelli, E. L. (1979). Studies in Disaster Response and Planning. Newark, DE: University of Delaware, Disaster Research Center.

Quarantelli, E. L. (1997). Ten Criteria for Evaluation the Management of Community Disasters. *Disasters, 21*(1), 39-56.

Ryan, M. (2013). Planning in the Emergency Operation Center. *Technological Forecasting & Social Change, 80*, 1725-1731.

Shrader, K. (2011). *Designing an Effective Emergency Operations Center for the City of Martinsville, Virginia* (Publication No.). Retrieved from Homeland Security Digital Library database.

第十章　事故現場指揮體系

張賢龢、林志豪

章節摘要

　　事故現場指揮體系（Incident Command System, ICS）在國內是一個熟悉又陌生的名詞。許多災害應變人員熟悉這套體系的大致架構與各分組名稱，但對其內涵與操作方式卻感陌生。本章從這套體系產生的歷史背景談起，依序討論這套體系的理論與操作邏輯，並介紹國內較少人論及的 ICS 規劃功能與彙集來自不同背景的災害應變人員意見的方法。之後討論 ICS 使用上的限制，以及成功運作這體系的方法。有三項結論：(1) ICS 不是法律，這套體系在很多地方留給應變人員自主判斷空間；(2) ICS 重要的不是規定的內容或是各式表格，而是這套體系背後的意涵與使用操作的方法；(3) 要成功運行 ICS，仰賴的是救災團隊彼此之間的信任與人際關係。

10.1 事故現場指揮體系介紹

　　1970 年代美國加州一連串的森林火災促使加州政府思考建立一套完整的災害應變體系。依著這想法，加州政府找了當時負責森林火災應變的各單位合組了一個組織（FIRESCOPE）來發展與設立一套可以管控救災現場應變人員與資源的體系，FIRESCOPE 的成員包含了來自各種不同單位的人員（包括加州應急辦公室、加州森林與火災防護局、美國森林管理局與加州消防局），且這些參與創立 ICS 者多具有軍方的背景，輔以當時的管理學知識發展，因此這些人將 ICS 設計成一套類似官僚體系（bureaucratic system）的架構（Buck *et al.*, 2006）。

以下將從加州政府面臨的災害應變問題開始，依序討論爲了解決這些問題如何創立出 ICS 這套體系，並解釋 ICS 架構中所反應出來的管理學理論與操作邏輯，以及這套體系建立後產生了哪些分支，進而在 911 恐怖攻擊後由新成立的國土安全部統一，頒令爲全美國通行的救災應變體系。

一、創立 ICS 前遇上的災害應變問題與建立過程

創立 ICS 前，加州政府在森林火災應變時，主要面臨幾項問題（Stumpf, 1999）：(1) 一位指揮官下轄過多部屬；(2) 每個應變機關均用不同的應變體系；(3) 災害現場資訊混雜，不知哪項才正確；(4) 通訊不良與不易；(5) 各應變機關間缺乏統一計畫應變活動的架構；(6) 指揮權責不明；(7) 各機關人員間用語不同，救災的目標不一致。爲了解決上述的問題，ICS 從設計之初就強調每位指揮者只能下轄固定數量的部屬，且運用 ICS 之後，各單位必須遵循 ICS 所揭示的各項原則進行溝通、分享資訊以及應變災害。例如在使用 ICS 時，指揮權需獨攬於現場指揮官（Incident Commander, IC）或是聯合指揮站（Unified Command, UC）的手上，依此原則來釐清指揮的權責。

上述的討論中看起來似乎 ICS 是解決災害應變問題的靈丹妙藥，不過實際上要成功運用 ICS，還需要其他因素配合。以各機關人員間用語不同的例子來說，美國推行 ICS 多年後還沒辦法解決，例如「確保一棟建築物的安全（secure）」，對警察單位而言是包圍整棟建築物，讓裡面的嫌犯無法逃脫；救護技術員（Emergency Medical Technicians, EMTs）則會以爲嫌犯已被逮捕，因而可進入建築物內執行救護工作，當兩方共同合作應變槍擊案件時，這樣溝通上的誤會，可能會造成應變人員的死傷（Molino, 2006, p.38）。由此可知，在探討 ICS 時，不應該將之當成解決災害應變問題的萬靈丹（Wenger *et al.*,1990），應該關注在成功操作這套體系的各項因素與細節，否則容易陷入見樹不見林，只關注在體系的規範與設計面

上，忽略了成功運行 ICS 的其他要件，包含了對災害應變流程的熟悉程度，與其他應變人員與單位的良好關係，以及年復一年、固定反覆的應變同樣一種災害等（Klein, 1999）。要更深入探討這些運行 ICS 的成功要件，必須先了解這套體系背後相關的理論背景與運作邏輯。

二、ICS 的理論與運作邏輯

首先，ICS 的創立者們認爲一個災害應變組織必須具備五大功能，方能成功進行災害應變，分別爲指揮（command）、作業（operation）、後勤（logistic）、規劃（planning）、行政與財務（administration/finance）（DHS, 2008, p.46；FEMA, 2008, p.1）。所有災害應變活動由指揮開始，視應變現場需要，再依序展開作業、規劃，以及其他的兩項功能分組。換句話說，並不是每場災害應變都會分出 ICS 四大組別，在很多情況下，是由已先展開的組長充任未展開組別的組長，發揮該組的功能。舉例而言，在初期火災現場時，由現場指揮官兼任作業、規劃、後勤與行政組長，當火災規模增大，現場指揮官可指派一位幕僚擔任作業組組長，分擔現場操作的任務（此時的作業組組長兼任規劃、後勤與行政組長）。當火災延續的時間更長，現場有更多單位參與時，現場指揮官再指派出規劃組組長，負責規劃現場應變行動與統整各單位意見，以協助做出決策（此時的作業組與規劃組組長兼任後勤與行政組組長）。之後若災害規模擴大，更多單位加入而愈加複雜時，才會加設組長，協助管理現場應變行動。各組內有管理需求時，可再續分出更小的組別（DHS, 2008, p.91）[1]。這樣的設計類似官僚體系，設有固定的功能分組，且每個職位都有清楚的工作內容說明，以及明確的階級劃分（Buck *et al.*, 2006；Wenger *et al.*, 1990），但同時又

---

[1]　有關 ICS 各分組以及續分出的小組名稱功能與在整體救災作業中的角色，請見林志豪（2010）《災難最前線：緊急醫療系統的運作》一書中第三章「事故指揮系統」的內容（第 80 到 108 頁）。

保持組織架構的彈性，視災害規模的大小來調整 ICS 的架構，在美國 ICS 的官方文件中（FEMA, 2008），稱此爲 ICS 的彈性（flexibility），體認 ICS 架構具有彈性這點十分重要，事實上許多批評 ICS 不適合用在小型災害現場者，正是因爲不了解這項基本原則。ICS 架構圖可見圖 10.1。

　　ICS 架構中以指揮組爲首，下轄作業、後勤、規劃、行政與財務等四組，以管理災害應變的各項行動與資源。下面四組組長通稱爲功能幕僚（General Staff），指揮組中另設有三位管理幕僚（Command Staff）的編制，分別爲：新聞官（Public Information Officer）、聯絡官（Liaison Officer）、安全官（Safety Officer），主要是協助指揮官作業。管理幕僚與功能幕僚相似的地方在於不是一展開 ICS 架構後，所有幕僚位置都要有人擔任。一般情況下視現場災害狀況，由指揮官決定要成立哪些組別及需要哪些幕僚（三位幕僚職位間彼此亦可兼任，故在小型災害中亦不需要派三人擔任管理幕僚的位置）。

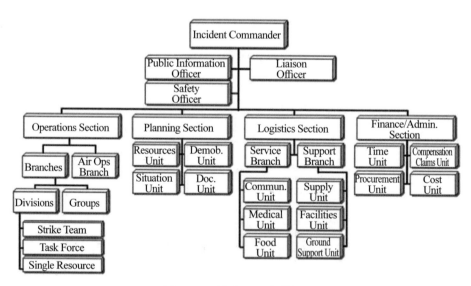

圖 10.1　基本 ICS 架構圖

資料來源：FEMA, 2008, p.7

以由上往下分組的方式，反應了官僚體系中分層負責管理的想法，所有的問題由階級最高的人接收，之後分割成不同的部分，再交由官僚體系中某一特定職務階層的人處理。此項設計的前提是遇上的問題必須能夠切割並分配予官僚體系內的人員處理，這設計的缺陷在於當遇上突發的狀況或事先沒有預期到的問題時，很難因應環境的改變而迅速地調整（Hatch, 1997, p.165-166）。

在這樣的體系之中，組織的擴張主要是以一位管理者（ICS supervisor）可以管制的下屬數量而決定，這數量稱之為管理範疇（span of control）。ICS 中決定管理範疇的基本原則有三（DHS, 2008, p.147）：(1) 一位管理者管理 1 至 5 位部屬；(2) 一位管理者管理 3 到 7 位部屬；(3) 在大型執法活動（large-scale law enforcement operation）時，管理範疇可放寬至 8 到 10 位。然而，ICS 的文件中亦提到：實際管理範疇，會受災害類型、任務屬性、救災人員及救災資源間的距離影響（EMI IS-100b., 2013, p.3.29）。由此可見，雖然 ICS 對於管理範疇的規定符合了官僚體系的一些特質，但又同時留下了一些空間，供操作者依現場狀況與專業判斷進行調整。

ICS 律定管理範疇的用意在於這體系仰賴的是垂直方向的溝通與協調能力。正如欲成功運作一套官僚體系，與上下及主從間的關係息息相關。舉例而言，ICS 的文件中規定，所有的資源請求與任務分派均需由垂直分向進行（EMI IS-100b., 2013, p.3.17）。甚至要成功開展 ICS 架構，所有的參與者僅能接受一位 ICS 管理者（ICS Supervisor）的任務指派與命令，嚴禁自行創造行動方案（EMI IS-100b., 2013, p.7.9）。因此不論平行單位之間的關係多緊密，或是現場應變的位置多麼接近，在 ICS 架構中，就是需要回報給上級，由上級再回報給現場指揮官，等到指揮官下了決定後再層層下達。在 ICS 相關文件中，這樣的設計稱之為指揮鏈（chain of command），所有 ICS 使用者必須體認這樣的資訊傳達方式雖然耗時，卻是維繫 ICS 成功運行的要素之一（EMI IS-100b., 2013, p.7.9）。

這種依賴上下與主從之間垂直溝通的體系，反映的不僅是下級需向上級回報，以尊重上級下決定與做判斷的專業能力之外；從反方向看，亦投射出 ICS 體系中，上級對下級必須負起督導責任，確保下級能夠如期完成所交付的任務，並回報遇上的困難。簡而言之，ICS 預期體系內的個人，接獲上級指派任務後，應該要能完成各自的工作，遇有執行上的困難時，方需要往上級陳報。

在這樣的情況下，ICS 的上級負有指導並督促下級單位完成任務的責任。然而 ICS 在運作時，擔任 ICS 管理者的人員，在原本組織的日常運作中，其職位並不一定比擔任 ICS 的下屬高。這樣的設計立意是由較資深與具有經驗的人來擔任 ICS 管理者的角色，但在實務操作上，便會產生誰來擔任指揮者的問題。事實上，根據 Moynihan（2007）的研究，運作 ICS 最大的困難就是找出誰是指揮者（p.7）。實務工作者亦發現這種設計方式，將產生權責不符的狀況（Goldfarb, 1997）。當 ICS 的主從關係與平時運作的情況不符時，會發生 ICS 管理者負有監督管控下屬的責任，但沒有處罰與管理下屬的權力，因為 ICS 在制度設計上並未給予管理者實質上懲罰下屬的權力，進而產生了許多運作上的爭議。舉例而言：當受災範圍橫跨了不同轄區，包含了不同災害類型（例如風災伴隨著水災與土石流災害），因而涉及了不同的管轄機關，會加深 ICS 在運作上的困難。在 ICS 的文件與訓練教材中，建議此時 ICS 操作者應該考慮設立聯合指揮站，由各相關單位派出一人參加聯席會議，進而共同商討解決方案。

然而 UC 的想法說來容易但做起來難，最基本的問題是：並非每個機關都有辦法找出一人代表，這涉及到不同組織間文化上的差異，例如 Neal 與 Webb（2006）觀察了 Katrina 風災期間美國聯邦政府的應變作為，

並訪談了相關應變人員之後提出，不同的組織文化將造成運作 ICS 的困難。舉例來說，警察單位習慣單人或是至多兩人一組巡邏，消防機關則習慣團體救災，這兩個機關在處理日常事務上有很明顯的不同，因此對於 ICS 有不同的體認與執行方式（p.273）。

更詳細地說，Sylves（2008）指出消防、警察或是緊急救護人員等這種半軍事化（paramilitary）的組織，決策僅由一人或少數官員制定，大多數的同仁無法參與決策過程，但地方政府的其他局室，例如衛生局、交通局等一般行政機關（civilian organizations）則偏向以多人產生共識的方式來做出決策（p.192）。因此對一般行政機關而言，要指派一名代表參加 UC 的會議，並在會議中代表其所屬機關做出決定，相對於消防與警察機關而言較為困難。

ICS 的創立者們依前述的理論與經驗發展了這套體系，但在 1980 年代這些創立者們產生了不同的見解，進而將 ICS 導引至了三種不同的流派。

三、不同版本的 ICS

揆諸 ICS 成立的歷史，在這套體系成立之後，產生了三大主要分支：一是原本的 ICS，二是美國國家防火協會（National Fire Protection Association, NFPA）所採行的 National Fire Service Incident Management System（IMS），三是以鳳凰城消防局為主體的消防現場救災體系（Fire Ground Command System, FGC）。

美國 Bucks 等學者（2006）研究後發現，前述 ICS 三大分支雖然名稱各異，不過在內涵上，有以下之共通性（p.1）：(1) 清楚規範每一 ICS 職位的工作內容說明，與該職位相對應的訓練課程內容；(2) 對於各種救災裝備與支援器材均有共通的名稱；(3) 以清楚的指揮鏈（chain of command）連結所有 ICS 的使用者，強調統一指揮（unity of command）的重要性，且每位 ICS 的操作者均需向一位上級回報；(4) 權力伴隨著責任而生，且任務的分配以適任與否而非職務高低加以考量；(5) 將管理範疇加以限制，認爲一位 ICS 操作者能管理下屬的數量有限；(6) 將任務分割並交予不同的部門執行，以確保執行的效率、效果與所有人的安全；(7) ICS 的運作是依據災害的大小與類型而定，ICS 架構沒有固定的規模大小，一切依憑現場狀況開展或是縮小。這些不同版本之間的共通性，反映出來的是這體系的創建者們，對理想中救災體系的共識與看法，因此才能在不同版本的 ICS 之間均找到這些特點。

911 恐怖攻擊後，布希總統頒布了一道行政命令（Homeland Security Presidential Directive, HSPD -5），要求美國各州與地區採行一套全國通用的救災應變體系。這套體系結合了 ICS、跨部門協調應變體系（Multi Agency Coordination System, MACS）、發布公眾消息要點（Public Information, PI），並命名爲美國國家災害管理系統（National Incident Management System, NIMS）。爲了在美國境內順利推展 NIMS，美國國土安全部規定在 2006 年之後，所有申請聯邦經費的計畫書均需以 DHS 所公布的 NIMS 版本爲主，自此，不同版本的 ICS 又趨於一致，如今多數以國土安全部發布的版本爲主（Sylves, 2008, p.151）。

四、ICS 中規劃（planning）的功能十分重要

如本章之前內容所述，ICS 各組開設的順序依序是指揮組、作業組，然後是規劃組。指揮組與作業組的重要性有目共睹，除了這兩組之外，爲什麼接下來要成立規劃組呢？這就與本書第七章緊急應變理論中談到的主動式應變災害（proactive）與被動式應變（reactive）災害有關。具體的說來，規劃組在災害應變現場，必須召開一連串的會議，以彙集各單位的意

見與想法，進而協助現場指揮官做出決策。召開這一連串會議的過程與方式，可用名詞「規劃 P（the Planning P）」表示。Planning P 的圖例可見圖10.2。

The Planning "P"

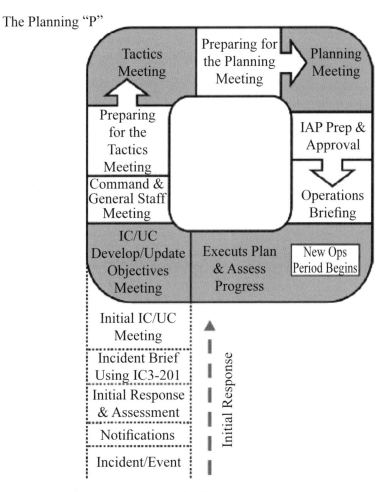

圖 10.2　規劃 P 流程圖

資料來源：FEMA, 2008

　　簡而言之，這套流程從災害發生（incident/event）開始，通知災害應

變人員到場（notification）進行初期的災害應變與評估（initial response & assessment），然後完成指揮權轉移（incident briefing，此時需填寫 ICS-201 表格[2]），之後再由現場指揮官（前述的 IC 或是由各機關代表所組成的 UC）開會，開始進入災害應變規劃階段（P 字型頂端的 O 型區域）。進到災害應變規劃階段時的第一步驟是現場指揮官（IC 或 UC）開會決定整體的災害應變戰略目標（develop/update objectives meeting），整體目標決定後，交由指揮部的幕僚與各分組組長們開會（command & general staff meeting）決定達成整體戰略的方法，這些方法稱之為戰術（tactics），戰術決定後要召開戰術會議（tactics meeting），由各機關討論個別戰術的可行性與優劣，之後彙整這些戰術交付規劃會議（planning meeting）討論，在規劃會議中排定相關戰術施行的先後緩急，進而寫出現場應變計畫（Incident Action Plan, IAP[3]）。現場應變計畫寫成後必須發放給各單位的代表帶回，由他們向其他同事簡報（operation briefing）接下來應該施行哪些戰術，並於現場持續評估各項戰術的執行狀況（execute plan & assess progress）。一般來說，舊的戰術與目標除非遇上明顯的困難或是現場狀況產生了重大的改變，不然要到下一應變階段（operation period，每一階段為 12 或 24 小時，由現場指揮官視現場狀況調整）再重新檢討與規劃。

「規劃 P」流程以產生大的救災目標為主，先由上級決定大方向，再由下屬依這些方向發展出個別的戰術，這樣的目標管理（Management by Objectives, MBO）方式，是美國 ICS 制度的核心精神之一（FEMA,

---

[2]　此表格提供現場指揮官、聯合指揮，以及功能幕僚們關於災害狀況與現場資源的基本資訊。在美國，此表格亦是初期災害應變行動的永久紀錄（FEMA, 2008, p. 26）。

[3]　IAP 列出每一應變階段所欲達成的目標與所需的資源，藉由寫明整體應變的大方向與目標，讓災害應變從被動式（reactive）的應付各種突如其來的問題，轉變成主動式（proactive）的思考各項戰術的先後順序與互相搭配的方法。IAP 的填寫範例，可以參考 Deal 等學者（2010）書中附錄 A（Appendix A）的內容。

2008）。MBO 體現了應變作業必須納入現場其他機關的意見，尊重不同組織之間的看法，不能把救災作業當成一言堂，以單一機關的做法爲主，忽略了其他單位的想法與意見。所有的救災行動有了整體目標，確立好各項輕重緩急之後，救災團隊才不會窮於應付各項應變需求，落入「見招拆招」的窘境。介紹完 ICS 大致的運作方式後，下一段將探討這體系在使用上的限制。

五、事故現場指揮體系的使用限制

關於 ICS 局限性的討論，必須要從現場運作 ICS 的三項原則開始談起，之後再由這些原則中推導出在哪些情況之下執行 ICS 將遇上困難。在 ICS 的訓練教材中，成功運行這套體系，端賴所有應變人員遵循三項原則，這些原則分別是（EMI IS-100b., 2013, p.7.9）：(1) 所有人均應服膺指揮鏈的設計，不可越級報告或是跨級指揮下屬（not going around the chain of command）；(2) 向上級回報重要資訊（reporting critical information）；(3) 不可自作主張、擅自行動（not self-dispatching）。前三項原則闡述了 ICS 的基本核心價值，但同時也反映出了使用 ICS 來應變災害的某些限制。以下將先從服膺指揮鏈這一項開始說起，依序討論與推導各項 ICS 運作的要素與所需具備的條件，在本段結尾，將整理這些使用 ICS 會遇上的限制，以便於讀者們了解。

整體來看，ICS 這套體系是用階級（hierarchy）來管理所有救災現場的人員與物資。在這樣的階級體制中，服從上級的指揮，並完成上級交付的任務至關重要。爲了避免命令從不同的上級傳來，因而造成救災現場的混亂，ICS 規定所有的人必須服膺指揮鏈的設計，不可越級報告或是跨級指揮下屬。這樣的規定體現出了在運用 ICS 時必須要將所有事情經由指揮鏈依級陳報，再由上級依指揮鏈的主從關係層層將命令下達。舉

例而言，在圖 10.1 中，作業組（Operations Section）下方的現場作業小組長（Strike Team Leader）如果見到現場狀況改變，需要後勤組（Logistic Section）的支援，在 ICS 的設計邏輯中，他必須先向直屬上級──分隊長（Division Supervisor）回報，再由這位分隊長回報給直屬的分組長（Branch Director），分組長收到資訊後，進而回報給作業組主管（Operation Section Chief），之後由作業組主管回報給現場指揮官下裁示後，指示後勤組的主管辦理。

從以上的運作方式可以推論，當災害規模不大，ICS 的架構並未完全張開時，這樣的操作方式可以確保所有的決策與資訊都經過上級的核可後，方得執行。當災害規模愈來愈大，ICS 的架構愈拉愈長，這樣的操作邏輯將延緩救災應變的時間，無法及時根據現場多變的狀況進行調整與變化。這推論除呼應了組織理論學者所說：僅靠階級管理部屬，不足以應對複雜多變的環境（Hatch, 1997, p.166）外，亦顯見這套體系在超大型且複雜的災害環境之中運用起來會有困難。此點與 Buck 等學者（2006）研究美國哥倫比亞太空梭爆炸案現場應變行動後的結論相同（p.9）。

另一項在救災現場要成功操作 ICS 的要素是：所有人均需向上級陳報重要資訊，讓上級得以掌握現場救災的狀況與變化，進而做出合理的判斷與決定。在 ICS 的文件與訓練教材中，重要的資訊包含了（EMI IS-100b., 2013, p.7.9）：(1) 安全上的危害（safety hazards）；(2) 安全的狀態（status）；(3) 現場狀況或需求改變（changing conditions/needs within assigned areas）；(4) 需要更多資源（resource needs）。但在 ICS 的官方文件與訓練教材中，並未詳細說明如何回報這些資訊，或是更具體地說明重要資訊的內容為何？對於初次操作 ICS 的人來說，如果平時未依照這套體系應對日常事務，或是在災害發生前從未參與所有救災人員的 ICS 演習或訓練，當災害發生時很難藉由短時間的訓練課程而融入救災的團隊

之中。在美國應對 Katrina 風災時，聯邦政府即便在災害現場聯合辦公室（Joint Field Office, JFO）與緊急應變中心（Emergency Operation Center, EOC）旁架設了臨時訓練中心，教導不熟悉的人 NIMS 基礎訓練課程（包含 ICS），這些人仍然無法融入應變的團隊，甚至不了解 ICS 的一些基本觀念（Neal & Webb, 2006, p.271）。

　　以上的討論顯示 ICS 的使用者必須對這套體系有一定程度的熟悉，並服膺這套體系背後運作的邏輯。對消防與警察等半軍事化的組織來說，這樣階級化的管理體系與其日常作業模式相近，但對於志工團體，或是平時職場上沒有階級高低之分的特定職業人員（例如大學教授、專業技師等）來說，很難在短時間內融入這套體系運作之中。因此很難將 ICS 介紹給不具消防背景的使用者使用（Chang, 2017; Cole, 2000, p.212；Neal & Webb, 2006, p.272）。即便對於上過 ICS 訓練課程的災害應變人員而言，ICS 要能成功運作，仍需仰賴平時的操作與訓練。所以華府地區 911 恐怖攻擊的現場指揮官 Schwartz（時任攻擊地 Arlington 市消防局副局長）在事後表示：當地消防局早就體認到，如果在平時不運用 ICS 來應對小型的災害，那當大型災害來臨時，也將無法使用這套體系（Varley, 2003, p.39）。

　　最後一項成功運行 ICS 的要素是：所有 ICS 使用者不可自作主張、擅自行動。如前所述，ICS 是以一套階級式的體系來管理現場應變的人員與物資，並由基層的現場應變人員回報重要資訊，依著指揮鏈逐層回報予最上層的現場指揮官知悉。現場指揮官再依照災害發展的狀況下達指令，讓所有 ICS 體系內的人得以共同進行救災活動，減少因為個別機關救災目標不同而產生的混亂（FEMA, 2008, p.1）。在這樣的體系下，基層的 ICS 使用者必須聽命於上層 ICS 管理者。ICS 訓練教材中強調，底層的 ICS 使用者不可自作主張、擅自行動，以確保這套體系得以充分地運作。更具體地來說，ICS 期望使用者們（EMI IS-100b., 2013, p.7.9）：(1) 除接到上級

指令或危及生命安全的情況外，不可擅自行動；(2) 所有災害應變人員到達現場時必須向指揮站報到（check-in），以方便指揮站的人員管控所有現場救災人員；以及 (3) 所有 ICS 使用者不可自行建立行動計畫（plan of actions），以免與現場指揮官的指令或是整體救災方向產生衝突。

　　從前述的討論中可見 ICS 要求所有的使用者除非接獲指令或是危及生命安全的情況下，不可擅自行動。此處的擅自行動（free-lancing）對美國消防人員而言，是指不遵循上級的命令、不理會整體救災目標，而自行在救災現場活動，這樣的活動將會導致救災現場的混亂，甚至影響到其他救災人員的生命（Moynihan, 2007, p.20），因此在 ICS 的訓練教材中嚴格禁止這類的行為。有趣的是，在 ICS 的文件中，亦明訂各級 ICS 管理者，必須根據現場狀況不同，在符合救災整體的救災目標與上級指示作法的前提下調整所接受到的命令內容（EMI IS-100b., 2013, p.79）。易言之，ICS 期待使用者們不可在現場擅自行動，但需要視狀況變化而臨機應變（improvisation）。在實際運用上，ICS 其實不是一個口令一個動作的管理體系，相反地，如同前面討論過的決定管理範疇的方式，這套體系期待使用者們保有專業判斷的空間，在一定的範圍內見機行事，讓這套體系保有彈性，以因應大規模且複雜的災害情境（Bigley & Roberts, 2001, p.1289; Chang, 2017）。臨機應變正是美國災害應變研究者們咸認不可或缺的能力（Harrald, 2006；Bigley & Roberts, 2001）。

　　前述對臨機應變與擅自行動的討論，體現在現場救災問題上，即現場救災人員究竟可否依據現場狀況，產生適應新變化的作法？在 ICS 的訓練教材中並未明訂臨機應變的範圍，因此現場操作時，端賴所有現場救災人員與上級指揮者間的默契，當默契不足時，ICS 凡事均逐級向上陳報，除癱瘓指揮者的能力，在面對快速變化的情況時亦應變不及，造成整體救災行動的失效。因此，使用 ICS 的另一項限制是：所有操作者必須了解

哪些狀況必須向上級呈報，哪些情況下，可以依現場狀況臨機應變。換句話說，ICS 使用者必須清楚授權的範圍在哪？若所有大小狀況均回報請求現場指揮官處理，並等待指令後才能進行，將癱瘓指揮鏈的資訊傳遞，並降低災害應變的能力。反之，若太多事情均由底層 ICS 操作者自行決定，又將架空現場指揮官的角色，進而讓救災現場更加混亂，缺乏整體的應變策略與方向。

因此在平時訓練與演習時，就必須建立起 ICS 操作者與管理者間的默契，被管理者必須了解被授權的範圍到哪，何時何事必須向上請示，什麼狀況下可以不經指示而先行處理，ICS 操作者有多大的臨機應變空間，將對運作這套體系的結果產生不同的影響。

綜合以上所有對於 ICS 使用限制的討論，可以歸結出使用 ICS 有四大限制，這些限制分別為：

1. ICS 很難運作在大範圍災害現場。
2. 面對不常見的狀況或是環境變化，這套體系很難及時調整與反應。
3. 很難將 ICS 介紹給新加入救災團隊的個人。
4. ICS 的使用者們必須了解可進行臨機應變的行動內容與範圍。

這些使用 ICS 的限制並非否定這項體系在管理上的優點，而是這套體系設計成類官僚體系的架構，自然會有一些限制，呼應本章開頭所說，救災人員在討論 ICS 時不應將之視為管理應變行動的萬靈丹，但同樣地，也毋需視 ICS 如糟糠，漠視其所具備的一些優點。正如美國資深的 ICS 使用者所言，這套體系自發展以來不斷地修正，積累了多年的經驗與錯誤教訓，或許將之視為美國災害應變人員 40 多年來的實驗與心得總結比較恰當（Cole, 2000, p.211）。

10.2 結論

綜合以上的討論，本章的結論有三項，分別是：(1) ICS 不是法律，這套體系在很多地方留給應變人員自主判斷空間；(2) ICS 重要的不是規定的內容或是各式表格，而是這套體系背後的意涵與使用操作的方法；(3) 要成功運行 ICS，仰賴的是救災團隊彼此之間的信任與人際關係。以下將分別論述之。

一、ICS 不是法律，很多地方留有自主判斷的空間

前面段落中談到 ICS 在決定管理範疇時提供了幾項基本原則外，亦期望使用者依現場狀況自行判斷，在規定使用者須依照命令行事後，卻又寫明各級指揮者必須見機行事，適當地修改上級命令的內容。凡此種種均顯示了 ICS 並不是一套冷冰冰的法律，使用這套體系的人除了需對 ICS 有一定的熟悉度外，更需要足夠的專業能力與經驗，方能在現場做出判斷，找出運用 ICS 原則下最好的做法。因此，平時除了了解這套體系的做法與各項規定外，所有救災相關單位必須共同演練這套體系，提升所有 ICS 使用者在運用這套體系時見機行事的能力。從前段提及的美國 Katrina 風災應變期間提供臨時 ICS 訓練失效的經驗來看，即便災前頒訂了 ICS 相關做法與文件，但若平時不加以運作，當災害來臨時，要在短時間內讓所有人融入 ICS 的救災團隊實有困難。

二、ICS 重要的不是規定內容，而是背後意涵與使用操作

正因 ICS 不是法律條文，而是各救災單位之間處理事情的原則與方法。因此，有志學習這套體系的人不應只在表面條文跟表格上打轉，應該關注在 ICS 這套體系背後的意涵與操作的方法上面。如同本章前段引自資深 ICS 使用者的話一般，ICS 是過往 40 年來美國應變災害的經驗集成，

這些 ICS 表格與文件反映出的是美國整體災害應變界的文化與處事方法。其中有許多細節與內涵，在引進到其他國家之前必須加以調整與重新詮釋。ICS 並非管理災害應變現場的萬靈丹，但也絕非一無是處，引進這套體系之前，所需要的是更多了解 ICS 內涵的專家，以協助去蕪存菁，再根據國內現有的作法加以調整變化。

三、ICS 成功運行的要素是團隊間的信任與關係

　　許多美國研究 ICS 的學者（Buck *et al.*,2006；Klein, 1999；Moynihan, 2007）都指出，順利操作這套體系的先決條件是應變團隊之間的信任與默契。ICS 是管理應變人員的體系，牽涉到人與人之間的關係與默契。由美國成功應變 911 華府「五角大廈」攻擊案與 1995 年奧克拉荷馬市爆炸案的例子看來，想成功推行 ICS 的政府單位不應該只仰賴特定機關的人員了解這套體系，而是需要建立災害應變團隊，並讓這樣的團隊有機會共同練習 ICS 的各項做法。進而培養出團隊救災的默契，解決災害應變期間溝通與運作上的困難（Moynihan, 2007）。

參考書目

林志豪（2010）。災難最前線：緊急醫療系統的運作。臺北市：貓頭鷹。

Bigley, G., & Roberts, K. (2001). The incident command system: High-reliability organizing for complex and volatile task environments. *The Academy of Management Journal, 44*, 1281-1299.

Buck, D., Trainor, J., & Aguirre, B. (2006). A critical evaluation of the incident command system and NIMS. *Journal of Homeland Security and Emergency Management, 3*(3), 1-27.

Chang, H. (2017). A literature review and analysis of the Incident Command System. *International Journal of Emergency Management, 13*(1), 50-67.

Cole, D. (2000). *The incident command system: A 25-year evaluation by California practitioners*. (Unpublished Executive Fire Officer Program). National Fire Academy, Maryland, U.S.A.

Deal, T., Bettencourt, M., Deal, V., Merrick, G., & Mills, C. (2010). *Beyond Initial Response: Using the National Incident Management System's Incident Command System* (2nd ed.). U.S.A: AuthorHouse.

Department of Homeland Security (DHS) (2008, December). *National incident management system*. Retrieved from http://www.fema.gov/pdf/emergency/ nims/NIMS_core.pdf

Emergency Management Institute (EMI) (2013). *IS-100.b: Introduction to incident command system, ICS-100*. Retrieved from http://training.fema.gov/ EMIWeb/IS/courseOverview.aspx?code=IS-100.b

Federal Emergency Management Agency (FEMA) (2008). *ICS review document*. Retrieved from http://www.training.fema.gov/EMIWeb/IS/ICSResource/ assets/reviewMaterials.pdf

Goldfarb, T. (1997, January). Putting the incident command system in perspective. *Fire Engineering Magazine, 150*, 64.

Harrald, J. (2006). Agility and discipline: Critical success factors for disaster response. *The ANNALS of the American Academy of Political and Social Science, 604*, 256-272.

Hatch, M. (1997). *Organization theory*. U.K.: Oxford University Press.

Klein, G. (1999). *Source of power: how people make decisions*. Cambridge, MA: The MIT Press.

Molino, L. (2006). *Emergency Incident Management Systems*. Hoboken, NJ: John Wiley & Sons, Inc.

Moynihan, D. (2007). *From forest fires to hurricane Katrina: Case studies of incident command system*. IBM Center for The Business of Government.

Neal, D., & Webb, G. (2006). Structural barriers to using the national incident management system. In *Learning from catastrophe: Quick response research in the wake of hurricane Katrina* (pp.263-282). Boulder, Colorado: Institute of Behavioral Science, University of Colorado at Boulder.

Stumpf, J. (1999). Incident Command System: The History and Need. *The Internet Journal of Rescue and Disaster Medicine, 2*(1). Retrieved from http://ispub.com/IJRDM/2/1/4679#

Sylves, R. (2008). *Disaster policy and politics*. Washington DC: CQ Press.

Varley, P. (2003). *Command performance: County firefighters take charge of the 9/11 emergency.* Cambridge, MA: Kennedy School of Government Case Program.

Wenger, D., Quarantelli, E. L., & Dynes, R. (1990). Is the incident command system a plan for all seasons and emergency situations? *Hazard Monthly, 10*, 8-12.

Part IV　後果管理階段

王价巨

第十一章　快速損害調查評估之操作與應用

章節摘要

如何能在災害發生後，於最短時間內掌握受災地區之災損程度及資源需求等相關資訊，即時確定資源分配的比重與位置，使有限資源能適時投入最需要的地方，以支援緊急應變及緊急復建，並適度劃分公共設施及基礎設施復建的優先次序，是迫切需要面對的課題之一。美國的系統建立及執行已有長時間的基礎及經驗。在體系逐步修正後，機制架構亦愈趨完整。本章針對美國的執行經驗進行研究，提供政策及操作分析。

11.1「災害調查評估」背景分析

災害調查評估在近年愈來愈受到重視，並成為災害管理領域的一個重要議題。這個工作超出原有減災、整備、應變及重建的緊急管理工作範疇，屬於普遍性的方法，有其特定的時間及目的導向。

如何在災後最短時間內掌握災損程度及資源需求等資訊，即時確定資源分配的比重與位置，將有限資源適時投入最需要的地方以支援緊急應變及緊急復建，是迫切需要面對的課題。災害調查評估有其特定的時間及目的。不管是災前（hazard）或是成災（disaster）之後，經由調查評估，運用適當的程序及方法可節省更多的時間與金錢，並將資源投注在最需要的環節上，協助決策。

　　所有研究都認同災害調查是非常重要的工作（Lewis, 1977），然而大部分的研究都聚焦於醫療（Lillibridge *et al.*, 1993；Noji, 1996；Bradt & Drummond, 2002）、調查科技（Barrett *et al.*, 1991；Douglas & James, 1991；Gamba *et al.*, 2007；Yamazaki, 2001）或是個別災害（Nagarajan, 2004；Wenzel, 2006；Wang *et al.*, 2008），針對整個災害管理體系、行政體系及機制運作的探討較爲缺乏。行政部門甚至因爲懼怕被視爲政府失靈的責任承擔者，而刻意忽略或徒具形式。相對的，美國幾次重大的災害衝擊，也挑戰了既有的災害管理體系，但是其災害調查作業在幾次重大災害中發揮極大的作用，在 Katrina 颶風期間，因爲調查結果建議，適時封閉部分公共設施、建築物與通路，避免了更大規模的傷亡。本章就美國的災害調查機制進行探討，除了制度面的參考外，也涵蓋制度背後的思考模式與精神。

一、為何需要進行調查評估工作

　　一個好的評估工作是成功進行緊急應變的重要基礎。要規劃一個有效的應變工作，決策者在最短時間內應該充分了解與掌握：

　　1. 這是否眞的是緊急事件？

　　2. 受災地區的基本統計資料及分布（如人口、建物、基礎設施、維生系統等）。

　　3. 緊急事件的細部資料（原因、位置、強度）。

　　4. 受災地區的影響狀況。

　　5. 地方應變資源及能力，包括組織能力及後勤能力。

　　6. 救援工作的延伸及類型需求與先後次序。

　　7. 未來可能面對的其他問題及需求。

　　災後需求評估有兩個主要原因：第一，評估結果將能導引應變的優先次序及計畫；第二，因應災後突然湧入的大量援助及資源，並協助選擇

適當的應變方法。不管是災前或是成災之後，經由進行各種符合特定目的需求的調查評估工作，運用適當的程序及方法，將可節省更多的時間與金錢，並將資源投注在最需要的環節上。

　　調查評估的本身與結果一樣重要，快速調查評估報告是針對災時狀況所做的呈現，並針對是否及如何在初期階段做出最好的因應加以建議。因此，需先確認資訊的使用者，及他們所需要的特殊資訊類型（醫療、衛生、糧食、工程、搜救等）。亦即，所提供的資訊只有符合特定用途的需求、時間與地點，才是有意義且適當的資料。

　　此外，有效的介入取決於其特定階段與時間點，且高度倚賴受災地區的既有資源。快速調查評估工作的進行，也必須適度依賴地方單位之援助，進行空間引導及協助資源整備的工作。越準確且可靠的資料將能讓決策者更了解實際需求，並減少後勤應變的複雜性。

　　調查評估工作提供更多協助進行決策的依據（圖 11.1）。調查及評估提供初步災害衝擊、可能問題及災情的大致架構。總括而言，主要目的可包含：

　　1. 確認緊急狀況，並協助確認受災地區的眞正需求，提供即時應變的優先次序建議。中央、地方到個人的需求觀點未必是相同的。這不是「對」與「錯」的問題，然而在政府決策中也都必須同時加以考量，例如：地方會要求緊急搶通某一通路，但其目的是爲了「搶救受困民眾離開災區」與「運送緊急搶收的經濟作物離開災區」，評估等級就會有極大的差距。

　　2. 緊急狀況的種類、衝擊與可能發展的描述，用以判斷政府資源的分配。在向更高層級政府申請支援時，必須提供相關報告以說明及確認實際狀況，這個行動將會有助於緊急應變系統及緊急援助系統的快速啟動。

　　3. 提供地方政府相關的資訊。藉由評估調查的結果，可提供地方政府及單位進行未來規劃及方案決策。

4. 確認緊急需求與可提供的有效方法，評估既有的應變能力及即刻需要的額外援助及需求。確認資源、裝備及人員位置，確認地方資源的需求與原有分布。

5. 提供政府及非政府組織相關的必要資訊。

6. 媒體及國會都需要了解造成的衝擊及支出，政府必須在最短時間內提供相關資料，以避免風險溝通過程的問題。

7. 評估目前及潛在衝擊，提供緊急復建及未來防災工作進行的初步基礎。

8. 初步估計災害可能造成經濟損失及衝擊的程度，評估是否重建及人員是否可以回到社區中。

9. 確認後續深度調查評估應該進行的類別。

10. 調查評估工作（尤其是快速調查評估）牽涉到成本效益、政府危機管理。但是，應該善用直接的調查結果進行決策判斷，降低政治氛圍的影響。

通常，避免二次災害的安全議題是首要，其次分別是緊急民生物資與緊急通路及搶通，再其次才是探討中長期復建的工作。在整體調查評估過程中，必須時時具備「危機管理」的概念，以提供決策者更充足的決策評估依據。

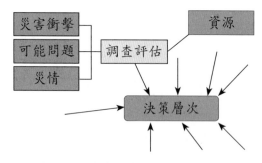

圖 11.1 災害調查評估與決策關係

資料來源：Wang *et al.*, 2005

二、災害調查評估的種類

災害調查及評估的作用，都是以對未來的資源適當分配及相關措施和政策的推動為目標。依照緊急管理領域的探討加以分類，一般的災害調查依其性質可以概分為三大類，包括：快速調查評估、初期調查評估、個別基地調查評估。這三大項目之間的分界及定義並非絕對，也經常被混合使用，但通常以這三者涵蓋整體災害調查及評估的範疇。

快速調查評估包含「快速需求評估（Quick Response Assessment, RNA 或 QRA）」及「概略災損評估（Draft or Initial Disaster Losses Assessment）」。損失及需求的評估工作主要由地方單位、專業單位及社區單位共同合作，在災害發生後的第一時間（通常是數小時之內）即刻投入進行，是災後最需進行的首要任務，地方、州及聯邦都有其特定目的取向的快速調查評估工作。主要目的是為了評估緊急應變需求，包括醫療、基礎設施、緊急救援、裝備、人員等，及初步推估損失狀況，以推斷應投入資源的先後順序及總量。在災害發生初期，相關的資訊都非常零碎而不完整，經由相關單位或執行小組的快速評估，應變的資源可以據此分配，將資源分別投注於最需要的地方，以發揮最大的作用。

初期調查評估（Preliminary Assessment, PA）屬於正式調查的階段，一般側重在災前的減災、整備與災後的災害損失調查評估（Preliminary Damage Assessment, PDA），需要投入較多的時間來進行，包括災前的減災、整備績效評估、風險及脆弱度評估、HRV 分析（Hazard, Risk & Vulnerability Assessment）；災後緊急應變績效、事故責任、災損及重建事項需求等。初期調查評估的成果要能取得更為細節、更廣泛及正確的弱點、損失及破壞評估資訊，這部分資料的目的在於做為判斷後續重建所需資源的投入程度，以及是否有相關疏失的評判依據。在分類上包括「大範圍群體的自明事件（self-evident events）」，主要是可能具有大規模區域

潛在重大災害的事件，如地震、核子事故；及「小區域事件（non-evident events）」，主要是指災損通常侷限在固定範圍內的災害，如洪災或人爲事故等。初期調查中查核的重點包括：管理架構上的適宜性、政策及程序的搭配、風險管理的適宜性、檢討資訊及回報，還有結果整合等。

個別基地調查評估（individual site assessment, site inspection 或 combined verification）通常牽涉到援助計畫及責任問題，通常有三個目的，了解特定社區（基地）、環境（建物）的特定條件、檢討可能的疏漏及重建資源的評估。個別基地調查的評估工作通常是在災後救援及應變工作結束後，屬於中長期的工作之一。其調查規模視其目的對象而定，通常以單一建築物至社區爲主要對象。

其他可能的分類方式還包括如：綜合調查、快速調查、專項調查及細部調查等，但大體而言都可歸納入上述三類調查項目中。快速調查評估的資料是提供進行緊急決策，初期災害損失調查評估（PDA）則是以此爲基礎的持續調查評估，能夠清楚建構災害的動態特質，完整記錄災害的全貌，避免只是以小部分成果窄化了災害事件的整體後果，所建立的資料會較具有分析的價值，這也是近年「後果管理（consequence management）」的重點工作之一。

三、調查評估的等級

在上述重要性的影響下，快速調查評估機制至少會區分爲三類機密等級，包括：機密、半機密與公開資訊。

「機密」等級之快速調查評估報告約占整體比例 35% 至 40%，依其特性僅供特定層級以上之政府官員做緊急處理的依據。機密等級報告通常包含下列項目：

1. **優先性選定**：緊急搶修復建工作需要安排先後次序，以確定有限資源的即時投入，這個工作必須依據調查評估結果來處置；相對的，這個結

果也會影響未來不同社區及地區接收資源的先後及多寡，是一極具爭議性之議題，應予以「機密」等級處理。

2. **資源配置**：除了緊急復建及搶修的資源外，外部環境投入各地區的資源配置也會影響社區及地區的災後情緒，與資源配置有關的報告大多列為「機密」報告。

3. **政治影響**：部分報告會納入政治衝擊加以評估，部分則隸屬於危機處理之一環。災後的政治氛圍會影響社會及政治穩定，這方面的評估通常屬於指定性不公開資訊，其結果屬體制外資訊，非必然影響主要資源配置及優先性選定，但許多研究都認為會對災後相關工作產生影響，例如美國總統接受受災各州請求宣布為聯邦層級緊急事件的流程，將影響其後的一系列聯邦援助，一般認為具有相當的政治性。

半機密等級具有時效性或可供特定人士及學者專家參閱，通常有關於後續規劃、擬訂中長期計畫、疏散避難區域、重建更新與廢棄處理區域、特定區位變遷資訊及其他事項，預期在災時會引發不同意見或紛爭，但無暇於災時處理的可能狀況。

不包含以上事項，又不在各類法令限制範圍內的報告都屬公開資訊，所有公民因特定需求提出佐證後，都可依法申請調閱。

四、調查評估的要點及需求

除了前文中提到的部分要點外，災害的調查與評估工作還有一些要點和特別需求。

標準化作業程序、統一用語是必要的。緊急情況下應避免因為用語差異延誤時間，致使調查評估工作延誤，包括名詞、分類、表格、調查方式、程序都應在整備時期的調查計畫中建立完整的標準。

快速調查評估過程的容許誤差值相對較高，在解析相關資訊時，足夠的容許誤差是需要的，相對的，這也需要依賴經驗來彌補。美國在內閣中

有所謂的「資深官員（Senior Official）」，就是指經驗和訓練都達一定水準的聯邦官員，在實務經驗和內部的教育訓練上都扮演極為重要的角色。

　　資訊的取得需依其目的及其特定對象而定，唯有依目的所蒐集的資訊才是有價值的資訊。此外，資訊具有時間性及動態特質，尤其是調查出來的資訊會隨時間而改變，有可能造成調查評估與實際狀況的落差。因此，需要很快的針對調查結果加以因應，避免後續效應減低了調查成果的時效性。

11.2 以美國公共設施災後災害調查評估機制爲例

　　美國非常重視基礎設施（infrastructure）的保全，從白宮、國務院、國土安全部、衛生及人道服務部、法務部等都設有基礎設施相關的委員會，分別職司不同任務。本章以災後公共工程及硬體基礎設施（physical infrastructure）爲例。

　　依據美國聯邦法令，「公共工程」及「硬體基礎設施」的範圍初步區分爲：橋樑交通設施，公共設施如水壩、水電廠及管線，公共建物如政府建築、醫療等類、衛生設施等，災後的項目中還包括緊急用電、水、冰、土石清除、技術協助、臨時住宅、通路、公共設施和結構評估的工作。針對這些項目，災後快速調查評估機制的主要負責單位包括執掌全美緊急災害管理（天然災害）的美國國土安全部（Department of Homeland Security, DHS）—聯邦緊急管理總署（Federal Emergency Management Agency, FEMA）與負責災後土木工程緊急復建工作的美國陸軍工兵署（US Army Corps of Engineers, USACE）。

　　整體架構上，國土安全部屬於政策層次，聯邦緊急管理總署負責進行管理、協調及大部分的決策，陸軍工兵署則負責執行及公共設施的協調作業。本節依據美國目前公共設施災害復建體系分爲這三個層次加以討論。

一、層次一：國土安全部及跨部會作業

　　美國現行跨部會災害管理由國土安全部負責，天然災害的相關管理工作則完全屬於聯邦緊急管理總署的權責範圍。體系的法令基礎主要來自於三個法案及計畫，分別是「**勞勃・史坦福法案**（The Robert T. Stafford Disaster Relief and Emergency Assistance Act）」、「**國家應變架構**（National Response Framework, NRF）」及「**國家事故現場管理系統**（National Incident Management, NIMS）」，以全災害取徑（all-hazard approach）逐步落實災害管理的操作程序。

　　當總統宣布該州或該地區為聯邦重大災害地區（或國家重大事件），依據史坦福法案由國土安全部聯邦緊急管理總署依據國家應變架構（NRF）及國家事故現場管理系統（NIMS）接管災害管理權責，聯邦部門的災害應變機制也全面啟動。國家應變架構（NRF）界定了聯邦政府資源取得、管理、強化州及地方應變能力的基本機制和結構。災害應變與復建工作是複雜而動態的，除了國土安全部及聯邦緊急管理總署外，NRF也規範了許多同時並行的災害相關行動及共同作業的單位功能和職責，強化了災前溝通協調的工作。

二、層次二：聯邦緊急管理總署層級

　　FEMA 層級所有相關的緊急調查評估工作，都由聯邦規範及保障的緊急應變團隊先遣部隊（ERT-A）負責（圖 11.2）。ERT-A 共有 35 個先遣部隊，分為三類：第一類一般都派駐在州的緊急作業中心內，隨時進行協調工作；第二類是快速需求調查評估小組（RNA Team）；第三類則是負責災害現場聯合辦公室的設立，評估決定是否需要設立完整或部分的緊急應變團隊，如有需要，則由先遣部隊（ERT-A）逐步開始轉型成緊急應變團隊（ERT）。

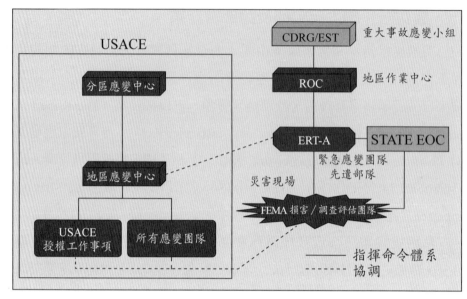

圖 11.2　ERT-A 位階及程序示意圖

資料來源：Wang *et al.*, 2005

1. FEMA 快速調查評估系統的定位

　　快速需求評估小組的任務是收集和提供資訊，工作包括災情、救災資源及緊急應變復建的快速調查。該小組由各聯邦單位的專家和受災州郡的代表組成，負責進行評估並提供必要資訊，以決定援助緊急應變事務的重要資源需求。該小組應盡可能精簡且自給自足，以確保不影響地方和州郡資源。

　　DHS/FEMA 負責組成聯邦的 RNA 團隊，各單位依據特定需求也可以獨立組成特殊項目的調查小組。快速調查評估是整體災情評估過程中的重要部分。依據要求，RNA 團隊成員需要在 6 小時內啓動，12 小時內開始調查評估工作，並需自我維生 24 小時以上，在災後 72 小時內爲特定目的在災區進行獨立的自主性評估，快速確認重點問題及尚未接收適度供應的需求，並於 5 天內完成調查報告。其他資訊蒐集行動，例如：預測、圖

示、遙感和探勘也將隨後視需要進行。目前聯邦層級的團隊組成大致如表
11.1 所示。

表 11.1　DHS/FEMA 組成之聯邦 RNA Team

組成及必備能力：聯邦目前僅設立涵蓋全災害管理功能類型之團隊，若需其他類型調查評估團隊之設立，可再擴增。		
基本能力組成	**基本人員需求**	
管理小組		
隊長	數目依事件大小而定	
FEMA／州代表		
評估小組		
毒化物專家	數目依事件大小而定	
醫療專家		
大量傷病專家		
基礎設施專家		
消防及搜救		
支援小組		
通訊	數目依事件大小而定 ・個人工具箱 ・工具補充包 ・團隊維生需求	・團隊管理需求 ・機動設備 ・通訊援助設備 ・飛行機具
後勤專家		
作業專家		
裝備		

資料來源：FEMA, 2001

　　法定災害現場調查評估工作包括兩個層級：州政府及聯邦層級。州政
府層級在向總統申請宣布災區之前就需提供非常簡易的評估，宣布災區之
後，聯邦單位進駐，會再進行聯邦層級的調查評估，領域區分較細緻，也
較專業，州政府評估僅供聯邦政府參考，聯邦政府所做的評估報告則具備

法令位階，將會影響災區宣布及後續資源調度和分配。

2. 作業概要

　　依據災害性質，快速需求評估小組可以在預期將發生災害事故的地區預先部署；也可以在大規模災害事故之後部署[1]。這些評估小組均使用標準化的組織架構、裝備和補給以及通報流程。每個評估小組包括三個組成部分：管理小組、評估小組和快速應變系統（Quick Response System, QRS）的支援小組。

(1) 作業分組及內容

　　RNA 小組直接透過資訊與規劃組向緊急應變團隊先遣小組的指揮官呈報。RNA 小組以獨自作業的方式進行民眾緊急需求和災害對基礎設施影響的災情評估。災情評估資訊將呈報至緊急應變團隊先遣小組的指揮官、州級緊急應變中心和地區應變中心。

① 管理小組

　　管理小組對評估過程和小組後勤支援進行監督和協調。管理小組由一名美國聯邦緊急管理總署地區辦公室資深官員和一名州級代表組成，共同對快速需求評估小組作業的整體狀況負責。

② 評估小組

　　評估小組包括來自多名聯邦單位的專家，負責執行實際的需求評估。評估小組的職位及出任單位包括：危險物品專家（環保署）、醫療專家（健康及人道服務部）、基礎設施專家（美國陸軍工兵署）、消防／城市搜救專家（受災地區的城市搜救隊）、大量傷患照護專家（美國紅十字會）。評估小組中的成員都需經過災害管理及緊急支援功能（ESF）訓練，可以針對跨領域的需求快速地進行評估。其中，基礎設施專家由美國

---

[1]　可預期之災害如颶風、龍捲風、洪水等；不可預期之災害如地震或恐怖攻擊等。

陸軍工兵署總部（USACE）派員擔任，負責評估運輸路徑和系統、能源系統、其他公共設施、廢墟／殘骸清理、二次災害、重要工具／設施、通訊系統。

③ 支援小組

支援小組〔或快速應變系統（QRS）〕由機動緊急應變支援小組（Mobile Emergency Response Support, MERS）的成員和設備組成。快速應變系統提供管理小組和評估小組相關文件、後勤物資以及通訊支援。快速應變系統的成員由一名後勤支援專家、一名作業專家以及四名通訊專家組成，全部都由 FEMA 派任。相關的機動緊急應變支援小組指揮官指定其中一名成員為整個支援小組的組長，全權負責快速應變系統在作業和支援評估任務過程中的行動。

後勤支援專家負責評估小組在整個行動階段內的後勤支援，以資料的傳遞和通訊為主，並負責監督所有設備支援工具的整備狀況。作業專家負責收集來自評估小組的評估資料，歸納整理為報表格式，呈報相關的人員和組織。通訊專家負責安裝、作業以及維護通訊支援設備，並在評估小組部署期間提供技術支援。每一輛評估小組的交通工具上都配備一名通訊專家。

④ 多小組的部署

取決於災害的範圍、程度和類型，可能同時派遣和部署一組以上的評估小組。聯邦緊急管理總署下屬的每一個快速需求評估小組組長都需向快速需求評估總協調官回報，總協調官直接向緊急應變團隊先遣小組（ERT-A）指揮官回報。為了與受災州郡協調，緊急應變團隊先遣小組的指揮官可能同時出任州級協調官的職位，以協調快速需求評估小組與州級應變措施的行動。根據緊急應變團隊先遣小組指揮官的判斷，將會提供後勤支援協調官、作業協調官及通訊協調官以支援快速需求評估總協調官。

(2) 作業流程

由於快速需求評估小組通常是在大規模災害的狀況下，其存在週期也很短（通常在 24～72 小時之內），因此快速需求評估小組成員必須具有足夠的專業技能，並且能夠勝任所分派的職責。一般而言，快速需求評估小組成員的基本標準及對象爲：

- 過去曾經被指派過出任與快速需求評估小組功能類似職位。
- 收到快速需求評估小組部署通報後能在 12 小時內趕赴受災現場附近。
- 願意出任快速需求評估小組成員的職位。
- 完成災害管理及快速需求評估訓練課程，並能參加進階調查評估訓練。
- 適當的人選應該符合其他快速需求評估小組身體、生理條件標準的規定，能夠在嚴峻的環境下作業。
- 快速需求評估小組通常將在 24～72 小時內完成指定任務。

① 整備與待命

指派的小組成員必須符合規定及具有災害管理資格，並且願意履行快速需求評估小組職位的職責。職位資格均有嚴格的限制，必須由特定單位、特定資格的人員出任。各職位的主管單位需依據聯邦規定，隨時選定指派的人員。

② 行動和部署

FEMA 提出選定地區的優先順序，主要依據四個方向加以研判：

- **災害歷史**（History）：有過災害歷史的地區，有很大可能會再發生，除非特定災害成因已完全消失，或是環境改變（例如遷村）。但是過去沒有發生過，並不代表未來不會發生。
- **脆弱度**（Vulnerability，或稱脆弱性）：主要是評估環境的脆弱程

度及人員、設施等的脆弱度，包括：受到危害的人員財產數目、人口密度、位置、財產及基本生活設施的位置等。

· **最大可能威脅**（Maximum threat）：在極差境況模擬（worst case scenario）下，帶來最大的衝擊及其後續事件，例如火災、水壩決堤等。

· **可能性**（Probability）：危害發生的可能性、後續特定規模災害事件持續發生的機率，可能從災害歷史中加以研判或根據其他部會提供的資料加以判斷。

同時也會考量災害發生的頻率和嚴重性（圖 11.3）。確定派出快速需求評估小組時，由美國聯邦緊急管理總署地區辦公室協調部署。依據NIMS的「指揮和管理（Command and Management）」架構推動部署進程。

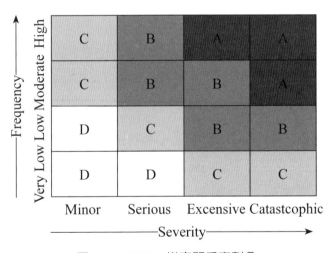

圖 11.3　FEMA 災害嚴重度劃分

資料來源：FEMA, 2003

③ **任務執行**

為支援評估小組的任務，必須建立作業基地（Base of Operation,

BoO），以協調和支援評估作業。管理小組和大部分快速應變系統
（QRS）將在作業基地內作業，基於評估小組指揮官和州級代表的評估策
略，部署評估小組至受災地區，執行實際災情／需求的調查評估。

·管理小組和支援小組作業

管理小組的作業主要在作業基地（BoO）執行。該基地是大多數支
援、協調和行動決策制訂的樞紐。設備和支援小組作業的有關人員都駐紮
在作業基地中。作業基地還需要設置通訊中心，負責接收、分析和處理來
自現場的資訊。通訊中心直接連接至評估人員在現場的交通工具上。在初
期評估作業之前、快速調查評估之後，管理小組與小組評估人員共同合
作，負責擬訂調查評估策略，做為作業計畫（operational plan）的基礎。

在抵達作業基地之後，管理小組和評估小組組員將會聽取指揮官的綜
合說明（general briefing），包括任務、目的、評估策略等。在調查評估
作業前，受災州政府和／或緊急應變團隊先遣小組（ERT-A）／地區應變
中心（ROC）小組也提供簡報，說明大致環境狀況。

管理小組應確保以下行動的正確執行，以達成確定的優先順序和策
略：

- 直接觀察受災地區，並將其劃分為特定的工作區域，通常稱為分區
（sectors）。在必要的時候決定選擇策略。
- 區分重要聯絡的優先順序。
- 建立行動追蹤系統，以確保完成目標。
- 建立登記／評估通報時間表，包括重要資訊通報。
- 建立資訊如何回傳作業基地（BoO）通訊中心的方法（例如：電話、
無線電）。
- 建立時程表（schedule list），以備將來會議和任務報告之需。
- 討論重要安全因素和狀況通報。

‧作業專家負責接收來自評估小組成員的評估資訊，並進行適當處
理，提供評估小組指揮官和州級代表閱覽、分析和呈報。作業專
家將這些資料處理爲可供傳輸的正確格式，並遞交給有關接收者
（緊急應變團隊先遣小組指揮官、地區應變中心、機動緊急應變支
援作業中心、州政府等）。

‧**評估作業**

快速需求評估小組的主要任務是「蒐集和提供資訊，了解最緊急的需
求狀況，以及是否需要支援緊急應變行動」。因此，評估小組的作業應分
別考慮受災民眾的實質及安全需求，做爲主要的基本資訊元素（EEI），
其他資訊都屬從屬資訊或支援資訊元素。

一旦集合後，評估小組將從州政府代表和聯邦緊急管理總署
（FEMA）小組指揮官處了解有關任務執行方法和目標的資訊，依據地區
狀況進行「擋風玻璃式調查（windshield survey）」或空中偵察。擋風玻
璃式調查由評估小組指揮官決定使用何種交通工具。如果地區面積很大，
評估小組指揮官需要劃定地域範圍，並配置評估所需的人員和裝備。

評估小組組長承擔小組成員及財物保障的責任。由於評估小組在執行
任務的大多數時間都是遠離評估小組指揮官，因此小組指揮官應在評估小
組離開作業基地（BoO）執行任務時，爲評估小組的每輛交通工具指定一
名評估人員負責管理。

調查評估通常以空中評估爲主，輔以地面調查。空中評估由評估
小組指揮官和州級代表負責申請。參加空中評估作業的人員數量將取決
於飛機的大小和類型。此外，評估小組指揮官還應確認觀測評估地區、
指定降落點，以及需要的天數。州政府需提供州級國家防衛隊和民間空
中巡邏隊資源。如果州政府無法提供，則評估小組指揮官將聯繫地區應
變中心（ROC）或緊急應變團隊先遣小組（ERT-A），要求美國聯邦資

源提供上述設備。包括當地軍方基地的飛機、總務局（General Services Administration, GSA）租賃的商用飛機，以及附近其他聯邦單位的飛機〔例如，海岸巡防隊、國家森林火災救援隊、聯邦航空管理局（Federal Aviation Administration, FAA）〕。

評估小組成員無須對有關災害帶來的破壞進行整體的評估，因為當快速調查評估完成後，初期災害損失調查評估（PDA）將隨之開展。實際上，評估小組所提供的資訊將在隨後的評估和調查中使用，進行更精確的災害調查評估工作。

④ **歸建解散／任務再分配**

評估小組的指揮官和州代表將決定其任務是否完成。若任務已完全完成，小組完全解散歸建。或者，評估小組以下列四種方式另行分配任務：

- ·評估小組整體重新部署至災區的另一個地區，或部署至另一個不同的地區，因應緊急狀況或災情。
- ·個別組員被重新指派支援其他聯邦應變工作，包括聯邦緊急管理總署（FEMA）或其他聯邦單位在災害現場聯合辦公室（JFO）緊急支援功能（ESF）作業。
- ·所選小組成員繼續留在災區現場，提供地方政府技術援助。
- ·小組成員被重新指定參與初期災害損失調查評估（PDA）小組，蒐集更多更詳細的損失評估報告，並確定長期的民眾／基礎設施需求。

⑤ **回復至整備工作**

在返回總部後，機動緊急應變支援小組將重新補給和復建快速應變系統（QRS）的裝備。所有消耗的裝備在返回後 30 天內重新補充，並完成整備狀態。

3. 計畫與報告

快速需求評估任務需要提出作業計畫，並在任務完成後提出簡單但是準確的報告。

(1) 作業計畫

作業計畫是為評估小組作業擬定的評估策略。作業計畫由評估小組指揮官和州級代表，會同評估小組其他成員共同擬定。儘管每一次的部署均不同，但此一計畫至少應包括：主要和次要的目標評估地區、評估優先順序、快速調查評估的方法（空中／地面／兩者同時使用）等。其他應該在作業計畫中列舉的項目還包括：

①小組清單、與州／城市／郡市層級官員的規劃會議。

②通報時間表以及其他時程表需求。

③作業基地的會議日程。

④車輛／飛機的聯絡人員、方式。

⑤通訊流程。

⑥緊急行動流程。

⑦安全與防護流程。

⑧要求的後勤支援、層級。

⑨爭議解決方案的流程、可能爭議化解。

(2) 整理報告

評估小組指揮官和州級代表需對評估表中的資訊加以彙整，草擬調查評估中所發現的問題、需求、可能建議，並提出一個整體觀點。為了因應時間上的緊迫，也可以依據個人評估表的資訊按照專門的類別加以整理，並以敘述性的格式提出觀點及建議。

(3) 行動結束報告

評估小組在每一次評估任務完成後都要提交「行動結束報告」。行動

結束報告是行動結束後例行會議的基本資料，此一會議通常在所有評估小組成員從任務現場返回之後不久舉行。行動結束報告將確定和分析本次任務中的重大作業問題，如果這些問題懸而未決，將可能影響今後的調查評估作業。行動結束報告同時還指出作業中的優點、糾正尚待改進的地方，提供相關的背景資訊、提出改進建議。

三、層次三：公共建設及工程災後緊急復建──美國陸軍工兵署作業

美國陸軍工兵署設立於 1802 年，是美國歷史最悠久和最權威的洪水研究實驗和工程規劃、設計、建設、維護、管理及諮詢單位。雖然是軍隊編制，但主要由不具軍職身份的環境學家、科學家及工程師所組成，工作範圍涵蓋極廣，包含生物、地理、工程、水力、天然資源管理等。在公共工程及建設方面的政策及規劃工作，是由設立 17 個執行辦公室的 USACE 總部負責，其目的在確保 USACE 的緊急管理團隊能隨時準備、裝備妥當，以備緊急應變派遣所需，並在災害發生之後的數小時內到達災害現場，提供必要的援助及執行任務。

1. 法令程序及依據

美國陸軍工兵署公共設施及工程部分的災害防救工作是依據公共法案（Public Law, PL）84-99 法令、已修改的「洪水控制和海岸應變計畫」及國家應變架構（NRF）所取得的授權，授權範圍涵蓋所有地區和其分支單位。

國家應變架構提供聯邦單位因應天然災害和緊急情況的權力，以提供救助人命、保護公眾健康、安全和財產的援助。USACE 依據國家應變架構的緊急支援功能 #3 ── 公共建設及工程（Public Works and Engineering）執行，與 DHS/FEMA 共同負責主導工程相關應變工作，並

有包含農業部等 15 個支援單位。ESF#3 的目的是在重大災害及事故之後，或宣布為國家重大事故（incident of national significance）之後，即時協助州政府人命安全、設施防護及緊急復原重建工作需求的順利進行，並幫助國土安全部協調及組織聯邦政府單位的相關需求與資源進入災區。其管理及任務範疇涵蓋所有提供國內事故管理的減災、整備、應變及重建行動與工程技術的相關支援，包括：事故前或災後公共設施及基礎設施的調查評估工作、執行災時與救援及維生需求相關的緊急施工程序、技術資訊及評估、工程管理、營建管理及調查、構造物相關事項及緊急搶修、緊急聯繫、水、廢水處理相關設施、緊急供水、供電、州政府構造物建物相關事項援助，並協助 DHS/EPR/FEMA 公共援助計畫（public assistance program）的執行。

在公共建設及工程的緊急應變流程中，FEMA 及 USACE 分別透過各自的區域辦公室及地區緊急作業中心發布相關命令（圖 11.4）。USACE 透過緊急應變及重建辦公室和各個前進指揮所發布相關命令，並單獨或會同 JFO 及州政府相關單位進行災害的調查及評估工作。USACE 的整體行動概念以相互承諾為基礎，在緊急情況初期，成立受過高度訓練的災區作業規劃與應變小組（Planning & Response Team, PRT），提供災區管理策略，並處理各種規模的公共設施緊急復建任務的經費運用。最初的災區作業規劃和應變小組與指定的地區工程師相配合，在災後立即報告並指導緊急的災區作業行動。最初的應變工作將提供處理整體災區作業必要的時間來進行動員，並建立完整的緊急應變與復建辦公室（ERRO）。緊急應變與復建辦公室負責各種任務需求，利用小且高效率的管理小組（由工兵署地區辦公室具有災區作業任務經驗人員組成）指揮管理調查評估工作及指導合約廠商，完成災區作業任務。

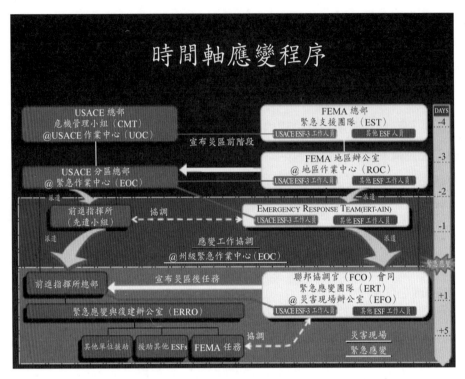

圖 11.4　災害發生 USACE 及 FEMA 緊急應變互動圖

資料來源：整理自 FEMA 及 USACE 應變程序

2. 作業程序及内容

(1) 行動概念

USACE 的緊急管理行動有兩個階段：緊急應變與緊急復建。

緊急應變行動是指評估某一災害的即時或短期後果，包括立即採取行動拯救生命與財產、確保民眾的基本生存需要。緊急復建則在於要求損失的調查評估工作，是長期重建工作的基礎。政府透過其能力、技術支援、合約與管理方式提供援助，組織、訓練、經驗是有效應變行動的關鍵。

①初期部署的任務是以了解整個災害衝擊的規模、調查評估損失與資訊整合為主，包括設施的損壞程度、可能的工程範圍陳述和可供成本估

算的資料。

②調查報告應是研究維護或重建工程範圍的基礎。

③技術服務部門提供 PDA 評估小組工程技術支援。工程管理與合約單位隨時待命以支援緊急啟動的復建工程作業。

④支援代表為組織的行動提供相關支援，包括：醫護服務／後勤支援、人力、資源、資訊等類。

人力專家處理與協調人力統合運用的問題。資源管理包括 USACE 作業費用、合約經費的取得與財務管理行動。審計支援必須具備審計能力，為緊急作業的合約執行做好準備工作。大多數的緊急作業合約是以預先簽訂或不定期不定量合約方式進行，需要有比固定價格合約更為深入的了解與審查。另外，資訊管理負責通訊聯繫支援。

調查評估到復原重建階段壓力與日遽增。USACE 授權緊急應變指揮官可以成立營建管理現場辦公室管理現場合約商作業，並著重於工程與財務管理責任。

(2) 任務作業方針

美國陸軍工兵署公共設施緊急復建和快速調查評估機制的啟動有三種不同方式，分別是 USACE 作業中心（USACE Operation Center, UOC）自行要求調查、州政府請求及宣布為國家重大事件之後，其主要的差別在於經費的來源，Wang 等學者（2005）有詳細的說明。任務執行作業推動則由下列各階段工作所組成。

① 先前整備待命工作

沒有「典型」的公共設施緊急復建任務。因此，所有執行公共設施緊急復建任務的規劃與作業方針需先確認發生的事故狀況，並進行調整。基於此一彈性需求，工兵署管理小組須根據「整備週期」進行建置，並提供現場作業方針，有效管理啟動災區作業的合約廠商。在災害應變範圍內，

每一附件都必須有完善的行動記錄，以及在災害應變與復建工作中重要的主管機關。

調查工作非常的多樣，被指派參與調查的人員需準備隨時投入參與不同種類的調查工作，並完成每一調查評估工作的「調查評估計畫」。依據美國的法令訂定，調查工作可以依表 11.2 簡單區別爲四類。本章以該分類中的基礎設施快速調查爲主。基礎設施公共援助調查部分的小組成員包含公共工程專家、道路及橋樑工程師、電信公司、公共設施專家、用水及廢水工程師、土木相關工程師及市郡政府人員等。

表 11.2　調查評估分類表

	快速調查－需求	數據收集－重建
個人、家庭、企業	・個人需求的滿足 ・個人援助（Individual Assistance）	・長期社會經濟情況的處置 ・實質環境重建
基礎設施	・公共援助（Public Assistance） ・主要公共設施的緊急處置	・長期及非主要設施破壞之處置 ・基礎設施防災之改善

資料來源：本文作者整理

② 災害發生後

快速調查評估小組是爲了讓專家能直接到災區獲得立即的資料，以進行相關損失、嚴重程度的研判及緊急復建作業的進行需求。因此，啓動前應由地區辦公室的災區作業規劃與應變小組先確認災害及災區的基本資料（profile）、啓動的主要目標及工作項目。

・宣布災區之前（Pre-Declaration）

・災害潛勢區應與地方、州及聯邦單位合作評估整體的災區作業需求。

‧地區辦公室將根據災區作業任務等級動員必要設備、資產及人員。

　提前動員：

　＊決定管理災區作業任務辦公室的組織配置。

　＊決定執行任務工兵署人員的數量和技術需求，包括快速需求調查

　　評估小組及初期調查評估小組。

‧如果聯邦緊急管理總署在宣布災區之前已經啓動國家基金，確認其

　在災區作業任務中的位置，地區辦公室應即刻啓動災區作業規劃

　與應變小組。該小組將：

　＊了解預期的災區作業數量與類型。

　＊具體考慮問題的可能處理地點、方法、環境、可能需要的租賃協

　　定，以及與處理問題相關的任何可能問題。

　＊評估如何劃分整個災區作業任務區，以便於推動災區作業任務的

　　執行。

　＊說明並利用地區辦公室任務範圍的相關資源。

　＊準備各種可能的合約格式需求。

　＊清查合格的廠商名單。

　＊確定監督合約廠商工作的工兵署人員的類型和數量。

‧與地方政府和其他聯邦單位確定協定要點。如果情況許可，盡可能

　因應可能的變化，及早簽定先前還未確認或需追加的合約。

‧**宣布災區之後**（Post-Declaration）

　在執行其災區作業任務時，不管先前各種事前聲明階段的行動爲何及

進度如何，災區和規劃應變小組都應先行於派出快速調查評估小組之前，

完成以下步驟：

　‧完整了解及預估災區作業的數量和類型。

　‧了解問題的地點、方法、可能需要的租賃協定以及任何環境問題。

‧劃分作業任務區以利災區作業任務的執行。

‧會同聯邦緊急管理總署代表確定或修改任務規模。

(3) 後續任務

在災害調查評估作業完成後，其他後續工作還包括：

① 災區規劃與應變小組

‧確認已簽訂之合約形式與格式是否適合且數量足夠。

‧確定執行任務所需合約廠商設備的類型和數量。

‧追加合約簽訂。

‧確定監督合約廠商工作的工兵署人員類型、數量和地點。

‧需要時，管理並指導公共設施緊急復建任務。

‧會同政府及其它聯邦機構建置並維護合約要點。

‧緊急復建任務完成後，繼續指導整體長期復建行動。

② 快速調查評估小組人員

‧除了災區實質作業任務需完成外，其他聯邦緊急管理總署核准及交派的行動仍需依序完成。

‧完成災區作業任務的人員應簡單描述應變與復建任務行動經驗。

‧所有參與者應準備及支援撰寫「行動後報告」特定章節，包括提供敘述、經歷狀況或圖表以幫助記錄、達成工作與提供經驗參考。

‧經費核銷是後續工作中很重要的項目，Wang 等學者（2005）有詳細的說明。

(4) 快速調查評估工作相關單位

① USACE 總部

總部指揮官由陸軍工兵署高司單位主官擔任，代表負責美國陸軍工兵署行使權力，處理與災害應變有關的所有事項。指揮官基於國家應變架構，透過緊急支援功能 #3 坐鎮「USACE 作業中心（UOC）」，指揮整

個應變復建行動、參與協調、接受聯邦緊急管理總署的任務指派、負責災害調查評估作業的主要決策作業，完成決策後並交由前進指揮所緊急支援功能 #3 管理小組執行，並與其他相關單位協調。指揮官需向負責國土安全事務的國防部助理副部長報告整體工作進度、指派適當人選進駐跨部會事故現場管理小組（Interagency Incident Management Group, IIMG），並有權調動各個 USACE 的應變部隊及調查評估小組。

② **FEMA 災害現場聯合辦公室（JFO）—緊急支援功能 #3 管理小組**

緊急支援功能 #3 管理小組在聯邦災害現場聯合辦公室（JFO）行使其職權。緊急支援功能 #3 管理小組是由指揮官授權，在災害現場聯合辦公室的全權代表，負責協調陸軍工兵署和聯邦緊急管理總署間的相關問題，並協同聯邦緊急管理總署、其他聯邦單位以及州與地方政府共同合作完成任務。在執行緊急支援功能 #3 公共建設及工程任務時，該小組也是其他緊急支援功能的聯絡人。

③ **USACE—緊急應變與復建辦公室（ERRO）**

緊急應變與復建辦公室是派駐於地區執行任務的先遣部隊。這些任務包括合約管理、設計、簽訂、資產清查、後勤、資源管理及其它功能。緊急應變與復建辦公室通常在災區或災區附近。在大規模災害，通常是由一名副師長指揮緊急應變與復建辦公室，負責調查評估資料、緊急復建作業的初步分級與決策。

④ **USACE—災害現場辦公室（EFO）**

災害現場辦公室是地區／緊急應變與復建辦公室的下屬辦公室。災害現場辦公室的數量需依據災害性質和所接受的任務而定。災害現場辦公室最主要的功能是合約管理與確保品質，並負責快速調查評估資料的直接傳送，其啟動作業程序如圖 11.5。

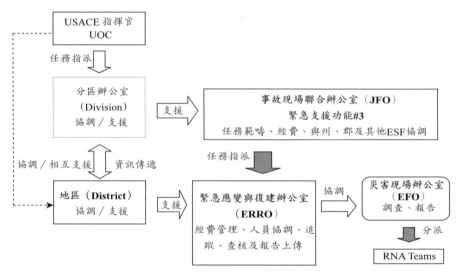

圖 11.5　USACE 內部指揮系統作業啓動

資料來源：Wang *et al.*, 2005

　　依據 USACE 之身體及心理狀況要求規定，參與調查工作必須有在惡劣實質及氣候環境下長時間作業的心理準備，必要時可能需要獨自作業，患有相關心理疾病者皆不適合擔任此一工作。患有糖尿病等慢性病症、循環系統疾病、呼吸系統疾病、背部疾病及其他需要持續性服用藥物治療者皆不可參與。體能方面，無法承受長時間體力負荷及非正常起居工作者，也不應參與。

(5) 調查作業重點

　　如前所述，因爲需要在最短時間內完成，以協助立即性決策的進行，快速災害調查評估大多採用擋風玻璃式調查（windshield surveys）。調查內容盡量以勾選式清單爲主，輔以簡單敍述。許多資料在專家回到緊急應變中心的路程上就可以陸續整理完成，以符合時間限制需求。緊急應變中心應針對這份報告所有提到的事項在決策中加以因應，並做爲初期災害損

失調查評估（PDA）工作的基礎。

　　針對快速需求調查評估的部分，評估的結果將會提供整體作業需要立即處理的項目。主要的關注重點包括：

　　① 疏散避難空間、學校、醫療設施、重要公共設施及建物是否有可能在持續災害下毀損，或受災的可能。

　　② 損毀的構造物設施是否會形成另外的災害，需要即時處理。

　　③ 是否有涉及需要再疏散避難地區緊急通路的處理，能不能即刻處理、有沒有其他方案的可能性。

　　④ 地方公共工程作業單位的作業能力是否足夠因應。

　　⑤ 如果需即時搶通，簽約廠商適不適合直接進入現場。

　　比較危害的優先順序通常會依：

　　① **嚴重性**（Seriousness）：考慮各項災害衝擊造成損失的嚴重度。

　　② **可處理性**（Manageability）：是否有可能減輕災害威脅？

　　③ **急迫性**（Urgency）：是否目前有急迫需要？哪些事必須立刻行動？

　　④ **發展性**（Growth）：某項狀況不處理，災害衝擊是否更加嚴重？

11.3 結論

　　整個國家的緊急應變與復建工作之順利與否，需依賴有效的減災及健全的整備工作，而災害特性、環境特質及組織能力等都是其中的一環。從美國的經驗分析，緊急應變和復建的結果，其實是用來檢討減災和整備的成效，若由於災害發生而有人力需求與應變時間的不足，即顯示在減災及整備階段上仍有待加強。

　　臺灣在災後的資源分配上以門檻取徑（threshold approach）為主，主觀性較強，基層業務承辦人員所擔負的責任雖較少，作業流程較簡單，但相對的彈性也較小，資源投入的效力（effectiveness）及效能（efficiency）

較少受到重視。

　　從災害管理體系上而言，美國的體系從聯邦－州－郡市到地方和臺灣的體制上有所差異，但相較於美國的幅員廣大，臺灣實具備災害事件處理空間與時間上的優勢，尤其臺灣近幾年來在災害管理體系上不斷因應實際狀況需求而調整，實已具備持續推動如災害調查評估、災害後果管理（consequence management）、全面性脆弱度及風險評估（all-hazard vulnerability and risk assessment）等災害管理相關配套作業的基礎，進而更精進災害管理事務、降低傷亡損失。

　　「災害」一詞在臺灣一直具有相當的敏感性，社會大眾對於災害的態度一直處於兩難的矛盾心情：災時深怕遭受災害的衝擊，平時卻又擔心災害的相關調查及措施推動會影響經濟上的效益。但是，實際上，災害事件不可避免的牽動著整個國家空間、經濟發展遠景，甚至是政治發展的穩定，唯有即時開始推動以減災及整備為取向的工作，才能確保更長久的穩定。制度推動初期必然將面對許多阻礙，但是當配套措施陸續發展齊備，災害調查評估作業必然將有效降低公部門的作業負擔及責任，推動臺灣災害管理事務更完整的發展。

參考書目

Barrett, E. C., Brown, K. A., & Micallef, A. (1991). *Remote Sensing for Hazard Monitoring and Disaster Assessment: Marine and Coastal Applications in the Mediterranean Region*. Philadelphia: Gordon and Breach Science Publishers.

Bradt, D. A., & Drummond, C. M. (2002). Rapid Epidemiological Assessment of Health Status in Displaced Populations—An Evolution toward Standardized Minimum Essential Data Sets. *Prehospital and Disaster Medicine, 17*(4),

178-185.

Douglas, B. G., & James, A. B. (1991). *Application of remote sensing technology for real time disaster assessment*. GIS/LIS.

FEMA (2001). *Rapid Needs Assessment-In Federal Operations Manual*. Washington, DC: FEMA.

FEMA (2003). *Public Assistance--Preliminary Damage Assessment Manual*. Washington DC: FEMA.

Gamba, P., Dell'Acqua, F., Trianni, G., & Stasolla, M. (2007, April). *GIS and Remote Sensing for Disaster Assessment in Urban Areas*. Proceedings of the Urban Remote Sensing Joint Event (pp. 1-5), Paris, France.

Lewis, J. (1977). Some Aspects of Disaster Research. *Disasters, 1*(3), 241-244.

Lillibridge, S. R., Noji, E. K., & Burkle, F. M. Jr. (1993). Disaster Assessment: the Emergency Health Evaluation of a Population Affected by a Disaster. *Annals of emergency medicine, 22*(11), 1715-1720.

Nagarajan, R. (2004). Landslide Classification, Monitoring and Risk Assessment: An Overview. In *Landslide Disaster: Assessment and Monitoring* (pp. 1-21). New Delhi: Anmol Publication.

Noji, E. (1996). Disaster Epidemiology. *Emergency Medicine Clinics of North America, 14*(2), 289-300.

Wang, J. J., Lin, H. I., & Smyth, A. W. (2008). Failures Associated with the 2004 Mindulle Typhoon in Taiwan. *Geotechnical and Geological Engineering, 26*(1), 79-90.

Wang, J. J., Lin, H. I. & Smyth, A. W. (2005). *Policy-Oriented Suggestions for Post-Disaster Recovery Related Mechanisms to the Public Works in Taiwan—The Study of the Operation Procedure of Rapid Needs Assessment in USA.* 臺北：行政院公共工程委員會。

Wenzel, F. (2006). Earthquake risk reduction–obstacles and opportunities. *European Review, 14*(2), 221-231.

Yamazaki, F. (2001). *Application of Remote Sensing and GIS for Disaster Assessment.* Proceedings of the Joint Workshop on Urban Safety Engineering, Asian Institute of Technology, Bangkok.

第十二章　災前的災後復原重建計畫

陳永芳

章節摘要

　　災後復原重建並不是要等到災害發生後才開始著手進行。災前即針對復原重建所需的任務進行指派分配，一方面災害管理體系有更清楚的確定；另一方面，藉由災前的預想，反而可以達到減災的功用。完善的災後復原重建除了考量短期復原，長期的重建和發展才是真正的挑戰。本章先討論災後復原重建的最終目的，之後才細部討論重建計畫進行的步驟和挑戰，由於住宅復原重建與安置方案是災後重建過程最為繁瑣，也是受災民眾首要關心的議題，因此本章將此議題作為討論的主軸。最後並反思政府與非政府組織以及社區民眾在重建過程中所扮演的角色和挑戰。

12.1 導論

　　全球天然和科技災害數量逐年增加，人口增加、都市化、全球化以及科技的進步都是造成災害對於我們社會影響的因素。也因此，災害管理成為全球日益關注的議題。這些天然災害對於民眾身心壓力以及社會結構、經濟功能都有相當大的衝擊。災害風險可以藉由全方位災害管理的方式達到更有效率的干預，並進而達到減災的目的。減災工作不僅是國家的任務，也是跨國家、跨區域的共同任務。

　　災害管理必須考量到減災、備災、應變以及恢復和重建。本書第一章

中已經說明，減災係為災害前，利用各種結構與非結構的措施減少災害的影響；備災的階段則是於災害即將來臨時所進行的預警和準備工作，包括疏散和各種安全措施，另外各種教育訓練、防災演習等活動也都被歸於這個階段的任務；因應災害則是災害發生和發生後短期的緊急應變措施，包含避難所的提供、緊急醫療、搜救等；最後，災後復原重建包含了短期的基本生活維持系統的建立到長期重建得更好（build back better）的一個目標（UNISDR, 2015）。

　　由於每個災害的特性不一樣，持續的時間、規模和破壞都不一樣，成為復原重建相當大的挑戰。天然災害的破壞包括實質的營建環境，例如傷亡和財物損失、住宅、基礎建設和商業的破壞、社會和經濟行動的衝擊；災害對於社區凝聚力、社會心理以及政治也有相當的影響。另外，大型災害發生後，受災民眾很有可能需要接受搬遷、安置，因此，復原重建的工作都可能長達十年，甚或二十多年。也因為重建時間非常之久，近來學者也體會，災害管理的四個階段其實很難很清楚地釐清其時間，許多任務其實都會有重疊，尤其是在災後復原和重建的階段，災後復原重建的策略應當於災前進行計畫（Schwab, 2014）。而且，災後重建必須於災前就著手進行籌備，包括將減少災害風險納入各項發展措施，使國家和社區具備抗災能力（UNISDR, 2015, p.16）。災後復原重建在 2015 年聯合國大會決議中提出之 2015-2030 年仙台減災架構（UNISDR, 2015），列為未來十年防災的首要任務之一。

　　為了清楚地表示災後復原和重建的優先次序，以及所需進行的主題任務，Alexander（2002）利用圖 12.1 顯示復原重建工作的重疊性，以及可能涉及的成本和時間。災後任務區分為救濟或急難救助期（relief）、暫時性安置工作期（rehabilitation）、重建期（reconstruction）以及災後發展（post-disaster development）等階段。急難救助階段自災害發生便開始

啓動，且可延長至一個月。急難救助期的工作重點，在於從人道關懷爲出發點，提供災民急難物資的救助，以防止饑荒或疾病和傳染病的擴散。在這個階段，許多因素都必須列入考量，例如搜救行動、照顧災民、開放收容所，以及建設臨時避難所等。另外，人道救援、災後清理、損失評估以及重建物資和人力的調動等，也是非常重要的任務（Clarke, 2000；Natural Hazard Research and Application Information Center, 2001）。暫時性安置工作期爲一個從急難救助到重新生活的一個過渡期，主要任務爲恢復生活機能。重建期則是強調同時投入硬體和人爲的設施，考量社區組織、服務工作等。恢復災區之作業，除了基本建設之復原，還包括災區環境重新規劃、災民救護及補助。另外，保險跟再保險的議題也必須納入討論（Fordham, 2000）。長期的重建和恢復則包含了基礎建設修復重建、經濟和預算管理，並研討未來備災計畫等（Clarke, 2000, p.13）。最後的災後發展期，過去是以重新回復正常運作爲目標，目前逐漸以重建得更好（build back better）爲訴求，並考量整個社區的永續發展爲主軸，以防止生成並減少災害的風險（Lyon & Schilderman, 2010；UNISDR, 2015, p.24）。Hass 等學者（1977）並且認爲，災後紀念階段也必須列入重建任務。這個階段是以建造紀念建築物、訂定紀念日期讓受災民眾有機會紓解情緒、緬懷過去，也藉機讓一般大眾了解災害可能的影響和嚴重性，因此具備教育意義，讓人民可以學習過去的教訓，避免重蹈覆轍（Nicholls, 2006）。

　　美國傾向以災後復原指涉災後所有的工作。「國家災後復原綱領」說明，災後復原過程爲一系列相互依賴，逐步協助社區復原的活動（FEMA, 2011, p.7）。該綱領並指出復原的工作任務，包括社區計畫與能力建設、經濟、健康和社會服務、房屋、基礎建設，以及自然環境與文化資產復原等（FEMA, 2011, p.2）。復原階段雖然可分爲短、中、長期，但是必須以

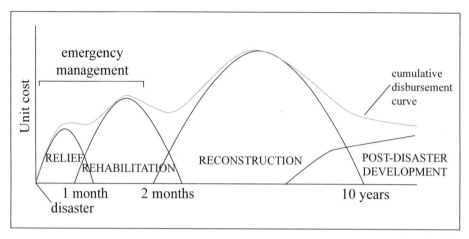

圖 12.1　災害週期與時間表

資料來源：Alexander, 2002, p.270

一種循序漸進的方式進行。例如，住宅短期復原著眼於提供大量災民臨時住所，中期則討論中繼屋的選擇方案，長期復原則著重於永久屋的建構。但是這計畫必須有連續性，才可爲受災民眾帶來長遠、宏觀的復原計畫（FEMA, 2016, p.5）。

　　在所有復原重建的議題當中，住宅之復原重建與安置方案被視爲復原重建的根本之一。在「環球計畫：人道主義憲章與人道救援響應最低標準」特別指出災後的避難、收容與安置計畫是決定災民生死存亡的關鍵因素，因此必須提供標準以協助災民維持生命和尊嚴的最基本要求，並使災民受到保護、取得安全和獲得人道援助等權利（Sphere Project, 2011）。

　　復原重建的決策方式也是主要的討論議題之一。雖說學術主流提倡草根式，以民爲主的參與式重建（Lyon & Schilderman, 2010；UNISDR, 2015, p.24），就過去的經驗來看，受災民眾對於復原重建決策的參與程度會因爲國家的民主程度、民眾參與的習慣有所不同。許多官方報告都顯出，在非民主的國家實施以民爲主的參與式重建係相當具有挑戰性。雖然

有少數成功的例子，比如說，非政府組織 FUNDASAL 在薩爾瓦多拉巴斯省重建工程、Practical Action Peru 在秘魯伊卡的重建工作等，但是仍然有許多僅具有形式的參與式重建。例如，在中國、印度、越南和印尼等國家，災後雖然有嘗試舉行居民大會討論重建細節，通常會議形式都以由上而下，說教式的方式舉行（Huang *et al.*, 2014；Tran, 2016；Jing, 2012）。災後復原重建跟社會發展和經濟水平有相當大的關係，雖說發展中國家和已開發國家所採取的手段和策略通常也會不太一樣，不論是在開發中或已開發國家，也都有貧富之差距，因此每一戶人家重建進程可能非常不一樣（Alexander, 2002）。復原重建必須特別注意個人、家庭、社區以及國家的基本結構，還有政治過程、經濟結構、社會文化以及人口結構等。

　　災後復原重建既然是一個長期且複雜的工程，除了需要龐大的預算，所牽涉的相關人員也不計其數，包括了所有政府層級部門、商業機構、政治領袖、社區活動者以及受災民眾。因此，正式制度在災後復原過程的作用，例如災中政府決策、政府部門之間的協調、政府如何動用資源、中央與地方如何協調等一直都是學界和業界關注的議題（UNISDR, 2009；FEMA, 2011）。災後的非正式制度亦同樣重要，如社會運動以及社會自主活動還有非政府組織（NGO）的協助等，尤其目前多數重建工作係依賴 NGO 協助，因此政府與 NGO 的關係更是目前學者樂於討論的議題。理想中，這些相關人員都可以在復原重建的過程中決定復原重建的過程和策略。

　　本章除了針對災後重建計畫主要的策略進行說明，並將針對災後重建的挑戰和困境進行討論，以期為復原重建策略提供具有建設性的意見回饋。

12.2 災後復原重建的終極目的

　　災後復原重建的工作繁雜，所需的時間也可能非常之久，但是一般來說，災後復原重建必須儘早進行災害損失評估、決定重建政策，並規劃政策如何執行，最後進行政策。決定政策的時候除了釐清各個公私部門和非政府組織的工作任務之外，必須考慮到城鄉差異、需要搬遷或不須搬遷受災民眾的需求。不同的災害對於社會環境會有不同的傷害，對於社區家戶的影響不一樣，居民的需求也不盡相同，而不同的社區因爲災前原來的社經條件、政治環境以及災害受損狀況差異，會有不同的重建模式。進行計畫的時候必須以全方面的角度，以長期的眼光來著手，不能因短期利益而犧牲長期的目標。世界銀行出版的《安全的家園，堅強的社區：天然災害後的重建手冊（Safer Homes, Stronger Communities: a Handbook for Reconstruction after Natural Disasters）》特別說明，由於每一個重建計畫都是獨特的，「決策者必須考慮重建成本、住宅和社會安全的提升、生計的恢復、政治環境、文化脈絡以及人民爲得到福祉、培力（empowerment）和能力的自我目標（謝志誠等譯，2012，p.169）。」同時，手冊裡也強調，不論採用哪一種途徑，與社區磋商、評估受災民眾之需求與能力是必需的（Jha, 2010）。

　　從過去不同的重建途徑中，學者整理出五種比較經常實施的復原重建模式（Jha, 2010），這些模式不見得互相排斥，有的災區有可能混合使用不同模式復原重建。

　　1. 現金給付途徑（cash approach）：無條件給付經濟救助，沒有技術支持。這是一個方便快速的手段，所以受到多數政府歡迎，但是這個途徑對於受災民眾只有短期幫助，僅在災害損失比較小的時候比較有用。

　　2. 業主主導的重建（owner driven reconstruction）：條件式的給予受災戶經濟救助，並伴隨著法規和技術的支持，目的在確保房子能建得更

好。讓屋主能夠雇用承包商或勞工協助重建的過程，這個途徑被視為對於受災民眾最具尊嚴的模式。印度 Gjuarat 地震後當地政府決定採取此種方法，廣受好評；臺灣世界展望會也利用類似的途徑協助禮納里社區的重建。唯一的缺點在於如果沒有良好的監督政策，重建過後的房舍品質或許較難以符合標準，而此模式必須由受災民眾自理重建過程，對於比較弱勢的團體可能會有趕不上進度的困難。

3. **社區主導重建**（community driven reconstruction）：非政府組織與社區組織參與重建的決策及管理，並透過社區組織傳達財政和材料的援助。由於社區民眾必須互相幫忙，對於社區共識和非正式網絡的建立有相當大的幫助。這個模式成功的應用在印尼中爪哇日惹特區默拉皮火山（Mount Merapi, Yogikarta, Central Java）爆發後的社區重建，當地政府與非政府組織利用所謂的 Rekompak 計畫，利用居民共同的土地（TAD）共同重建受災民眾的永久屋（huntap）。

4. **機構主導的原地重建**（agency driven reconstruction in-situ）：政府或非政府組織雇用一家營造公司在受災戶受災前的基地上，建造新的住宅以替換毀壞的房屋。這個方式雖然可以避免受災民眾遷村的困擾，但是通常統一方式的營造，以及從外地引進建材等方式欠缺永續精神。最近的個案為 2009 年義大利 Abruzzo 地震後政府使用 Progetto CASE 計畫（Complesi Antisismici Sostenibilied Ecocompatibili，英文為 Antiseismic, Sustainable, and Eco-friendly housing Complexes），以抗震、具永續性及生態友善的方式建構臨時住宅。雖說是臨時住宅，其造價約為 9.29 億美元，在計畫時就已經決定未來將會把這些臨時屋再度改造為學生宿舍，以供當地大學生住宿使用。該計畫至今受到許多學者批評（見下節討論）。

5. **機構主導的異地重建**（agency driven reconstruction relocation）：政府或非政府機構僱用一家營造公司在一塊新的基地上建造新的住宅。這個

模式通常很少會讓社區或屋主參與討論。通常協助重建的機構必須尋找新的土地、實施工程，竣工之後讓屋主以抽籤的方式或社區制定的方式取得新的房舍。這個方式非常受到非政府組織的歡迎，因爲在一塊沒有租賃或其他問題的土地上動工可以避免掉許多糾紛，但是問題在於跟居民的連結性不夠強，所以很容易對於居民社會經濟造成負面影響，有可能阻斷生計收入，最後導致入住率低落的問題。這些問題在慈濟於莫拉克風災在大愛社區的重建，以及中國在汶川地震後爲北川曲山鎮羌族的重建顯得特別地明顯（Jha, 2010, p.93-07；Lyon & Schilderman, 2010, p.7-38）。

　　由於災後復原重建是一個長期和複雜的工程，雖然有不同的重建途徑，重要的是，進行計畫的時候必須以全方面的角度，以長期的眼光來著手，不能因短期利益而犧牲長期的目標。另外，由於重建係長期奮戰，必須爭取到不同的經費來源。此外，應當利用復原重建的機會重新開發社區的經濟和活力。最後，環境和天然資源的保育以及減少相關的風險都是必須考量的（Natural Hazard Research and Applications Information Centre, 2001）。爲了進行各項工作任務，復原重建工作也必須考量制度、財務、社區參與、重建途徑和風險管理等項目（Jha, 2010）。制度策略係爲釐清各個利害關係者的角色和任務，也就是確立政府、NGO、當地公民社會和社區的關係網路和決策模式。財務策略則是預估重建經費、尋求經費來源，以及確定使用經費的方式。社區參與則是針對受災民眾建立有效參與的機制，有效社區參與的議題將在下一節特別討論。重建途徑的確定則是釐清異地重建的需求，確定土地使用與重建方式等。最後，必須建立系統以監督、評估治理與貪腐風險、環境風險、計畫執行風險以及社會風險等（Jha, 2010）。

　　復原重建計畫決策者除了必須了解復原重建可視爲計畫管理的概念之外，也就是對於短期、中期和長期任務進行組織管理，也必須釐清復原重

建最後的終極目的。美國喬治亞州政府在其災後重建手冊裡即說明，必須使用一個全方位的途徑來進行社區重建的計畫，社區最終的發展係以可持續性（sustainability）發展為依歸（Natural Hazard Research and Application Information Center, 2001）。可持續性可定義為無限期持續一個定義的行為，這個定義跟 WCED 出版的 Brundtland Report（1987）的定義是完全不一樣的。該報告認為永續發展（sustainable development）和可持續性（sustainability）的定義應當是一樣的，永續發展可以被定義為「進行發展的時候，一方面可以滿足當代人的需求，又不會損害後代子孫滿足自身需求的能力（WCED, 1987）。」雖然聯合國仍然遵循這個傳統，並提出 17 個 2030 年永續發展指標（United Nations, 2016），但是已經有許多學者提出，永續發展的概念定義的太模糊以至於無法形成共識且難以執行；另外，過去以社會經濟和環境做為永續發展支柱的說法，會讓人感覺到這三個支柱是可以互相取代、交易的（Adams, 2006）。而永續發展指標第 8 點強調的成長（growth），著重於經濟成長而忽略人類福祉；因此，Hickel（2016）呼籲，為了重申永續發展，應使用真實發展指標（genuine progress indicators）取代國內生產總值的規範（Hickel, 2016）。新的持續性概念必須同時兼顧社會、環境和經濟的可持續性，這三個因素必須是可以互相連結影響的，見圖 12.2（Adams, 2006）。

　　由於永續性具有前瞻性，社區可以重拾自我決定的能力，科羅拉多大學災害研究與應用資訊中心出版之《災後重建手冊》倡導災害復原重建必須符合永續性，並提出六大指標：維護並增加生活品質、強化經濟活力、確保社會和不同世代的公平性、強化環境品質、納入減災策略和恢復力，最後必須使用社區參與的手段（Natural Hazard Research and Applications Information Centre, 2001）。要達到永續性的目的，重建工程就不能僅限於房舍與基礎建設等實質面向之復原重建，例如建築環境、公共建設的重

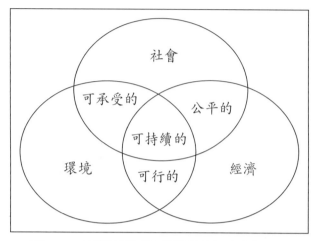

圖 12.2　三個影響可持續發展的因素和相互關係

資料來源：Adams, 2006

建，體制、政策、經濟、教育以及社區不同族群及其脆弱度（或稱脆弱性）、抗災性和恢復力等都必須考量。Blaikie 等學者（1994）提出三項達到安全環境與永續發展之重建目標：第一，重建工作的研擬或執行須以更綜合性或廣泛性的基本計畫為基礎；第二，須擬定系統性的降低災害風險與災後重建原則；第三，必須建立減災、整備、應變及重建的連貫性與進行原則，如此也達到永續發展的目的。Blaikie 等學者並說明復原重建推動的工作，必須包含社區重建、生活重建、產業重建、文化資產重建、土地重建、財政與金融補助措施、行政配合簡化以及重建經費的籌措。

　　中國政府在汶川地震之後所提出災後重建政策措施中，另外指出復原重建的工作，包括公共服務設施、工商企業生產、農林業生產等，也是復原重建的重要工程，另外亦包含放寬的災民稅收和金融政策。而臺灣在莫拉克風災之後，為了協助永久屋基地居民重新恢復安定生活，則利用了所謂的「彩虹永續社區」概念（在社區重建發展這一個部分，全面關照受災

民眾居住、生活、就學、就業、產業，以及文化傳承和災後心理健康等需
求，除了協助建立基本生活機能和公共設施，另外，部落環境景觀與文化
意象以及新居所面臨的各項問題都必須列入考量（圖 12.3）。彩虹永續社
區的計畫實施後褒貶不一，雖然許多學者對於政府所採行的政策多有負面
的批判，但是 2012 年內政部委託的研究計畫指出，有 89% 的永久屋住民
滿意永久屋的建設，也有 85% 的居民認為生活品質不錯（行政院莫拉克
重建委員會，2012）。

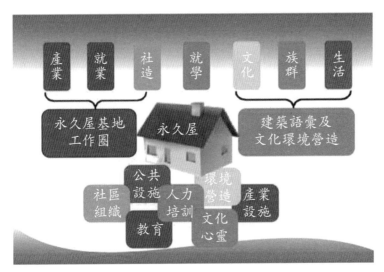

圖 12.3　彩虹永續社區架構

資料來源：行政院莫拉克重建委員會，2012

　　近幾年來有愈來愈多學者認為，過去的復原重建多只是將受災的地
區恢復為災前的狀態，並未將受災因子去除（盧鏡臣，2013），因此，倡
導在重建的過程中，即納入減災的思維，以增加未來受災的能力。聯合國
2005 年在日本兵庫舉辦的世界減災會議中即倡議，在災後復原與重建的
過程中納入減災措施，並利用復原重建的階段來發展長期的減災能力，包

括透過專業知識的分享與經驗學習。

12.3 評估重建計畫

由於復原重建計畫所牽涉到的議題實在是五花八門也非常繁雜，要訂定一個評估的標準並非容易的事情，通常必須考量災民和政府或者非政府組織對於安置方案的協議，而協議內容也可以進一步成為評估的標準。Tierney（2007）指出，防災整備測試社會的風險認知與制度條件；緊急應變考驗國家與社會調動資源的能力；而災後重建計畫的擬定、落實與折衝則是了解國家與社會關係互動及變化的最佳時機（Tierney, 2007）。

不論如何，最基本的共識應當為重建過程必須讓受損的屋舍盡量恢復到災前的狀況（Quarantelli, 1995），如果可以的話，應當更進一步強化社區的韌性（resilience），並與永續發展計畫結合，甚或是重建得更好（building back better）（UNISDR, 2015；Lyon & Schilderman, 2010）。

許多學者嘗試為復原重建計畫提出評估標準。比如說，Rubin 與 Barbee（1985）指出重建過程的速度和品質應當被視為兩個重要的指標。速度是很重要的，在可以同時兼顧政策的品質之下，可以讓災民盡快回歸原來的生活，使市場活動重新開始，以減少更多的經濟損失。Von Meding 等學者（2009）亦指出，時間、成本、品質以及滿意度應為災後重建完整度的指標。Brown 等學者（2008）指出，災後重建的評估必須注意到下列三點：(1) 時間：針對災後重建評估的時候不能僅著重於短時間內的一個成效，因為災後重建建設可能可以長達十年或更久；災民生活和經濟的重建並非在安置工作完成後可以馬上評量；(2) 規模：重建評估範圍可以包括個人、家庭、企業和社區等，災後重建的速度會因為評量的規模不同而產生不同的結果；(3) 觀感：評量者本身立場是否中立，比如說救災人員的立場就會比較實際，而災民對於重建就比較抱持夢幻的態度

（Quarantelli, 1995）。另外，也有學者指出是否有效取得資源也可作為評估標準。不論如何，重建過程當中任何人道救援的活動都有可能對於某些社區造成長期的脆弱度（Von Meding *et al.*, 2009），因此進行評估時也需要考量到這一點。綜合各學者的討論，復原重建方案的評估或許可以下列標準進行（Rubin & Barbee, 1985；Lizarralde & Davidson, 2006；Johnson, 2007；Brown *et al.*, 2008）：

1. **適用性**：是否建設的房屋適合災民的需要。

2. **時效性**：復原重建計畫花了多久完成。

3. **計畫的品質**：重建計畫是否考慮到地點、設計方式、取得社會資源和服務的容易度。

4. **覆蓋範圍和受益**：除了個人、商業和社區的需求之外，最弱勢族群是否得以獲得安置方案，是否他們的需求在方案當中被考慮到。

5. **接受度**：受災民眾是否接受該計畫。

6. **連結性**：營建過程如何在整體過程中受到補助？對於施工者是否針對房屋建設的各項程序進行訓練？

7. **凝聚力**：非營利團體對於社區的介入是否具有凝聚力，是否有其他組織介入。

8. **效率**：是否所有參與機關之人力、物力皆有效的使用。

9. **有效性**：如何達到目的？如何處理不可預知的事件。

10. **影響力**：安置方案對於災民的健康和生計有什麼影響。

11. **成本效益**：是否每分錢都用在刀口上。

12. **外部影響**：是否有效應用外來援助和資金。

13. **政府支援**：政府如何協助復原重建計畫。

不過，Brown 等學者（2008）也指出，如果只是針對這些復原重建「計畫」進行評估，那是無法真正了解重建對於社區長期的影響，因此，

建立一個不同階段的評估框架或許是未來學者必須努力的方向。另外，如果以復原重建最後的「目的」爲評估指標時，可能很難建立一個準則，問題在於目前不論學界或者是業界對於永續性、韌性（resilience）都尚未有一個共通的定義，所以要說明一個重建計畫是否成功還是有相當的挑戰性。

12.4 住宅復原重建與安置方案

在所有復原重建的議題當中，住宅之復原重建與安置方案被視爲復原重建的根本之一，因爲受災民眾有了可以棲身的地方，生命生活才有保障，並提高對於疾病抵抗的能力，而其他建設才得以順利進行。災民的需求可以總結爲下列數點：第一，健康，包括保護的元素；第二，對家庭和社區的隱私和尊嚴；第三，生理和身體的安全；和第四點，生計的支持（Kennedy *et al.*, 2007, p.28）。在「環球計畫：人道主義憲章與人道救援響應最低標準」特別指出，災後的避難、收容與安置計畫是決定災民生死存亡的關鍵因素，因此必須提供標準以協助災民維持生命和尊嚴的最基本要求，並使災民受到保護、取得安全和獲得人道援助等權利（Sphere Project, 2011）。

住宅復原重建與安置方案必須被視爲一系列行動以滿足災民需求。Quarantelli（1995）指出，住宅復原重建與安置可包含四個階段：緊急避難所（emergency shelter）、臨時安置（temporary shelter）、臨時住宅（temporary house）以及永久住宅（permanent house，或稱永久屋）。一般來說，如果居民獲得災害預警，則可在災害發生前提前避難。比如說，在颱風發生前，居民得以到親戚朋友家或旅館短期避難。至於地震災害，因爲目前無法預測，於災害發生後設立緊急避難則可提供災民遮風避雨的地方，以免受到惡劣氣候或環境的影響。這一類的避難所包括帳棚或鐵皮

屋等，另外也因為社會文化的不一樣，居民選擇的避難方式不見得會遵循政府的規劃，因此盧鏡臣（2013）呼籲災害管理者在規劃緊急住所時必須了解居民疏散避難行為，才得以降低規劃與實際情況的差異性。

　　臨時安置設置的目的在於提供災民一個臨時的住處讓他們能夠自行打點生活，包括飲食烹飪、盥洗、睡眠以及安全維護等需求，災民的家庭在此也得以擁有比較私密的空間，因此比起緊急避難所具備更多的功能。就統計上來說，大部分有能力的災民，將會選擇租賃房屋、跟親朋好友借住。經濟上有困難的民眾，則多會選擇政府指定的臨時安置措施。臨時安置的場所通常座落於政府提供的公共建築，如活動中心、學校等，另外自行建設、帳棚或者流動房屋也都是可行方案（Johnson *et al.*, 2010）。比較有規劃的臨時安置所必須納入衛浴、廁所、洗衣、餐飲、醫療、休閒、教育和政府服務站等設施。在這個階段，非政府組織，像是紅十字會、樂施會、世界展望會等，都會在這些臨時安置所為民眾提供各項服務，如醫療和災後心理復建等工作。

　　接下來就是臨時住宅的階段，本階段係從恢復日常生活到搬遷到修繕或新建的永久住宅的一個過渡期，可能需要數週到數年的時間。臨時住宅又可稱為中繼屋，其形式可以分為許多種類，比如說，露營車、拖車和組合屋等（FEMA, 2011；Abulnour, 2014）。本階段已經從避難所（shelter）轉變為住宅（housing），大部分災民將花許多時間居住在這類屋舍，因此政府和非政府組織傾向注入大量的人力與物力協助臨時住宅的興建。通常需要設置臨時住宅都是因為大型災害，因此，臨時住宅的設置通常都是由政府或者是非政府組織（NGO）以比較統一規格、事先製成的方式提供（Felix *et al.*, 2013）。這個階段一方面可以讓受災民眾有一個安身立命的地方，開始重拾一般生活的機能，另一方面提供比較堅固的房舍，讓受災民眾可以耐心等待損毀房舍的修建或永久屋的完成。

　　但是近年來，學者對於是否有必要建築臨時住宅進行許多爭辯。支持臨時住宅階段的學者們指出，這一個過渡期，對於災民是必要的。因為災民需要時間思考未來住屋規格、生活的型態，另外，如果有其他資源，如政府補助以及善款，這也需要時間討論如何有效公平的分配相關資金。而所需的建材也不是垂手可得，有了這個臨時住屋的安排，可以讓災民離開仍然屬於公共生活的臨時安置安排（Quarantelli, 1995；Steinberg, 2007）。反對建造臨時住屋的專家學者們，主要考量原因為臨時住宅的永續性以及未考慮文化等因素（UNDRO, 1982；Barakat, 2003；Johnson, 2007；Hadafi & Fallahi, 2010）。就永續性來說，臨時住屋索價非凡，再加上大部分臨時屋的建材都不是從災害發生地取得，運費可觀（Hadafi & Fallahi, 2010）。因此部分學者認為並不需要花兩次大錢來蓋房子（Geipel, 1991）。至於文化方面，由於臨時住宅多以標準化的方式建構，雖然許多臨時住宅的計畫受到建築業界的稱揚，對於居民來說卻是無法忍受的設計（Lizarralde & Davidson, 2006）。

　　另外一個不支持臨時住宅的理由為，災民害怕臨時住宅變成永久住宅，這麼一來，災民的需求長期下來就不會受到注意（UNDRO, 1982）。例如，對於居住在 2011 年日本福島地震後興建臨時住宅的災民而言，這些臨時住宅都已經快要變成永久屋了。由於政府無法提適當的永久安置方案，一直到 2016 年三月為止，他們還仍然困在臨時住宅裡。而另外一個例子，則是 2009 年義大利阿奎拉省 Abruzzo 地震後政府採用之 Progetto CASE 計畫：該計畫的目的是為了提供一萬三千多位災民臨時住所。雖然在設計、建築美感和環保永續獲得多方的稱揚，但該計畫在 2010 年完成至今仍然備受批評。一方面，因其由上而下的決策方式不僅未受災民歡迎，亦遭到學者詬病；另一方面，義大利政府突然將該臨時住屋轉變為永久屋的策略修正招致更多批評。

　　然而實際上在近十年來數個大型災害後，由於災後土地取得不易、災民眾多、都市計畫／重劃爭議、營建契約的簽定等因素，災區多以使用臨時住宅的解決方案（Johnson *et al.*, 2010）。興建臨時住宅同時牽涉到許多利害關係者，例如，救災組織、政府機構、受災民眾、非營利性組織、私人企業，特別是營建業者，以及其他相關團體如學者等（Abulnour, 2014）。要如何整合、歸納這些利害關係者的意見，取得多方的共識，並提出一個有效且公平的解決方案，策略性的計畫反而變得比興建臨時住宅更加重要（Davis, 2007, p.3）。

　　Johnson 等學者（2010）特別針對需要建設臨時住宅社區提出幾項重要考量：第一，為盡速完成臨時住宅建設，災前政府就必須與相關單位協議支援合作項目；第二，不論是由災民自行建設或者是由政府／非政府組織協助建設，災民必須有表達意見的機會；關於災民參與決策的問題，下一節將有更詳細的討論。第三，臨時住宅成本高是因為他可以使用的時間並不久，因此臨時住宅設計應考慮到可回收性以及再度使用性。第四，臨時住宅社區交通應當順暢，居民得以取得各項社會服務，並可以維持過去人際網路（Johnson *et al.*, 2010）。

　　住宅復原重建與安置最後一個階段也就是永久性住屋，係為災民返回已整修或重建的家園，或遷移至其他地點，然而這兩種方式都牽涉到「占有一個永久的居住空間」（Quarantelli, 1995）。災民安置一般以就地或者鄰近地方安置為原則，除非災區已經無法復原重建，搬遷才是最後的選擇。一般來說，受災民眾並不喜歡搬遷，除了地點選擇、土地分配、住宅興建工程等議題，災民的文化、習慣等或多或少都會遭到破壞（Jha, 2010）。如果真的需要搬遷，決策者必須考慮到下列幾項基本原則（Perry & Lindell, 1997）：

　　1. 遷移的社區必須有自發性的組織，擔任居民與政府的溝通橋梁。

2. 遷村的居民應當有權力參與遷村的決策過程。

3. 政府應當指派一個單位作為整合遷村任務的角色，以提供遷村居民相關的議題。

4. 遷村的決定與政策，應當從硬體面（適當的住宅）和軟體面（社會網絡）關心遷村居民之社會及個人需求。

5. 遷村過程中應當關注少數民族以及弱勢族群之文化經濟和社會活動。

12.5 NGO 與公部門在災後重建的關係

災後的避難、收容與安置計畫是決定災民生死存亡的關鍵因素，因此國際人道救援組織認為這些措施乃災民欲維持生命和尊嚴的最基本要求，其使災民受到保護、取得安全，並得以基於需要獲得人道援助等權利（Sphere Project, 2011）。為了達到這個目的，災害發生後，通常公部門將首先介入，調度可獲得的資源投入救災工作並協助災區重建。由於災後重建牽涉到許多議題，需要許多不同層級的政府機關和私人團體協力完成，然而現有資源和體制並無法滿足救災和重建所需要的時間和速度等需求，通常必須藉由跨政府部會和民間組織的力量、軍隊以及國際組織的介入共同完成相關任務（Petak, 1985）。尤其是現代化社會民眾的需求繁多，政府為了快速因應民眾需要且提供相關公共服務，勢必要請民間團體來協助提供公共服務。而這種公私協力的關係必須基於互相認同的目標，使協力過程順利且建立起一套機制，除了講究動員力、協調和溝通能力之外（Freeman & Kunreuther, 2002, p.206），並以「相對自主、公平參與、明確課責、透明程序」等訴求來進行任務的操作（Brinkerhoff, 2002, p.20-25）。

非政府組織一直被視為強化民間力量，以及提供完善治理

（governance）的一個方法（Beddinton & Riddell, 1995）。由於非政府組織經常在發展計畫中促進社區民眾參與決策，對於第三世界來說也是一個引進民主制度的橋梁（Freeman, 2000；Ghosh, 2010）。除了鼓勵民眾參與，另一方面也強化多元主義，擴大公民參與，並和其他相關部門合作以獲得有效的重建（朱建剛、胡明，2011，p.25）。

　　雖然公部門與非政府組織的互動研究始於 19 世紀末 20 世紀初，但是一直到 1970 年代中期才又開始受到學界重視（許慧麗，2011）。而非政府組織在災害管理的研究，一直到 2005 年南海海嘯發生後，大量非政府組織湧入災區，協助政府進行重建的工作，這些團體在重建過程的議題才開始受到學者的重視（Sanderson *et al.*, 2012）。世界銀行（World Bank）（1995, p.29）指出，雖然非政府組織在過去二十年來逐漸走向專業化的途徑，利他主義和志願主義仍然是其主要的特徵。舉例來說，災難發生後的首要任務為建構一個以緊急人力資源模式為基本的有彈性計畫或組織，救災行動才得以有效的運作。非政府組織得以使用較鬆散、非官僚的方式處理災後重建而獲得效率。另外，非政府組織的多樣化服務以及跳脫政府法規的羈絆等特色，正好符合政府救災當下的不足（許慧麗，2011）。然而，在此同時，這些非政府組織也發現，雖然他們擁有大量捐贈者的支持，即使利用大量的善款和志願性的服務維繫其工作，在人力、財力不缺的狀況下，面對專業能力、技術，以及在短時間內完成任務的要求卻也感到相當吃力（Kilby, 2008）。因此，近來許多災後重建的檢討報告都指出，即使有意願擔任 NGO 的志工也都必須接受相當的訓練，才得以協助救災、重建。例如，英國紅十字會要求擔任災後心理健康工作者，須持有合格的執照才得以加入志工行列。另外，國際衛生組織也倡導擔任緊急醫療團隊的志工，必須獲得世界衛生組織（World Health Organization, WHO）的認證後才得以協助災區醫療工作。一方面，各團隊比較容易有

效地互相合作，另一方面，對於受災民眾所接受的治療才有一定的保障。

　　呂朝賢（2002）更進一步說明政府與非政府組織在賑災與重建過程互動的關係。通常在災難應變救援期，由於處理的重點在於提供災民基本的生活物質以及機能恢復，因此政府應當扮演主導的角色，而非政府組織則以輔助的角色協助。然而，到了重建工作階段，由於工作重點在於將災民與社區重回到一般正常生活，此時則須有不同的非政府組織扮演主導的角色，協助生活經濟以及社會面向等重建。然而在這一階段，由於每一個非政府組織對於重建的理念不同、定位不同，加上專業性的差異，或許會產生不同的互動關係。政府與非政府組織的關係可分為三類：第一類型為互補性為主的關係模式，非政府組織對於計畫的目的與資源運用的自主性較高。第二類型則是互補性與契約性並重的關係，這一類型關係的形成係由資源、人力與專業知識的互賴。第三類型則以補充性為主，契約性角色為輔（許慧麗，2011，p.53-54）。不論是由公部門或者是第三部門進行主導，Hailey（2000, p.319-320）指出，成功的協力模式應包括下列七項特質：(1) 清晰的目的；(2) 互信及互敬；(3) 投入時間及資源；(4) 協商角色及責任；(5) 保持長期穩定的能力；(6) 平等互惠；(7) 共同參與（許慧麗，2011）。然而樂施會（Oxfam）說明，非政府組織於災害發生時應扮演的角色，不僅只是與政府保持持續互動，另外，結合社區力量也是促進重建過程順利重要的因素，包括：一、結合當地人士參與；二、與當地夥伴合作，調動當地資源並訓練自救能力；三、利用外資援助與海外交流（許慧麗，2011，p.4）。

　　非政府組織協助復原重建雖然因充沛的人力和物力受到歡迎，協助復原重建的過程卻有許多弱點。Von Meding 等學者（2009）指出，由於非政府的介入通常都是以計畫的形式呈現，所以一旦計畫完成，這些組織將會撤離災區，而其在該計畫所使用或學習的技術和知識，也同時消失，並

未能轉移傳承給其他的計畫。有些 NGO 如臺灣世界展望會，雖然有詳細清楚的撤離戰略（exit strategy），一方面確保重建災區民眾已經受到相當的生活和經濟培訓，一方面讓居民理解援助不是永久；但是，並非所有接受重建的民眾皆能快速地適應新的生活。對於非政府組織協助人道救援的另外一個挑戰為，通常災後的復原工作都是比較短視近利，所以不會針對災區長久的利益進行考量；然而，任何一個措施都會對於長久發展有相當的影響（Rubin & Barbee, 1985）。近年來，已經有許多研究和報告指出，非政府組織協助災後重建計畫常常發生不良設計、不完善的建設，以及提供不適當的房舍（Baraket, 2003），並經常忽略社會、文化等發展因素（Lizarralde *et al.*, 2010）。ALNAP（2003）的《災後重建計畫》一書進一步將非政府組織協助安置計畫，和所有人道救援組織計畫的困難點，總結成表 12.1。

表 12.1　非政府組織協助安置計畫和所有人道救援計畫之困境

非政府組織協助安置計畫之困境	非政府組織協助所有 人道救援計畫之困境
・對於土地所有權權屬問題缺乏充分的了解	・未充分了解社會過程和災民與人道干預措施的關係
・以高度透明分配資金的方式滿足捐款者和地方政府政治要求的壓力	・非政府組織準備不足 ・參與員工的遴選和訓練不足
・「不公平」的安置方案：某些災民獲得大量的補助款重建房舍，但是社區內其他災民卻未獲得相當的補助款	・因應災害過於緩慢 ・對於重建計畫基金支付緩慢

資料來源：Barakat, 2003

12.6 決策模式：中央集權或地方分權

　　一般災害防救和重建的處置勢必牽涉到中央區域以及地方政府，如果災害規模更大的時候則國際性組織也會加入救災行列。在這個垂直政府結構責任分配上，如何能夠達到快速的資訊傳播以及命令下達就是一項藝術，除了垂直的層級，在同一個層級投入災害防救機關之間的任務如何分配、溝通如何完成，也都是一大議題。但是，到底是以中央集權的方式或者分權的方式，至今學者並沒有一個完全同意的說法。過去比較傾向以中央集權的決策方式，但是，目前比較推廣的方式係由受災民眾參與重建。

　　Lizarralde 等學者（2010）以災後重建安置過程，舉例說明中央集權的決策方式（concentrated decision making process）：通常都是由政府以及非政府組織指派一群人（精英），設計、計畫並執行管理房屋建設的工作，這可謂是一種集權的決策過程。在這個過程中，因為現代的複雜性及變動性，最佳的解決方案是不可欲求；因此，決策者通常都會選擇符合成本效益「最滿意的解決方案」。如果使用這種決策模式，一旦政府或非政府組織找出「最佳」的配套措施，這些團體將會用最快的速度，大量重複生產同一種模式的房屋，以使災民能夠在最快的速度進駐（Boano *et al.*, 2008；Felix *et al.*, 2013）。然而這種模式最大的問題在於土地的取得，因為都市土地價格太貴，所以通常只能在郊區，或者是地價較便宜的地方興建這些房屋，由於交通不便、生活機能改變等原因，造成災民並不喜歡這些房子，很多時候災民甚至不願意進駐（Blaikie *et al.*, 1994；Aysan & Oliver, 1987；Lizarralde *et al.*, 2010, p.26）。這個現象在需要搬遷的社區重建住宅中更加的明顯，例如，慈濟在莫拉克風災建構的大愛社區，很多住民反而將重建社區的住宅，使用為颱風的臨時避難所（Chen, 2016）。另外，由於這種中央集權的政策並無法符合在地的需求，例如，未考慮到不同受災地區的損壞程度、經濟發展方式等，資源和協助的人力並無法有效

的分配。唯有利用社區治理、分權與公民參與的方法，開創在地化、更有彈性、創意、更富有關懷精神的機制（林水波、李長宴，2005，p.94），得以解決政府與市場難以解決的公共問題。即使到目前爲止，許多政府仍然遵循過去以政府爲主導的方式進行重建。例如，汶川地震之後中國國務院指示，使用一省幫一種災縣的對口支援方式協助重建，雖然協助重建的志工得以有效地分發，他們對於受災地區的文化、生活方式不了解，還是形成重建工作的障礙。這也反映到了重建區的都市計畫議題，例如，許多新興城市都以發展觀光爲主軸，期望以觀光促進地方發展，但是如果沒有考慮到受災民眾原本的技能和職業發展，都市發展和人民能力將會形成脫節（Gu & Xiang, 2011）。

　　大型災害過後，政府面臨到必須爲災民找到住宿的地方，不管是臨時的還是永久的，沒有災民喜歡居無住所，如果政府決策者無法快速決定，媒體一定不會放過。因爲有太多的變數、不確定性以及議題的複雜性，使用集權式決策方式於災後復原重建是不可行的。Lyon 與 Schilderman（2010）說明，如果政府可以理解從急難救助期過渡到重建期，係由供給驅動（supply driven）轉變爲支持驅動（support driven），那麼所使用的資源、調配方式將會有所轉變。許多學者推動以參與的模式（participatory approach）進行重建，才能讓受災民眾對於新搬遷的地點開始感到認同、有歸屬感（Kamani-Fard *et al.*, 2012；Boano *et al.*, 2008）。聯合國「兵庫行動架構：構建國家與社區的韌性」（2005～2015 年）和「仙台減災架構」（2015～2030 年）也因此不斷地大力提倡，以公民及社區參與爲主的決策模式（UNISDR, 2005；UNISDR, 2015）。此模式相信社區民眾對於自己的環境以及需求最爲了解，因此，最清楚重建計畫各項需求，復原重建的工作也最能夠符合歷史、美學以及有效的土地利用（Silver & Grek-Martin, 2015）。同樣的，對於自我認同、人際關係和社會網路在新社區

的維繫與開發也才有著落（Tagliacozzo, 2015）。最後，他們也可以是重建計畫中最得力的工作者，因此應當利用各種方法諮詢民眾的想法（Lyon & Schilderman, 2010）。在 2001 年印度 Gjuarat 地震後發現，由屋主主導的方式（Owner driven）其實是最符合成本效益的。土耳其 Dunze 1999 年地震後針對重建模式進行比較發現，由居民參與的方法比起其他方式都來得更加有效率（Arslan & Unlu, 2006）。2011 年薩爾瓦多地震後，傷亡人數約有十萬人次，164,000 棟房屋倒塌。NGO Fundasal 在 Las Paz 地區為 75,000 棟房屋進行重建工作，即使用社區為主的方式討論重建策略和模式。該 NGO 並提倡將永續發展的概念融入重建的項目當中，除了使用當地可獲取的建材之外，同時考量到文化的議題。該計畫相當成功，也成為重建計畫的典範。

　　八八風災之後，中央政府、地方政府與非政府組織在短期內便形成共識，開始進行災民救援和安置的作業，而一次到位的永久屋概念更是由慈濟第一次在臺灣提出，協助災民找到依歸，並可以重新展開災前的生計活動。這種由非政府組織運用善款捐建永久屋，由下而上的方式，以期符合災民之需求，並預期創造永續社區之理想。因此，第一批永久屋在災後 90 天之後即完工，災民也在最快的速度內進住永久屋社區。由於永久屋是臺灣第一次採用的措施，其形成的方式、政策發展的方向、非政府組織的協助，以及永久屋政策對於災民之影響等議題，成為災害重建管理重要的研究議題（游玉梅，2012）。

　　不過，也有學者批評這種諮詢方式，其實無法理解居民真正的需要、想法或期望。Twigg（2004）說明，對於大型災害，國家的介入是不可避免的，不同政府層級組織必須分別進行相關任務。另外 McEntire（2000）也提出，災害頻仍的國家通常都是比較貧窮的國家，社區本身就已經無力經營一般的生活，要這些社區再費精力進行災後重建或者是災害管理，那

是天方夜譚。Lizarralde 等學者（2010, p.27）另外指出，第一，低收入戶民眾因為長期受到忽略，所以在這種諮詢過程中經常會誇張化自己的需求；第二，災民經常會忽略某些決策可能對環境造成長期的負面影響；第三，災民在要求房屋設計的時候，並無法把所有的方案同時考量，所以產出的決策並不一定是最佳或者是最滿意的解決方案。另外也有學者指出，在許多發展中國家，由於民主過程並非災民所習慣的決策方式，因此災民並不一定會有效地表達自己的意見。也就是說，即使在有諮詢災民意見的安置方案，通常這些安置方案都是以中央集權的決策模式進行，如此就可以利用相同的建房模式快速營建。Alexander（2002）也強調，或許居民的歷史文化保存很重要，但是引進新的建築法規、建設更安全的房舍，有時候更加地重要。

　　因此學者主張如果要使用參與式的民主，那麼一定要強調有意義的參與（meaningful participation）（Oakley & Marsden, 1984），也就是說，我們必須考慮到參與的民眾是否有被授權進行決策，而他們的意見是否會被採取？Arnstein（1969）所提出的公民參與階梯（ladder of citizen participation），即說明了公民參與政策決定及其影響力的階段。一般來說，在比較開發的國家公民比較有經驗，對於政策影響的力量也比較大。因此在 Choguill（1996）的文章中便說明，在開發中或者低開發國家中使用參與式民主通常僅限於諮詢、參與，但是大部分政府都傾向控制資訊，並忽視或反對共同討論或自我管理。參與式重建在部分復原重建計畫都指出，仍然保有由上而下的指導方式，居民的參與只是做表面功夫，例如印度、印尼和越南幾個重建計畫（Tran, 2016）。

　　如果我們認為社區民眾最了解自己當地環境、文化以及脆弱度，並了解對於建築的要求等，社區的重建則必須由社區民眾來主導。面對不同類型的政府，ALNAP 根據其協助重建的經驗，整理出民眾參與重建決策的

方式（如表 12.2）。依循 Arnstein（1969）的公民參與階梯決定影響政策的程度，民眾對於重建可以從被動的低度控制，也就是被告知將會發生什麼事，或已發生什麼事，到高度的在地倡議型，民眾得以構思、發起並獨立執行專案，而 NGO 等機構可以協助社區的各項專案。

雖說如此，在 2015 年的一個公開辯論中，大部分的學者（59%）竟然同意各國政府必須針對發展中國家低成本永久屋制訂最低標準，以保障受災民眾的人權（Aldrich *et al.*, 2015）。興建房屋牽涉到建築法規、建設規範以及其他相關法律制定最低標準等，如果政府興建或外包的房屋沒有符合最低標準，這是令人難以接受的；另外，沒有最低標準的話，也代表對於承包商沒有制約力，很有可能對於施工狀況沒有保障。不過，這些學者也同意，必須將受災民眾是否能夠承擔房屋建設的費用列入考量，如果受災民眾無法支付最低標準的時候，政府應該必須體諒，而非反過來，以未符合標準而採取制裁措施（Aldrich *et al.*, 2015）。

在 Bilau 等學者（2015）針對東日本地震與海嘯災害、印尼亞齊和斯里蘭卡在 2004 年印度洋海嘯、伊朗巴姆 2003 年地震以及印度古吉拉特幫 2001 年地震災後重建計畫進行評估時發現，其實在某些地方，由政府主導的重建反而來得有效率。Bilau 等學者（2015）的文章中列舉，日本的重建雖說有強烈的社區參與，但是由中央政府明訂的重建里程碑確保了重建的進度；而伊朗則是有明確制度以確保技術和財務的監督和控管；最後，印度雖然使用了將近五種不同的重建途徑，並因為缺乏資金而必須尋求許多國際非政府組織以及個人捐款來完成重建，但是也因為建立了一個有效的監督政策，並利用制定新的建築規範，用以確保重建社區未來的安全（Bilau *et al.*, 2015）。在中國災後重建的文章，也有學者贊同中國這種比較中央集權的方式，並希望汶川的經驗可以分享到其他災後重建地區（Jing, 2012）。

表 12.2　公民參與重建決策型態與控制程度

參與型態	受災民眾的角色	控制程度
在地倡議	構思、發起、獨立執行專案；機構參與社區專案。	高
互動	參與需求分析和方案構想，並擁有決策權。	
經由物資、現金或勞力的提供	提供實施干預所需物資和／或勞力，或共同籌資。幫助決定如何使用這些投入。	
經由物資獎勵	提供實施干預所需物資和／或勞力。接受來自機構的現金或實物支付。	
透過協商	被詢問對特定議題的觀點，但沒有決策權。	
經由資訊的提供	提供資訊以回應機構所詢問的問題，但對過程毫無影響力。	
被動的	被告知將會發生什麼事或已經發生什麼事。	低

資料來源：ALNAP, 2003

12.7 重建計畫列入災前應急計畫之趨勢

　　前文的討論中，提出災後復原重建可能遭遇到諸多的瓶頸和挑戰，Davis 說，復原重建管理最困難的任務在決定重建的途徑，決定這個途徑之前，必須考慮受災民眾的期待與偏愛以及廣泛的政治脈絡，例如，如何與非政府組織以及國際組織共同進行重建。決策者本身還得決定是否要搬遷，或者原地重建，另外是否採用中繼的臨時住宅，以及鼓勵民眾參與等都是挑戰（Davis, 2007）。面臨這麼多抉擇，許多學者都贊同災前便制定災後重建政策將可強化重建的效率，而這個政策亦可作爲災後重建評估

的一個指南（Schwab, 2014；Haas *et al.*, 1977；Zhang & Peacock, 2009）。
災前即根據有可能發生的災難進行重建計畫的討論，其實是可以增進復
原、重建工作的進行。Schwab 等學者早在 1998 年即提出將長期的復原重
建和減災工作結合的概念。Schwab（2014）等學者認為，災前即討論重建
計畫，可以釐清重建的任務及相關利益者扮演的角色，強化災後的協調合
作機制；另外，也可以讓社區了解本身的抗災程度，並促進社區人民參與
防災的任務，進而達到減災的目的。最重要的是，因為災前即已制定政
策，重建所需資源的程度和規模都可以有效縮減（Schwab, 2014；FEMA,
2011）。FEMA 也說明災前減災和災後重建應當視為一體的兩面：唯一的
區別為，災後重建通常會有外部的援助，這個援助的力量將可促進減災或
重建工作的完成。災前即制定重建工作的一個很重要因素為，在平常時期
即可準備相關的額外資源，可協助政府進行更有效的資源管理（FEMA,
2016, p.62）。英國政府的災害管理指南也說明復原和重建計畫必須在災
害發生後──災害因應的階段啟動，決策者在這個階段開始討論重建計
畫，才能夠對社區帶來更有效重建和發展（Cabinet Office, 2013, p.93）。

　　然而，許多政府並未特別重視災害的風險，因此，即使已經有重建計
畫，大部分對於如何分工、如何進行重建都沒有寫得特別仔細。要知道，
在平常尚未遭遇的時候，才是能夠仔細思考災害管理各個面向的時候，決
策者必須將災前計畫、一般相關的計畫，如都市規劃、發展計畫、建築法
規、資訊系統、互惠條例等一一擬定，災前完善的計畫將可以為災後復原
提供一個強大的基礎，有可能受到災害影響的社區才得以有比較健全完善
的管理方式，進而提升參與的程度（Olshansky *et al.*, 2006）。另外，值得
注意的一點，重建計畫必須將最壞的狀況列入考量。這個建議非常挑戰大
家的極限，因為一般決策者都不願思考未來可能發生不如意的事件，大家
都喜歡往好的方面想，但是能夠高瞻遠矚的決策者，必須能夠秉持以最壞

打算的風險概念，制定各種災害管理的政策。

最後，我們可以用 Jha（2010）爲 GFDRR 撰寫的《災後重建指南》所提出之災後住宅及社區重建原則，做爲本章的總結：

1. 一個好的重建政策可以幫助社區活力再現，並使人們有能力重建他們的住宅、生活與生計。

2. 重建開始於災害發生日。

3. 社區成員應該是決策的夥伴及在地實踐的領導人。

4. 重建政策與計畫應該是財政上可實際可行，對於降低災害風險則要有一定的期待與企圖心。

5. 制度的影響不可忽視，需在他們之間協調以改進結果。

6. 重建是一個規劃未來，並保存過去的機會。

7. 異地重建會破壞生活，應維持在最少程度。

8. 公民社會與私部門是解決方案的重要部分。

9. 評估與監控可以改進重建結果。

10. 促進長期的發展，重建必須具有可持續性。

（Jha, 2010, p.1-2）

12.8 結論

本章說明了災後復原重建於災害管理週期的地位，並說明復原重建的任務項目、可採取的手段途徑，另外也提供許多相關的個案做爲參考印證。本章並特別針對房屋重建，也是復原重建中最重要且最困難的項目，進行討論重建過程中的挑戰，如是否利用中繼屋、是否採用遷居的方式、與非政府組織合作的方式，以及如何確保受災民眾有效參與重建過程。雖然復原重建受到許多因素的牽連，有的時候決策者無法使用最佳方案進行，但是如果能夠和受災民眾有效溝通，確保他們的參與，通常重建計畫

都是比較成功的。最後，本章並進一步強調，災後復原重建並不是要等到
災害發生後才開始著手進行。災前即針對復原重建所需的任務進行指派分
配，一方面災害管理體系有更清楚的確定，另一方面，藉由災前的預想，
反而可以達到減災的功用。

參考書目

朱建剛、胡明（2011）。多元共治：對災後社區重建中參與式發展理
　　論的反思——以「512」地震災後社區重建中的新家園計畫為例。
　　開放時代（廣州），10。取自 http://www.opentimes.cn/bencandy.
　　php?fid=323&aid=1530

行政院莫拉克颱風災後重建推動委員會（2011）。創新協力重建永續家
　　園。取自 http://morakotdatabase.nstm.gov.tw/download-88flood.www.gov.
　　tw/MorakotPublications/%E6%9B%B8%E6%9C%AC%E9%A1%9E%E6
　　%AA%94%E6%A1%88/%E5%A3%93%E7%B8%AE%E5%BE%8C_%E
　　5%89%B5%E6%96%B0%E5%8D%94%E5%8A%9B%E9%87%8D%E5%
　　BB%BA%E6%B0%B8%E7%BA%8C%E5%AE%B6%E5%9C%92(%E4
　　%B8%80)OK.pdf

行政院莫拉克颱風災後重建推動委員會（2012）。創新、效率的家園重
　　建新思維：高雄山林大愛園區。取自 http://morakotdatabase.nstm.gov.tw/
　　download-88flood.www.gov.tw/MorakotPublications/%E6%9B%B8%E6%9
　　C%AC%E9%A1%9E%E6%AA%94%E6%A1%88/%E6%95%88%E7%8E
　　%87%E3%80%81%E5%89%B5%E6%96%B0%E7%9A%84%E5%AE%B
　　6%E5%9C%92%E9%87%8D%E5%BB%BA-%E9%AB%98%E9%9B%84
　　%E6%9D%89%E6%9E%97%E5%A4%A7%E6%84%9B%E5%9C%92%E

5%8D%80.pdf

呂朝賢（2002）。對我國志願服務法的若干反思與建議。**臺大社會工作學刊**，7，203-241。

林水波、李常宴（2005）。**跨域治理**。臺北市：五南出版社。

許慧麗（2011）。災後重建與社區復原力之探討──以參與屏東縣莫拉克風災社區重建計畫之民間團體爲例（碩士論文）。屏東科技大學社會工作學系，屏東。

游玉梅（2012）。莫拉克風災之探討：政策工具選擇觀點（碩士論文）。東華大學公共行政系，花蓮。

盧鏡臣（2013）。**我國重大天然災害災後重建模式之研究──以九二一及莫拉克風災爲例**。行政院研究發展考核委員會委託研究。RDEC-RES-101-014。

謝志誠、林萬億、傅從喜（譯）（2012）。**安全的家園，堅強的社區：天然災害後的重建手冊**（原作者：A. K. Jha）。臺北市：臺大出版中心。（原著出版年：2010）

Abulnour, A. H. (2014). The post-disaster temporary dwelling: fundamentals of provision, design and construction. *HBRC Journal, 10*(1), 10-24.

Active learning network for accountability and performance in humanitarian (ALNAP) (2003). *Participation by crisis-affected populations in humanitarian action: a handbook for practitioners*. London: Overseas Development Institute. Retrieved from http://www.alnap.org/resource/5271

Adams, W. M. (2006, January). *The Future of Sustainability: Re-thinking Environment and Development in the Twenty-first Century*. Paper presented at the IUCN Renowned Thinkers Meeting. Retrieved from http://cmsdata.iucn.org/downloads/iucn_future_of_sustanability.pdf

Aldrich, B., Werna, E., Fauveaud, G., Lizzarralde, G., & Fayazi, M. (2015). *Third debates: Should Governments Devise and Enforce Standards for Low-Cost Housing in Developing Countries?* (29 Oct 2015). Vulnerability, resilience, and post disaster reconstruction international debates. Organised by Œvure-durable and i-Rec. Retrieved from https://oddebates.wordpress.com

Alexander, D. (2002). *Principles of emergency planning and management.* Oxford: Oxford University Press.

Arnstein, S. (1969). Ladder of citizen participation. *Journal of the American Institute of Planners, 35*(4), 216-224.

Arslan, H., & Unlu, A. (2006). *The Evaluation of Community Participation in Housing Reconstruction Projects after Duzce Earthquake.* Proceedings of the 3rd International Conference and Student Competition on Post-disaster Reconstruction "Meeting stakeholder interests". Florence. Italy. May 17-19, 2006. Retrieved from http://www.grif.umontreal.ca/pages/ARSLAN_%20 Hakan.pdf# viewed 20/11/2009

Aysan, Y., & Oliver, P. (1987). *Housing and Culture after Earthquakes: A guide for future policy making on housing in seismic areas.* Oxford: Oxford Polytechnic.

Barakat, S. (2003). *Housing reconstruction after conflict and disaster.* Humanitarian Practice Network. London: ODI. Retrieved from http://odihpn.org/wp-content/uploads/2004/02/networkpaper043.pdf

Bebbington, A., & Riddell, R. (1995). The direct funding of southern NGOs by donors: new agendas and old problems. *Journal of international development, 7*(6), 879-93.

Bilau, A. A., Witt, E., & Lill, I. (2015). A framework for managing post-disaster housing reconstruction. *Pocedia Economics and Fiance, 21*, 313-320.

Blaikie, P., Cannon, T., Davis, I., & Wisner, B. (1994). *At Risk: natural hazards, people's vulnerability and disasters*. London: Routeledge.

Boano, C., Zetter, R., & Morris, T. (2008). *Environmentally displaced people: understanding the linkages between environment change livelihood and forced migration*. Refugee Studies Centre, University of Oxford.

Brinkerhoff, J. M. (2002). Assessing and improving partnership relationships and outcomes: a proposed framework. *Evaluation and Program Planning, 25*, 215- 231.

Brown, D., Saito, K., Spence, R., & Chenvidyakarn, T. (2008). *Indicators for measuring, monitoring and evaluating post-disaster recovery*. Paper presented at the 6th International workshop on remote sensing for disaster applications. Indicators for measuring, monitoring and evaluating post-disaster recovery. Retrieved from http://www.enveng.titech.ac.jp/midorikawa/rsdm2010_pdf/26_saito_ppt.pdf

Cabinet Office (2013). *Response and recovery from emergencies*. Retrived from https://www.gov.uk/government/uploads/system/uploads/attachment_data/file/253488/Emergency_Response_and_Recovery_5th_edition_October_2013.pdf

Chen, Y. F. (2016). Chapter 16 Post disaster reconstruction in Taiwan. In Kaneko, Y., Matsuoka, K., & Toyoda, T. (Eds.), *Asian Law in Disasters: Toward a Human-Centered Recovery* (pp.302-314). London: Routledge.

Choguill, M. B. G. (1996). A ladder of community participation for underdeveloped countries. *Habitat International, 20*(3), 431-444.

Clarke, C. (2000). *Facing the challenge of natural disasters in Latin America and the Caribbean: an IDB action plan*. Washing, DC: Inter-American Development Bank.

Davis, I. (2007). *Learning from disaster recovery: guidance for decision makers*. Geneva and Kobe: International Recovery Platform.

Felix, D., Branco, J. M., & Machado, J. S. (2013). A temporary housing after disasters: a state of the art survey. In Cruz (Ed.), *Structure and Architecture: concept, applications and challenges*. London: Taylor & Francis Group.

FEMA (2011). *National Disaster Recovery Framework: Strengthening disaster recovery for the nation*. Retrieved from https://www.fema.gov/pdf/recoveryframework/ndrf.pdf

FEMA (2016). *National Disaster Recovery Framework* (2nd). Retrieved from https://www.fema.gov/media-library-data/1466014998123-4bec8550930f774269e0c5968b120ba2/National_Disaster_Recovery_Framework2nd.pdf

Fordham, M. (2000, April). *Managing floods in a changing social environment*. Paper presented at the Floods and flooding in a changing environment conference. University College Northampton.

Freeman, J. (2000). *Transforming development*. Toronto: University of Toronto Press.

Freeman, P. K., & Kunreuther, H. (2002). Environmental risk management for developing countreis. *The Geneva Papers on Risk and Insurance, 27*(2), 196-214.

Geipel, R. (1991). *Long-Term Consequences of Disasters:The Reconstruction of Friuli, Italy, in Its International Context, 1976——1988*. London: Springer.

Ghosh, E. (2010). Deliberative democracy and the countermajoritarian difficulty:

consititutional juries. *Oxford Journal of Leal Studies, 2*. Retrieved from https://papers.ssrn.com/sol3/papers.cfm?abstract_id=1529164

Gu, L., & Xiang, M. (2011). *Evaluation of six years of reconstruction since the 2008 Sichuan earthquake*. Paper presented at the Sendai Public Forum in Community-Based Reconstruction of Society and University Involvement: East Japan Lessons Compared with Kobe, Aceh, and Sichuan. Organized by Universities of Kobe, Tohoku, and Iwate. Alone with the 3rd World Conference in Disaster Risk Reduction, Sendai, Japan. Retrieved from http://www.wcdrr.org/conference/events/339

Hadafi, F., & Fallahi, A. (2010). Temporary Housing Respond to Disasters in Developing Countries- Case Study: Iran-Ardabil and Lorestan Province Earthquakes. *World Academy of Science, Engineering and Technology, 66*, 1536-1542.

Hailey, J. (2000). Learning NGOs. In D. Lewis & T. Wallace (eds.), *New Roles and Relevance: Development NGOs and the Challenge of Change* (pp.63–72). Kumarian, West Hartford, CT.

Hass, J. E., Robert, W. K., & Martyn, J. B. (Eds.). (1977). *Reconstruction Following Disaster*. Cambridge, MA: The MIT Press.

Hickel, J. (2016). *To deliver sustainable development, first give up on 'growth'*. Ecologist. Retrieved from http://www.theecologist.org/blogs_and_comments/commentators/2988051/to_deliver_sustainable_development_first_give_up_on_growth.html

Huang, Y., Fu. U., & Wong, H. (2014). Challenges of social workers ' involvement in the recovery of 5.12 Wenchuan Earthquake in China. *International Journal of Social Welfare, 23*, 139-149.

Jha, A. K. (2010). *Safer Homes, Stronger Communities: a Handbook for Reconstruction after Natural Disasters*. Washington, DC: The World Bank.

Jing, F. (2012). Public participation in post-disaster reconstruction plan of New Beichuan Town. In *48th ISOCARP Congress*. Perm, Russia. Retrieved from http://www.isocarp.net/Data/case_studies/2129.pdf

Johnson, C. (2007). Strategic planning for post-disaster temporary housing. *Disasters, 31*, 435-458.

Johnson, C., Lizarralde, G., & Davidson, C. (2010). A systems view of temporary housing projects in post-disaster reconstruction. *Construction Management and Economics, 24*(4), 367-378.

Kamani-Fard, A., Ahmad, M. H., & Ossen, D. R. (2012). The sense of place in the new homes of post-Bam earthquake reconstruction. *International Journal of Disaster Resilience in the Built Environment, 3*(3), 220-236.

Kennedy J., Ashmore, J., Babister, E., & Kelman, I. (2007). Post – tsunami transitional settlement and shelter: field experiences from Aceh and Sri Lanka. *Humanitarian Exchange Magazine, 37*, 28-31. Retrieved from http://www.odihpn.org/humanitarian-exchange-magazine/issue-37

Kilby, P. (2008). The strength of networks: the local NGO response to the tsunami in India. *Disasters, 32*(1), 120-130.

Lizarralde, G., & Davidson, C. (2006). Learning from the poor. In D. Alexander (ed.), *Post-disaster reconstruction: meeting stakeholders interest*. Florença: Università degli studdi.

Lizarralde, G., Johnson, C., & Davidson, C. H. (2010). *Rebuilding after disatsers: from emergency to sustainability*. New York, NY: Spon Press.

Lyon, M., & Schilderman, T. (2010). *Building back better: delivering people-*

centered housing reconstruction at scale. Rugby: Practical Action.

McEntire, D. A. (2000). *Sustainability or Invulnerable Development: Justification for a Modified Disaster Reduction Concept and Policy Guide* (Ph. D. Dissertation). University of Denver, Denver, Colorado.

Natural Hazard Research and Application Information Center (2001). *Holistic Disaster Recovery: Ideas for building local sustainability after a natural disaster.* Colorado: Natural Hazard Research and Application Information Center University of Colorado. Retrieved from http://www.gema.ga.gov/ Mitigation/Resource%20Document%20Library/Holistic%20Recovery%20 Guide.pdf

Nicholls, S. (2006). Disaster Memorials as government communication. *The Australian Journal of Emergency Management, 21*(4), 36-43.

Oakley, P., & Marsden, D. (1984). *Approaches to Participation in Rural Development.* Geneva: ILO.

Olshansky, R. B., Johnson, L. A., & Topping, K. C. (2006). Rebuilding communities following disaster: lessons from Kobe and Los Angeles. *Built Environment, 32*(4), 354-374.

Perry, R. W., & Lindell, M. K. (1997). Principles for managing community relocation as a hazard mitigation measure. *Journal of Contingencies and crisis management, 5*(1), 49-59.

Petak, W. J. (1985). Emergency management: a challenge for public administration. *Public Administration Review, 45*(1), 3-7.

Quarantelli, E. L. (1995). Patterns of sheltering and housing in US disasters. *Disaster Prevention and Management, 4*, 43-53.

Rubin, C. B., & Barbee, D. G. (1985). Disaster Recovery and Hazard Mitigation:

Bridging the Intergovernmental Gap. *Public Administration Review, 45*(Jan), 57–63.

Sanderson, D., Knox Clarke, P., & Campbell, L. (2012). *Responding to Urban Disasters: Learning from previous relief and recovery operations*. ALNAP Lessons papers. Retrieved frorm www.alnap.org/resource/7772#

Schwab, J. C. (ed.) (2014). *Planning for post-disaster recovery: next generation. PAS Report 576*. Washington, DC: American Planning Association.

Silver, A., & Grek-Martin, J. (2015). Now we understand what community really means: Reconceptualizing the role of sense of place in the disaster recovery process. *Journal of Environmental Psychology, 42*, 32-41.

Steinberg, F. (2007). Housing reconstruction and rehabilitation in Aceh and Nias, Indonesia Rebuilding lives. *Habitat International, 31*, 150-166.

Sphere Project (2011). *Sphere Project: Humanitarian charter and minimum standards in humanitarian response*. Retrieved from http://www.sphereproject.org/handbook/the-humanitarian-charter

Tagliacozzo, S. (2015). *The concept of place and related issues in post-disaster reconstruction: existing knowledge and gaps*. Paper presented at the 7th i-Rec Conference 2015: reconstruction and recovery in urban contexts. Retrieved from https://www.bartlett.ucl.ac.uk/dpu/i-rec/thematic-roundtables/roundtable-3/Tagliacozzo

Tierney, K. J. (2007). From the margins to the mainstream? Disaster Research at the crossroads. *Annual Review of Sociology, 33*(August), 503-525.

Tran, A. T. (2016). *Developing disaster resilient housing in Vietnam: Challenges and solutions*. Switzerland: Springer International.

Twigg. J. (2004). *Good practice review: disaster risk reduction mitigation and preparedness in development and emergency programming*. London: HPN.

UNDRO (1982). *Shelter after Disaster: Guidelines for Assistance*. New York: United Nations.

UNISDR (2005, January). Hyogo Framework for action 2005-2015: building resilience of nations and communities to disasters. World Conference on Disaster Reduction, Kobe, Hyogo, Japan.

UNISDR (2009). *The development of a public partnership framework and action plan for disaster risk reduction (DRR) in Asia*. Bangkok: Scan-Media Corporation Ltd.

UNISDR (2015). *Sendai Framework for Disaster Risk Reduction 2015-2030*. Geneva, Switzerland: United Nations. Retrieved from http://www.preventionweb.net/files/43291_sendaiframeworkfordrren.pdf

United Nations (2016). *Sustainable Development Goals*. Sustainable development knowledge platform. Retrieved from https://sustainabledevelopment.un.org/?menu=1300

Von Meding, J. K., Oyedele, L., & Cleland, D. J. (2009). Developing NGO competencies in post-disaster reconstruction: a theoretical framework. *Disaster Advance, 2*(3), 36-45.

World Bank (1995). *Working with NGOs: A Practical Guide to Operational Collaboration between the World Bank and Non-Governmental Organizations*. Washington, DC: Operations Policy Department.

WCED (1987). *Report of the World Commission on Environment and Development: Our Common Future* (the Brundtland Commission). Retrieved from http://www.un-documents.net/our-common-future.pdf

Zhang, Y., & Peacock, W. G. (2009). Planning for housing recovery? Lessons from Hurricane Andrew. *Journal of the American Planning Association,* *76*(1), 5-24.

第十三章　災害報導之光與影——臺灣的「明星災區」與「明星社區」

李勇昕

章節摘要

　　重大災害發生之後，災害報導容易集中於某些特定災區，很容易形成「明星災區」，造成資源分配不均的問題。另外，從災後重建的「明星社區」之中可以發現，媒體不單只是客觀報導的身分，也是利害關係者之一。本章針對高雄小林村及雲林縣古坑鄉華山村的案例研究，尋求災區居民與媒體及其他利害關係者之間的溝通模式。研究方法採質性研究，利用新聞報導的敘事分析以及深度訪談。結果顯示，雖然媒體的過度報導會對災區帶來超乎預期的影響，但是在特定情境中居民會主動接觸媒體尋求問題解決，而非被動的被媒體報導或等待救援。本章也發現某些媒體已經了解自己是利害關係者之一，會優先協助災區復原以及重建發展，但仍需要更多對話及溝通才能解決問題。

13.1 前言

一、陷入無限循環的「過度集中／空白地區」問題

　　重大災害發生過後及復原重建期，災區的災害報導往往因為受災程度不同，報導數量也有所差異，造成緊急救助資源及物資分配不均的問題，長期以來已經成為眾所皆知的問題。尤其電視媒體因為重複播放特定災區

的衝擊畫面，造成龐大資源集中現象，帶來混亂以及不平衡的問題，且這樣的現象層出不窮。這些問題同時也在日本發生，日本相關研究可以彙整出八個觀點批判災害媒體報導：(1) 煽情主義；(2) 影像優先主義；(3) 集團性過度報導；(4) 同儕效果；(5) 焦點集中效果；(6) 一次性；(7) 報導數量偏差；(8) 中央政府為重主義（廣井脩，1996；山中茂樹，2005，p.147；福田充，2012，p.39-42）。另外，報導過度集中同時也造成了支援過度集中問題（關谷直也，2012），沒有被報導的災區，也會因此缺少物資以及支援，產生失衡現象。以 2011 年東日本大地震為例，「大家都只看因為被報導而變得有名的災區，但是沒有名氣的災區，或是沒有很多死傷人數的災區，都沒有人報導，也沒有救援志工，這樣的空白地區，到處存在著（水島宏明，2011）。」跟災害報導數量有關的研究成果皆具有一個共同點：往往只注重訊息傳遞者（媒體記者、編輯、電視臺、報紙）所傳達的訊息，忽視了訊息接收者（災區居民）主動接觸媒體的積極性。而且，訊息傳遞者與接收者間往往被視為相互對立，缺乏互動及溝通。

　　在雙方閉門造車的狀態下，要解決災害過度集中報導造成資源集中問題所提出的方案，往往也侷限於傳遞者與接收者各自範疇內，缺乏對話及合作的研究（Perez-Lugo, 2004）。例如：媒體之改進方式，應加強媒體採訪能力、強化媒體採訪規範及檢討人力分配，最終在於改變媒體產業結構體制；災區居民或社會大眾之改進方式，應加強媒體判別學習或強調社群網路媒體之重要性。這些討論方案行之有年，各種問題或亂象依然存在。其根本原因在於媒體與災區及受災當事者的交流處於閉鎖構圖之下，沒有辦法討論改善災害報導之問題。因此，本章目的在於探討如何突破訊息傳遞者與接收者各自閉鎖的構造，引出改善災害報導建言。

二、眾所皆知的「明星災區」

本節首先將重點放在臺灣的「明星災區」現象，以及其社會性之概念。1999 年九二一大地震發生之後，「明星災區」一詞開始流傳，雖然沒有明確的定義，也非字典上的名詞，但時常被運用在媒體中。主要是指：「默默無聞的地區因為重大災害的發生，被媒體集中性的重複報導，一夕之間成為全國有名的災區（Hsu, 2013）。」亦因為有許多媒體集中報導所以接受到較多資源的災區；沒有媒體報導的災區則為「非明星災區」，因為報導較少無人注意，接收資源較少。這點與以上介紹日本的過度集中問題類似。但是「明星災區」概念裡面，所包含的範疇其實超乎媒體報導，亦含括災區、災區居民，甚至還有政府機關以及救援志工團體，這樣各式各樣利害關係者（stakeholder）的互動作用；這個特徵，雖然常常被負面解讀，但其實具有解決媒體與災區居民之間閉鎖關係的潛力。

具體來說，不只在臺灣，其實在日本東日本大地震的災區也有這樣的案例，也就是災區居民以及地方公所，會主動去尋求媒體幫助。經過媒體報導後，災後復原重建的速度更快，更加容易達成目標。相對也因為媒體報導，容易造成過多資源導致現場混亂的現象。「明星災區」與「非明星災區」不單單呈現了媒體過度報導問題，也呈現了居民主動尋求媒體幫助而非被動性受訪，此觀點十分值得成為突破雙方閉鎖關係對策之探討。換句話說，從「明星災區」的關鍵概念可以發現，以往被定位為災害報導的訊息接收者，卻突破框架，主動影響媒體，連帶影響災區救援人員、志工、企業以及政府單位，讓災區訴求得以傳遞到社會大眾。另外，原本被視為災區旁觀者的媒體，或是被視為利用災區獲取收視率的媒體，其實在「明星災區」框架下，代表著被賦予當事者的職責，在災區展現影響力。這樣充滿互動作用力量的「明星災區」概念，除了提供臺灣災區以及媒體從業人員反思之外，更可以提供比起臺灣，媒體與居民之間規範更多、距

離更遠的日本，重新思考災害報導的可能性。

　　災區重建階段，許多社區因爲重建順利或是產業重建成功引起話題，出現了「明星社區」這個名詞，可堪稱爲社區之典範。雖然「明星災區」與「明星社區」的定義以及其社會形象相差甚遠，但是，無論是「明星災區」與「明星社區」，「明星」與否的關鍵點都是媒體報導。「明星社區」具有更多懂得利用媒體資源的案例，相關探討將有助於討論災害重建時期媒體與其利害關係者的發展。

13.2「明星災區」的社會背景以及理論

　　本節整理臺灣明星災區的概念及現象的歷史背景，介紹臺灣的災害報導以及新聞媒體組織結構。同時，爲了整理「明星災區」中出現的各種利害關係者，本章導入日本火山災害學者所提出的「正四面體模型」。

一、臺灣媒體背景

　　「明星災區」現象與臺灣的獨特媒體環境背景息息相關。1987 年戒嚴令解除之後，隨著社會自由民主化的提升，媒體機關也有顯著變化。最重要的改變爲有線電視在臺灣急速普及，2010 年時，有線電視（俗稱第四台）的普及率高達 84%[1]。2011 年，臺灣的有線電視頻道數有 167 台，再加上無線頻道 5 台，相對於只有 2 千 3 百萬人口的臺灣，媒體頻道的競爭非常激烈。最令人注目的就是各大頻道的新聞台。目前 24 小時播放新聞的新聞台一共有 11 台，報社除了四大報之外，也高達 2,000 家，僧多粥少的狀況下新聞媒體也苦於營運（曾美芳，2011）。過度競爭狀態下，

---

[1] 根據 2010 年出版的中華民國投資通信 Vol.175 指出，於 2009 年臺灣訂購有線電視用戶約有 490 萬戶，普及率高達 64%。但加上違法的接用有線電視用戶的話，根據問卷統計發現普及率高達 84%。

臺灣的新聞業走向煽情主義、商業主義。媒體習慣運用具有衝擊性的畫面、照片，使用驚悚的標語，同時過度引用網路消息來源，提供錯誤資訊，廣受社會批評（林靖堂，2007）。這些問題在遇到災害時，更有過之而無不及。柯舜智（2010）指出，臺灣的災害報導過於強調災害的被害狀況以及大自然的可怕；災後復原重建時則會傾向於連結到政治對立。

　　雖然以上這些對於媒體的評價都是負面大於正面，但正由於臺灣的過度競爭，媒體需要大量消息來源以及新聞線索，居民也同時可以發揮主體性直接影響媒體，並透過媒體達到訴求。媒體在這個情境下接受居民的請託，報導相關案例，形成共生關係。這樣的特徵在資訊混亂或是急需資源的災區十分值得探討。在臺灣，無論好壞，對於災區居民、地方政府、中央政府，以及其他的支援救助團體來說，媒體都是不可或缺的存在。透過媒體加深了這些災區利害關係者的互動關係。相較於日本，媒體與居民的關係僅限於採訪者與被採訪者，臺灣的媒體與災區的互動現象更具活力及特殊性。

二、「正四面體模型」

　　為了能夠整理「明星災區」以及「明星社區」現象中，多樣且多變的利害關係者互動關係，本研究使用日本火山研究學者岡田弘與宇井忠英所提出的「正四面體模型」來分類。此理論由岡田弘（2008）於 1988 年十勝岳火山噴發事件後，針對當地社會現象所提出。1974 年開始火山噴發預知計畫後，日本櫻島與有珠山、1980 年的美國聖海倫山（Mount St. Helens）都因為高度預知成果得以成功避難，減少傷亡。但是，1985 年位於哥倫比亞的內瓦多・德・魯伊斯火山（Nevado del Ruiz）爆發時，明明已預先製作災害地圖，境況想定跟實際發生災害也類似，卻仍造成重大災害。探究其原因在於，長期以來專家只專注於研究工作，認為避難撤離都

是政府跟居民的責任，但政府及居民實際上缺乏管道了解專家的研究。透過此一災害，專家們意識到防災只有專家是不夠的。岡田也提出「如何將過往的研究知識與成果運用於社會中（岡田弘，2008，p.165）」此一重要問題，因此，他與宇井共同提出「正四面體模型」，期盼解決這個問題。此理論於 2000 年有珠山火山噴發後，開始受到注目。

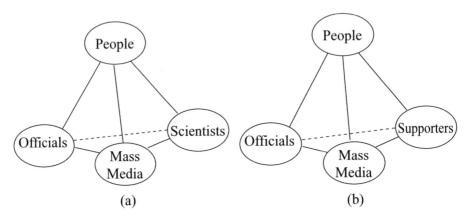

圖 13.1　(a)「正四面體模型」；(b) 修正過後的「正四面體模型」

資料來源：(a) 岡田弘、宇井忠英，1997；(b) 本文作者繪製

　　如圖 13.1(a) 顯示，「正四面體模型」是由災區居民（people）、媒體（mass media）、政府機關（officials）、專家（Scientists）四個範疇所構成。岡田與宇井強調四者的關係，第一個是以災害當事者的地方居民為主體，再加上富有科學專業知識的專家，還有擁有災害救援應變能力的政府機關，以及具備啟發防災意識及傳遞資訊的媒體。岡田與宇井也同時探討批判過往災害中，居民之外三者的問題點。首先，專家往往為了研究而關在象牙塔裡，忽視真實社會；行政機關雖然有預算及動員能力，但卻受限於當前的財政問題，災害預測及防災措施等問題大多是延後處理；雖然有啟發防災意識及傳遞情報機能的媒體，卻總是偏好強調居民、專家、行政

機關間的爭議與矛盾，擴大混亂的現象。

　　由於在災害管理研究中，將媒體列入利害關係者之一的研究還很少，本章將此「正四面體模型」做爲提供整理本章的理論架構。尤其是臺灣「明星災區」所發生的現象，以媒體與居民的關係爲主體，符合「正四面體模型」所提倡的批判點及建議。但是，必須注意的是，此模型原本是針對火山預知災害，並未考慮志工、企業以及其他支援團體的活躍性。因此本章稍微修改此模型，將「專家」範疇修正爲「外部支援者（supporters）」，同時納入擁有專業知識的專家學者及支援災區的志工組織（如圖 13.1(b)）。因此，重新定義的「正四面體模型」範疇爲：「居民」係指災區居民；「行政機關」是擔任救災任務的政府部門，包括中央政府以及地方政府組織，地方政府裡面也包括了鄉鎮市公所；「外部支援者」的範圍較廣，除了研究機關的專家團隊之外，還有志工、非政府組織（Non-Governmental Organization, NGO）、非營利組織（Nonprofit Organization, NPO）、企業財團、宗教團體等；「媒體」是指商業新聞電視臺以及報社等。網路社群媒體也屬於媒體裡面，於本章會稍作討論。

13.3 研究對象與方法

　　本章針對以上論點，透過兩個案例來討論「明星災區」的狀況及其意義。第一個案例爲 2009 年遭受莫拉克颱風侵襲嚴重受創，傷亡慘重並被廣泛報導的高雄縣甲仙鄉小林村 [2]；第二個案例爲 1999 年 921 大地震後，受到多次土石流災害衝擊而被報導，但有豐富重建經驗的「明星社區」雲林縣古坑鄉華山村。

---

[2] 　2010 年高雄縣市合併改制爲高雄市，高雄縣甲仙鄉小林村更名爲高雄市甲仙區小林里至今。

　　研究方法以深度訪談爲主（2012 年實施，每人訪談時間約 1〜2 小時爲主，詳照表 13.1），以及新聞媒體的報導文字稿的言說分析爲輔。言說分析的主要對象爲 TVBS-N 的新聞資料庫（檢索範圍 2002 年 4 月到 2012 年 9 月）。報紙媒體則利用臺灣四大報中的蘋果日報資料庫（檢索範圍 2003 年 5 月到 2012 年 9 月）以及聯合知識庫 udndata.com（檢索範圍 1998 年 9 月到 2012 年 9 月）的新聞稿爲主。

表 13.1　訪談表

代號	性別	身分	訪談期間
A	男	電視台記者	7 月 19 日
B	女	電視台記者	8 月 19 日
C	女	電視台記者	7 月 20 日
D	男	中央政府公務人員	5 月 12 日
E	男	小林災後重建自救會	8 月 19 日
F	女	高雄永久屋之居民	2 月 28 日
G	女	高雄永久屋之居民	2 月 28 日
H	男	華山社區發展協會理事長（2000 年至 2004 年）	7 月 19 日
I	男	華山社區發展協會理事長（至 2012 年起）	7 月 22 日
J	男	華山社區發展協會理事長（2008 年至 2012 年）	7 月 21 日
K	男	華山村居民	7 月 22 日
L	男	華山村咖啡餐廳業者	7 月 19 日
M	男	紀錄片導演	8 月 12 日

參考資料：本文作者整理

13.4 高雄縣甲仙鄉小林村案例

一、莫拉克颱風的受災狀況

　　2009 年 8 月 7 日到 9 日之間，整個南臺灣都受到莫拉克颱風的嚴重襲擊。死亡人數高達 677 人，失蹤 22 人，重傷 4 人。小林村因爲山崩導致村落被淹沒，造成 472 人命的損傷。小林村的悲劇可說是源於洪水、土

石流、深層崩塌、堰塞湖潰堤等連續性的災害，爲「複合式災害」（三島和子、天野篤，2011）。

　　當莫拉克災害發生時，中央政府機關的通訊設備停擺，各大媒體爲了要爭取獨家報導，開始了「挺進」風潮，媒體比公家救援單位都還要來得早進入災區。尤其是一些交通中斷的災區，因爲公家救援單位一時無法得到資訊，看電視救災的狀況成爲常態（彭芸，2010）。媒體也會提供 call in 系統，讓民眾傳遞災情。但是媒體重複的報導加上沒有即時更新最新消息，容易讓救災單位重複進入同一災區，或是因爲錯誤資訊而浪費人力資源。除了媒體之外，網路也同時提供了廣大資訊。在資訊如此混亂的狀況下，災區居民與社會大眾比平時更加依賴且注意大眾媒體的消息。這樣的背景下，嚴重傷亡人數的災區或是有聳動畫面的區域，即形成了「明星災區」。小林村，從原本默默無聞的山間小村，因爲高達四百多人的傷亡人數以及掩埋事件，更集中了所有媒體報導，一夕之間眾人皆知。

二、典型的「明星災區」小林村

　　當時新聞媒體所報導的小林村事件，標題不外乎是「滅村」、「四百人遭活埋」等。並且連日不斷地以頭條新聞方式處理，讓全國都知道了小林村的慘狀。比起其他村落的受災狀況，不管報導的質或量，都以小林村爲重，小林村頓時成了典型的「明星災區」。所有媒體都集中到小林村避難所，企圖報導受災戶或遺族家屬的心情，也發生了典型的集團性過度報導問題。以下是經歷過當時經驗的受災戶的訪談內容：

　　「8 月 14 日，我們被安排在龍鳳寺，那邊也被叫做記者區。除了有很多的物資之外，也有很多記者在那邊。記者就在那邊等著要採訪我們，但是說實在的，我們家也沒了，之後也不知道何去何從，我實在沒那個心情給他採訪。講了也只會讓我心情更不好而已（居民 F，2012 年 2 月 28 日，於高雄甲仙）。」

「我們這邊又不是很有名的觀光區，結果一下子這麼多人跑來這邊，但我們又不是高興才變得這麼有名的（居民 G，2012 年 2 月 28 日，於高雄甲仙）。」

由此可知，媒體雖然讓小林村頓時之間成了全國知名災區，並吸引了眾多物資、金援，但當地居民還是對於「明星災區」這個用語產生反感。比如說，受訪者 G 認為：

「明星災區就是死很多人的地方，但自己從小到大生長的地方被這樣講誰會高興。」

另外小林村附近的村落，也因為焦點全都放在小林村，因此沒有被媒體報導而沒有物資進來，進而產生「非明星災區」的怨言。比如說 2009 年 8 月 13 日 TVBS-N 的新聞就去訪問小林村附近的關山村村民，他們用很強烈的語氣表示「小林村那邊的人是人，我們這邊就不是人啊」。

三、小林村民與媒體之互動

從另一個角度來看，災民大多對於自己的家鄉被冠上「明星災區」這個詞產生反感，但其實村民並不像想像的只是被動的接受採訪以及援助而已。比如說，焦急的家屬會因為了解媒體報導的力量，直接透過媒體幫忙而非救助單位。媒體除了報導新聞之外，不論私底下或是檯面上，家屬以及災民已經成為協力合作之關係。以下是當時採訪小林村新聞的電子媒體記者的經驗：

「我那時候在旗山國中駐點採訪，有位大哥跑到我這邊來，跟我講說我的家人全部都在小林村裡面。拜託你可不可以幫我問一下他們有沒有人被救出來？我當然就義不容辭幫忙去問。雖然這和我的工作內容沒有直接關係，但其實身為記者，只要自己可以幫忙的都會盡量去幫忙（記者 B，2012 年 8 月 19 日，於高雄市區）。」

當時的小林村受災戶以及遺族家屬，希望政府能夠查明滅村原因，甚

至懷疑是因為曾文水庫的越域引水所造成的，並希望獲得國賠。但當時這樣的訴求，並沒有特別被政府所重視。這時候也發生了媒體介入這個場面的案例。當時的「小林災後重建自救會」的 E 表示，臺灣四大報中的某大報記者就私下幫忙。

「這位記者先生跟我說，如果你真的想要幫你的村民，那你應該要把這件事情跟國際媒體，比如 CNN 講，這樣政府就一定會注意到你的訴求（居民 E，2012 年 8 月 12 日，於高雄市區）。」

後來透過這位記者，E 接受了採訪，除了講述家人遇害之外，也跟 CNN 記者說明自己對小林村滅村緣由的看法，並希望政府負起責任。CNN 在災後 10 天發布了關於 E 的新聞，並批評政府救援行動緩慢。值得注意的是，CNN 一連串關於小林村的新聞中，還採訪當時的總統馬英九。馬總統跟 CNN 表示「國家會盡全力負責」。結果臺灣媒體大幅報導馬英九總統接受 CNN 採訪，並承諾國家會負起責任的新聞。8 月 17 日 TVBS-N 就提出了相關報導，內容指出馬英九會給予這樣的承諾是因為此事件沸沸揚揚傳到國際，不能掉以輕心。一連串過程顯示，雖然小林村已被媒體過度報導，但當居民發現這些報導內容對災區並沒有實質意義時，他們就會開始主動與媒體接觸，並希望可以幫助他們得到想獲取的資訊或是援助。

四、非明星災區與媒體的互動

其實不只是明星災區的居民會主動利用媒體，非明星災區的居民也懂得與媒體接觸。在訪談中發現一個案例，發生在永久屋爭議時。由於永久屋是由各大NPO以及NGO所負責，因此某些特定NPO對永久屋的規定，並非居民能夠全盤接受。2010 年 5 月，居民住進永久屋後，因為信仰習慣之問題發生糾紛，而直接訴諸媒體，希望獲得解決。接到這個投訴的記者 B 表示，當時有協助居民訪問相關單位，該相關單位可能考慮到媒體

的公眾力量，便表示願意與當事者重新溝通，希望媒體不要以太大篇幅報導。

從莫拉克風災及小林村場域中，可以看到各個利害關係者的角色，有優點也有缺點。也可以看出臺灣的社會特徵，也就是居民擁有主體性去影響社會，其他的利害關係者也認同甚至依賴居民的主動性。

近年，臺灣持續發生了許多大型災害，如高雄氣爆事件、八仙樂園事故，以及 0206 臺南地震。「明星災區」現象，因為上述災害都位在特定區域內，所以較少被討論。但是媒體報導所引發的資源過剩問題依舊存在，媒體與社會大眾必須檢討物資分配問題。同時，電子媒體針對關於莫拉克颱風災區重建的討論已寥寥無幾。但是小林村民，以及當時的永久屋爭議、產業重建問題還需要繼續觀察與討論。這些觀察監督作為已漸漸被近年興起的公民媒體，利用網路取代了大眾電子媒體。另外，當事者自己也會透過臉書或是其他社群媒體，告訴社會大眾災後長期重建的現況。

13.5 雲林縣古坑鄉華山村

面對更長期的災後重建，媒體與居民之關係性，適合透過 921 大地震案例來探討。災區居民與媒體的互動關係，除了災後應變以及短期復原時期之外，也必須運用在長期重建時期。災區居民會因為害怕「明星災區」一詞讓社會大眾對災區既有概念太深，導致社會因為當地受災而不願意前往或是購買當地商品，盡量避免被冠上「明星災區」的稱呼。即便有豐富資源湧入，但為了長期重建發展，居民還是希望可以重新創造新的社區形象。這樣積極的重建過程，不論是受災嚴重的災區或是相對受災較輕微的災區，都希望可以從災區變成「明星社區」。古坑鄉華山村是 921 大地震的災區，於 2002 年後因為生產咖啡而變成全國知名的社區，就是一個避免被當作「明星災區」，同時成為「明星社區」，甚至得到「921 重建社

區產業振興獎」的案例。

一、華山村與土石流

　　1999 年 9 月 21 日，臺灣發生了前所未有的集集大地震。臺灣中部的雲林縣古坑鄉也因爲地震導致大尖山、二尖山的斜面崩壞，造成華山溪與科角溪的上流土砂堆積。921 之後，坐落於河川下游的華山村，只要有豪雨就容易發生土石流，並且被判定爲土石流警戒區域。2000 年 6 月的豪雨及 2001 年納莉颱風都造成嚴重土石流災害。當地居民表示，好不容易整理好的家園只要一下大雨，危害性命及家園的土石流就會發生，不堪其擾，政府相關單位提出了遷村選項。

二、避免成爲「明星災區」

　　921 以前，華山村以農業爲主，檳榔爲最大宗。也因爲產業結構問題，人口外移狀況嚴重，高齡少子化情況顯著。

　　921 地震過後，頻繁的土石流侵襲讓人口流失情況更加明顯，只要有土石流問題發生就會上新聞，古坑華山等於土石流災區，也讓觀光客不敢前往。當地居民並沒有因困境而放棄，同時極力抵抗遷村政策。當時以「華山社區發展協會」爲主，與水土保持局合作，實行了土石流防災計畫。除了土石流防治的硬體設備之外，也透過農村改造計畫，讓華山村擺脫了土石流災區的印象。同時華山村開始以咖啡爲主，與媒體共同發展當地觀光產業。2000 年當時的社區發展協會會長 H 表示：

　　「如果今天媒體來跟我們採訪土石流，我們就不會只跟他講我們的受災狀況，同時會跟他強調我們重建的決心跟信心，也就是說在報導中建立我們社區的形象，不要說就只是一個容易受災的社區而已（居民 H，2012 年 7 月 19 日，於華山村）。」

　　華山村在此時，爲了避免成爲「明星災區」而進行土石流防災外，也

開始進行社區營造並運用媒體的力量。H 提到：「比如說我們那時候會開料理課程，很多媽媽都會來參加，然後我就會邀請媒體來報導，還設記者席，順便請記者們吃飯。其實用意不是要宣傳華山的料理有多好吃，而是媽媽她們上電視後就會很開心，增加她們的信心，也會提高參加社區活動的意願，讓我們社區變得更團結。」

三、朝「明星社區」邁進

　　真正讓華山村往「明星社區」邁進的重要因素在於選擇咖啡做為社區產業。由於當地的氣候和土質與量產咖啡的中南美國家類似，因此原本就有生產咖啡的條件。華山的咖啡於日治時代大量栽培，甚至進奉天皇。日治時代過後，由於國人並無喝咖啡的習慣，此產業也漸漸被遺忘。但當地居民常說到，咖啡還是隨處可見，不過完全不被重視，村民小時候因為沒有錢買零食，就摘路上的咖啡豆當零食吃。隨著臺灣社會變遷，觀光飲食產業發達，古坑鄉以華山村為首，發現了咖啡豆曾經的輝煌歷史，決定打造臺灣咖啡品牌。2003 年，雲林縣政府與古坑鄉公所共同舉辦第一屆臺灣咖啡節，並且與民視合作，大大宣傳了臺灣咖啡的產地與概念，形成了臺灣咖啡風潮，一萬人次以上的觀光客造訪古坑華山，並帶來了 2 億元的經濟效益。水土保持局局長就曾表示，古坑鄉是重建的模範區域（2003 年 11 月 3 日聯合報）。

　　華山村於 2006 年 4 月 20 日的民生報（D3 版）「《農村 72 變 臺灣鄉村新風貌》古坑華山社區 咖啡飄香」新聞中，被稱做為「明星社區」，隔年則被票選為「全國十大經典農漁村」。2009 年 9 月 21 日 TVBS-N 做了 921 10 週年特別報導，也介紹了華山村。專跑雲嘉南的記者 A 表示，「華山村的咖啡產業幾乎可以說是媒體炒起來的（2012 年 7 月 19 日，於臺北）。」可以看出媒體跟地方產業發展息息相關。

四、維持「明星社區」

　　但是，長久維持「明星社區」的稱號並不容易。隨著臺灣咖啡的風潮，觀光客人數暴增也造成了環境破壞，還有民宿及餐廳過度競爭現象。尤其是 2004 年爆出古坑咖啡的三合一隨身包，內容物除了古坑咖啡還摻有其他國家咖啡豆的爭議被大幅報導，讓古坑咖啡品牌形象受創（洪酒鈞，2011）。雖然，最後發現這是華山村以外的商人擅自利用古坑品牌販賣，但還是讓華山咖啡蒙上陰影；2007 年也爆發古坑農會販賣技術事件等負面新聞，加上臺灣咖啡已不再只有古坑咖啡，各處都開始形成咖啡產業，前往華山村的觀光客未如往昔；2010 年之後，華山村除了咖啡產業之外，以土石流教育園區為主，加上生態保育以及生態旅遊，開始了環境生態相關產業。當地業者以及居民開始大幅調整華山村的產業型態。與媒體的關係也不再像 921 後的 5 年內頻繁，他們了解到「水能載舟也能覆舟」，社區選擇與媒體保持一定關係。2008 年到 2012 年華山村社區發展協會會長 J 表示：

　　「華山已經有一定知名度，所以不需要再去跟媒體打交道。現在需要長遠的角度來看社區發展，而不是尋求短暫的人潮。像我們現在就很注重自然環境保護，光靠咖啡是無法長久的（居民 J，2012 年 7 月 21 日，於華山村）。」

　　其他居民也贊同地區從事這個方向。另一位在地的咖啡業者 L 表示，

　　「咖啡熱潮的時候，我覺得我們衝太快了。造成太多業者進來，然後也大肆拜託媒體宣傳，但其實很多東西都還沒有準備好，所以現在咖啡熱潮過後，反而剛剛好，可以淘汰不好的，留下好的（居民 L，2012 年 7 月 19 日，於華山村）。」

　　隨著時代變遷，網路科技的發展也讓地方與媒體的關係有了新的變化。居民以及當地商家利用臉書跟記者聯絡，讓記者隨時隨地掌握地方活

動，但並不會主動告知記者。經驗豐富的 J 表示，

　　「像我就會跟記者當臉書的朋友，然後 PO 社區的照片還有公告會舉辦哪些祭典或活動，這樣記者自己看到就會主動來採訪。不過我也不會全部都接受採訪，比如說之前的莫拉克颱風，他們就想要來問災情，但因為這邊雖然有點崩塌，可是並不嚴重，怕媒體會擴大報導變得沒人敢來，所以拒絕採訪。」

　　從華山村的重建發展過程可以發現，雖然社區居民一開始很主動掌握媒體特性，並且積極主動利用媒體宣傳社區活動以及產業，但也同時因為媒體大篇幅報導而更擴大了負面消息。這些經驗讓地方居民了解並且得以主動分析社區問題，隨之選擇產業轉型，也找到了與媒體業者共存之道，這也是社區從災後至今長期累積之經驗。

13.6 討論：媒體報導之光與影

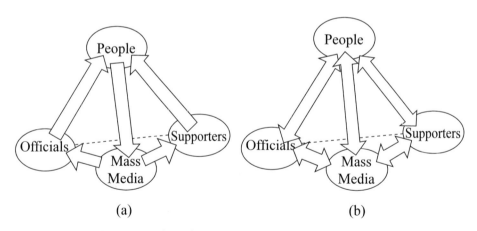

圖 13.2　(a) 明星災區之各利害關係者的模式；(b) 理想之利害關係者的模式

資料來源：本文作者繪製

一、「明星災區」與「正四面體模型」

　　小林村與華山村這兩個案例的特徵與背景雖然完全不同，但就「正四面體模型」所提出的居民、媒體、政府機關以及外部支援者四方的利害關係者關係可以得出共通點。從圖 13.2(a) 發現，當居民有需求必須要政府機關或外部支援者幫助時，他們並不會直接去找對應單位，而是尋求媒體報導，透過媒體報導產生的影響力及壓力，讓對應單位立即反應並負責。像是小林村的受害家屬想要確認家屬是否平安，或是查明滅村原因，多少都因為臺灣兩黨對立構造的政治因素，讓媒體有能力左右社會觀感，讓政府正視小林村問題，甚至讓龐大的金援注入小林村的災後重建；華山村則是與媒體共同合作，除了增加社區居民自信外，更形成了臺灣咖啡風潮，成為了獲得各大社區發展獎項的「明星社區」。

二、「明星災區」的三項問題點

　　當然，本章所提出的「明星災區」概念還是有其問題點。首先，媒體報導加深了「明星災區」與「非明星災區」之間的差異，亦即俗語所言：「會叫的有糖吃」。媒體會因為衝擊性或衝突畫面而強加報導。但這讓不善於或是不願意訴諸媒體的「非明星災區」不被社會大眾所知，影響到災區資源分配的公平性。因此，媒體必須全盤了解每個災區需求，並盡量平衡報導。其實很多時候，媒體並非單純見獵心喜，集中報導特定有新聞點的災區，而是不知道還可以從哪些方向著手。這時候就需要「正四面體模型」中的利害關係者，互相密切的合作並共享資訊，掌握災害應變狀況及復原時期整體災區的需求。網路媒體的發達更可以促進此概念的發展。

　　第二點是，媒體的錯誤報導，往往造成災區救援的混亂。雖然居民跟媒體的關係良好，讓居民可以迅速達到訴求效果。但是往往因為收視率壓力、人力資源不足，讓媒體來不及確認消息來源的正確度就直接轉播，報

導的可信度大打折扣。很多時候更會造成政府機關或是其他支援部門作業上的麻煩。政府機關的 D 表示：

「如果有媒體報導的災區跟沒有媒體報導的災區，我們是真的會優先處理媒體報導的地方。但很多時候我們明明知道那邊沒有怎麼樣，卻因為新聞這樣講，就還要派人去處理，可是人手不夠的時候真的沒辦法應對。沒派人去現場還會被媒體罵麻木不仁，但我們就明明知道當地其實並沒有怎麼樣（公務人員 D，2012 年 5 月 12 日，於日本京都）。」

第三點，報導的持續性問題。不只是媒體報導，如何持續「正四面體模型」四者的合作關係是很重要的問題。華山村雖然透過媒體報導而形成了風潮，但也造成當地業者惡性競爭及環境破壞問題。因此，從「明星社區」觀點來看，災區重建需要的不是一窩蜂地集中性報導，而是中長期持續性合作，並且互相對話。尤其是地方產業的維持，以及當地防災對策的建立，都需要政府、外部支援者的專家、組織及媒體共同監督執行。

三、如何克服「明星災區」的問題點

如何克服「明星災區」的問題點？從以上案例分析中，可以討論出下列幾點。

首先，從「正四面體模型」觀察，在災後社會會出現哪些利害關係者？比如說，政府機關就包含許多部門，外部支援者更多樣化，媒體包括國內外電子媒體以及網路媒體。單從小林村與 CNN 報導例子可以發現，這件事情不單單只是因為特定人物在檯面下的運作而形成強烈的社會輿論，並為災區帶來龐大資源，而是媒體記者將自己也視為災害突發事件當事者的前提下，跨越旁觀者的界線，有意識地影響政府官員、受災居民，以及社會大眾，帶來他們期盼的效果。

這個效果如何成為正面影響的關鍵點，在於當事者居民的主體性。吳

正德（2001）就強調，居民的主體性以及地方的團結力量是災後重建成功的決定因素。居民必須要不斷發揮影響媒體的力量，並且團結一致與媒體合作；媒體也需要灌輸自己是幫助災區應變以及重建的自覺並形成規範，建立起與災區居民共同重建的關係，藉此減少錯誤報導及對立紛爭。如圖13.2(b)）所顯示的箭頭，四者關係必須要相互了解、相互溝通，盡量縮短彼此的距離（近藤誠司等，2012）。雖然「明星災區」一詞往往被認為是負面大於正面，但如果從另一個角度觀察會發現，「明星災區」顯示出臺灣在災後社會、居民、媒體、政府機關、外部支援者之間的變動關係，相當頻繁並且具有力學變化。

四、給日本的建議

雖然日本並沒有像「明星災區」這樣簡潔有力的說詞，但是災區居民發揮主動性的例子也不少。例如，2000 年有珠山噴發事件就有原本是媒體從業人員的居民擔任地方志工，與其他居民、當地政府組成了「有珠山net」的志工團體，與提出「正四面體模型」的學者岡田與宇井持續經營合作提供防災資訊；東日本大地震以及 2016 年熊本地震也有相似情況，但正因為日本的媒體與居民的關係，普遍還是以客觀報導以及被報導的對立且閉鎖的立場，因此臺灣經驗也值得日本學習。尤其是近年來臺灣的居民十分擅長運用臉書為地方產業宣傳及與外界聯絡，更值得城鄉差距以及高齡化愈發嚴重的日本鄉村社區學習。

13.7 結論

本章整理了災害報導的問題點，以及打破訊息傳遞者與接收者對立且閉鎖的狀態的方法。藉由臺灣「明星災區」以及「明星社區」的案例分析，運用「正四面體模型」闡明災區社會利害關係者的互動合作關係。期

盼透過案例的災後重建經驗，可以使臺灣或是日本將來在災害應變中得以發揮更大正面效果。後續筆者亦會持續關心 921 及莫拉克風災的災後社區重建，尤其是探討社群網路是否真有利於利害關係者的關係發展，得以促進溝通，抑或是與傳統大眾傳播媒體相同，更容易發布錯誤訊息，引起對立[3]。

參考書目

三島和子、天野篤（2011）。「デジタル放送研究会'3」活動報告（中譯：「數位放送研究會'3」活動報告）。**日本災害情報学会誌**，9，206-211。

山中茂樹（2005）。**震災とメディアー復興報道の視点**（中譯：震災與媒體——重建報導之視點）。世界思想社。

水島宏明（2011）。「空白地帯」を自覚した震災・原発報道を（中譯：自覺「空白地帶」檢討震災，核能事故報導）。ジャーナリズム（中譯：新聞），254，60-63。

吳正德（2001）。**邊陲的聲音—南投縣中寮鄉和興村九二一災後自發性社區重建之探討**。中原大學建築學系碩士論文。

岡田弘（2008）。**有珠山の火山とともに**（中譯：與有珠山的火山共生）。北海道：北海道新聞社。

岡田弘、宇井忠英（1997）。噴火予知と防災・減災。載於宇井忠英

---

[3] 本章節部分出自筆者的「李尃昕、近藤誠司、矢守克也（2013）。臺湾の「明星災区」の意義と課題ーマスメディアと住民のインタラクションを中心にー。**災害情報**，**11**，55-68」以及「Lee, F., Yamori, K., & Miyamoto, T. (2015). The Relationship Between Local Residents and Media During Recovery: Lessons from "Star Disaster-Affected Areas" in Taiwan. Journal of Natural Disaster Science, 36(1), 1-11」論文內容。

（編），火山噴火と災害（中譯：火山噴發與災害）（112-116頁）。
　　東京：東京大学出版　。

林靖堂（2007）。臺灣傳播新聞教育問題分析 - 政治經濟與階級社會文化
　　的影響。當代，233(1)，104-125。

近藤誠司、矢守克也、奧村与志弘、李旉昕（2012）。東日本大震災の津
　　波来襲時における社会的なリアリティの構築過程に関する一考察 〜
　　NHK の緊急報道を題材とした内容分析〜（中譯：東日本大地震海嘯
　　襲來之構築社會的現實〜NHK 緊急報導之內容分析〜）。**災害情報，**
　　10，77-90。

柯舜智（2010）。災難傳播的眞相與擬像。**中華傳播學會年會暨第四屆數**
　　位傳播國際學術研討會，中華傳播學會。

洪洒鈞（2011）。**臺灣社區產業發展 - 以華山社區產業觀光發展爲例**。南
　　華大學旅遊事業管理學系碩士論文。

彭芸（2010）。**資訊傳遞不中斷人本關懷最優先：通訊傳播防災機制之檢**
　　討。國家通訊傳播委員會。

曾美芳（2011）。臺湾の新聞に見られる日本―『中国時報』の内容分
　　析から―(特集　グローバリゼーションとメディア）（中譯：從臺
　　灣的新聞看日本 - 中國時報的內容分析全球化與媒體特刊）。*Sophia*
　　Journalism Studies, 5, 62-84.

福田充（2012）。**大震災とメディア（中譯：大震災與媒體）**。東京：北
　　樹出版。

関谷直也（2012）。「災害の社会心理」から考えるマスメディアの超え
　　るべき課題（中譯：從「災害的社會心理」看媒體需要克服的問題）。
　　ジャーナリズム（中譯：新聞），263，42-51。

廣井脩（1996）。災害放送の歴史的展開（中譯：災害放送的歷史性展

開）。放送学研究，46，7-32。

Hsu, C. W. (2013). The Emergence of "Star Disaster-Affected Areas" and Its Implications to Disaster and Communication Interdisciplinary Study: A Taiwan Example from Typhoon Morakot. *Natural Hazards, 69*, 39-57.

Perez-Lugo, M. (2004). Media Uses in Disaster Situations: A New Focus on the Impact Phase. *Sociological Inquiry, 74*(2), 210-225.

索 引

十八畫

十九畫

國家圖書館出版品預行編目資料

災害管理：13堂專業的必修課程／王价巨等
著. －－二版. －－臺北市：五南, 2019.10
　　面；　　公分
ISBN 978-957-763-689-8 (平裝)

1.災難救助　2.災害應變計畫

575.87　　　　　　　　　　108016002

5AD4

災害管理：
13堂專業的必修課程

主　　　編 ― 王价巨

作　　　者 ― 王价巨 (6.8)　單信瑜　馬士元　姚大鈞

　　　　　　　王文祿　陳永芳　張賢龢　林志豪　吳豪哲

　　　　　　　李勇昕　洪士凱

發 行 人 ― 楊榮川

總 經 理 ― 楊士清

總 編 輯 ― 楊秀麗

責任編輯 ― 王正華　金明芬

封面設計 ― 姚孝慈

出 版 者 ― 五南圖書出版股份有限公司

地　　　址：106台北市大安區和平東路二段339號4樓

電　　　話：(02)2705-5066　　傳　　　真：(02)2706-6100

網　　　址：http://www.wunan.com.tw

電子郵件：wunan@wunan.com.tw

劃撥帳號：01068953

戶　　　名：五南圖書出版股份有限公司

法律顧問　林勝安律師事務所　林勝安律師

出版日期　2017年 9 月初版一刷

　　　　　2017年11月初版二刷

　　　　　2019年10月二版一刷

定　　　價　新臺幣480元

經典永恆・名著常在

五十週年的獻禮——經典名著文庫

五南，五十年了，半個世紀，人生旅程的一大半，走過來了。
思索著，邁向百年的未來歷程，能為知識界、文化學術界作些什麼？
在速食文化的生態下，有什麼值得讓人雋永品味的？

歷代經典・當今名著，經過時間的洗禮，千錘百鍊，流傳至今，光芒耀人；
不僅使我們能領悟前人的智慧，同時也增深加廣我們思考的深度與視野。
我們決心投入巨資，有計畫的系統梳選，成立「經典名著文庫」，
希望收入古今中外思想性的、充滿睿智與獨見的經典、名著。
這是一項理想性的、永續性的巨大出版工程。
不在意讀者的眾寡，只考慮它的學術價值，力求完整展現先哲思想的軌跡；
為知識界開啟一片智慧之窗，營造一座百花綻放的世界文明公園，
任君遨遊、取菁吸蜜、嘉惠學子！